Delle Donne · Agnelli

Vincenzo Delle Donne

Agnelli

Die Biographie

Ullstein

Die deutsche Bibliothek – CIP-Einheitsaufnahme

Delle Donne, Vincenzo:
Agnelli. Die Biographie / Vincenzo Delle Donne. –
Berlin ; Frankfurt am Main : Ullstein, 1995
ISBN 3-550-06878-6

© 1995 by Verlag Ullstein GmbH, Berlin · Frankfurt am Main
Die Verwertung der Texte und Bilder, auch auszugsweise, ist ohne
Zustimmung des Verlags urheberrechtswidrig und strafbar.
Dies gilt auch für Vervielfältigungen, Übersetzungen, Mikroverfilmungen und für die Verarbeitung mit elektronischen Systemen.
Satz und Repro: LVD GmbH, Berlin
Druck: Wiener Verlag, Himberg
Printed in Germany 1995
ISBN 3-550-06878-6

Gedruckt auf alterungsbeständigem Papier
mit chlorfrei gebleichtem Zellstoff

Inhalt

Der lange Abschied 7
Der Aufstieg 30
Zwischen Klassenkampf und Schwarzhemden 58
Szenen einer Familie 80
Zäsuren 90
Salò oder das Überleben der letzten Tage 108
Akribische Trümmerarbeit 137
Schicksalswahl 150
Die Langeweile, der Sport und die Frauen 160
Das Oberhaupt der Familie 184
Der diskrete Charme der Präsidentschaft 190
Sozialutopische Wirren und die Reaktion 204
Die Fabrik als primärer Agitationsort 219
Arbeitgeberpräsident aus der Not heraus 231
Teufelspakte 245
Vaterpflichten 257
Explosion der Gewalt 263
Die unverhoffte Wende 276
Macht und Politik 290
Ein Mäzen? 302
Vorboten der Götterdämmerung 309
Literatur und Bildquellen 318
Personenregister 321

Der lange Abschied

Eine Aura erzwungener Heimlichkeit umgab die beiden Männer, die hastigen Schrittes die schmale Via Filodrammatici entlang auf das Portal des etwas heruntergekommen wirkenden neoklassizistischen Palazzos zueilten, der sich in seinen blassen, vom Smog geschwärzten Ockertönen gleich an die Scala anschließt. Die beiden Männer hatten nur ein Ziel: möglichst unbemerkt in den rechteckigen Innenhof des Palazzos zu gelangen, der Schutz vor neugierigen Blicken bot. Auch in Mailand haben die Wände Ohren; verheimlichen läßt sich hier wenig.

Das Äußere der beiden graumelierten, distinguierten Herren war unverwechselbar; ihre Gesichter, in fortgeschrittenem Alter von Falten zerfurcht, verkörperten jahrzehntelang wirtschaftliche und politische Macht in Italien, mit der sie allerdings immer diskret umgegangen waren. Der eine zog das rechte Bein etwas nach, während der Jüngere sicheren Schrittes sich der Gangart des anderen anpaßte. Der große alte Mann des italienischen Industrieadels und sein ihm nachfolgender jüngster Bruder, abgeschirmt von Fahrer und Leibwächter, hatten es eilig, das kurze Stück zu Fuß zurückzulegen. Gianni und Umberto Agnelli waren an diesem frühen Septemberabend gezwungen, aus der Limousine auszusteigen, weil die Via Filodrammatici wegen

Straßenbauarbeiten für den Verkehr gesperrt war. Die Mailänder Via Filodrammatici, zwischen Via Bossi und Piazza della Scala, seitlich des berühmten Opernhauses entlangführend, steht für jenen Ort, wo das hochbürgerliche lombardische Ambiente des ausgehenden 19. Jahrhunderts mit den gediegenen Patrizierhäusern seine Blüte feierte, Arien und Symphonien ihren Siegeszug antraten und sich ein Bankinstitut an das andere reiht. Die Via Filodrammatici steht aber auch für jenen aufstrebenden Geldadel, der schon immer um Unabhängigkeit von der Politik bestrebt war. In der Via Filodrammatici hat die größte Privatbank des Landes, Mediobanca, ihren Hauptsitz. Nichts deutet allerdings von außen darauf hin, daß sich hier hinter den Mauern des Palazzos die zentrale Schaltstelle der italienischen Finanzwelt befindet. Nicht einmal ein Schild könnte näheren Aufschluß geben. Hätte man nicht hundertmal gelesen, daß sich hinter dem Palazzo die Mediobanca versteckt, wäre man achtlos an diesem Gebäude vorbeigegangen. Ja, man ist fast ein bißchen enttäuscht, daß die Fassade des seltsam dekadent wirkenden Palazzos soviel Understatement ausdrückt, während die umliegenden Konkurrenten der Geldwirtschaft mit architektonischen Spielereien protzen. Es scheint, als ob die Hausherren krampfhaft bestrebt seien, nach außen ihre tatsächliche Bedeutung herunterzuspielen. An der Hausnummer 8 steht lediglich, daß man sich an die Nummer 10 wenden solle, wo am Eingang zum Innenhof ein Portier neugierige Gäste fernhält und bereitwillig Auskünfte erteilt.

An diesen Ort begab sich Gianni Agnelli immer wie-

der, wenn FIAT in Geldschwierigkeiten war. Und das war jetzt wieder einmal der Fall. Doch davon, daß er seinem baldigen Rücktritt als Präsident des Konzerns entgegensah, war nichts mehr zu spüren. Für viele war ein solches ohnehin unvorstellbar; er, der in aller Welt FIAT repräsentierte; er, dem man nachsagte, sich wie ein Monarch zu gebärden ...
Und Monarchen treten nun einmal zumeist durch ihren Tod ab. Gianni Agnelli aber war müde geworden.

Der Mann, der in der Welt gewissermaßen ein ganzes Land vertritt, ist im Laufe seines bewegten Lebens auf vielerlei Weise beschrieben worden. Als *avvocato* eines multinationalen Konzerns und einer Nation, als zerfurchtes Gesicht der Macht, als unwiderstehlicher, zynischer Frauenheld ...
Es ist nicht einfach, die Persönlichkeit des »Herrn FIAT« zu umreißen. So sehr ihm Understatement und eine eigensinnige, zuweilen herablassende Art des Humors eigen ist, so sehr gehört Diskretion zu seinen Wesensmerkmalen. Sie ist ihm von seinem strengen englischen Kindermädchen Miß Parker schon in frühen Jugendjahren beigebracht worden.
Gianni Agnelli verkörpert einen Widerspruch besonderer Art: Obwohl er zu den bekanntesten Persönlichkeiten des öffentlichen Lebens Italiens gehört, sickert abgesehen von einigen unwichtigen Details kaum etwas über seine Privatsphäre durch. Gianni Agnelli wird von einer Bewunderung und Ehrfurcht umgeben, die andernorts nur Monarchen zukommen. Nur in den siebziger Jahren wurde diese Tabuzone von einigen despek-

tierlichen Journalisten berührt. Gianni Agnelli machte in seinem Leben sowohl privat als auch geschäftlich Höhen und Tiefen durch, doch über beides wurde der Mantel des Schweigens gelegt. An einem gewissen Punkt endet die Kritik an seiner Person.

Daß Gianni Agnelli müde geworden war, konnte man ihm ansehen. Vielleicht war er der politischen Instabilität überdrüssig, die er immer wieder als Wettbewerbsnachteil gegenüber der ausländischen Konkurrenz gegeißelt hatte. In einem Land agieren zu müssen, in dem der wirtschaftliche Produktionsprozeß von innen- und außenpolitischen Faktoren entscheidend beeinflußt wurde, erforderte Konzessionen, die mit rein unternehmerischen Entscheidungen nichts gemein hatten. Nur allzuoft mußte er sich dem Diktat der Politiker in Rom beugen. Auch Gianni Agnelli war von den Entscheidungen abhängig geworden, die jene Kaste zu treffen vermochte. Hinzu kam, daß auch der FIAT-Konzern plötzlich in den landesweiten Korruptionsskandal hineingezogen zu werden drohte, den die Mailänder Staatsanwaltschaft mit ihren Ermittlungen in Sachen »Aktion saubere Hände« (*mani puliti*) ausgelöst hatte und die ein verkrustetes, korruptes politisches System buchstäblich enthauptet hatte.

Das Land mit den tausend Facetten, dem man eine Einheit abspricht und das sich unzählige Male am Rande des Abgrunds bewegt hat, wurde im Laufe seiner Geschichte beherrscht und geknechtet. Geschluckt hat es vieles, was eigentlich unverdaulich war; entstanden ist so eine Spezies Mensch, deren Überlebenswille und Anpassungsfähigkeit beinahe sprichwörtliche Kraft angenommen haben.

Sich als Fremde im eigenen Land zu fühlen, in einem Land, das man nach jahrhundertelanger Trennung vor über hundert Jahren mit Schwert und Feuer vereinigte, ist für die Piemonteser eine prägende Erfahrung, die um so schwerer wiegt, als diese befremdliche Einheit gerade durch das piemontesische Königshaus Savoyen vorangetrieben wurde.

Auch Gianni Agnelli empfand diesen Widerspruch schmerzlich als Piemonteser und vor allem als Abkömmling einer Unternehmerfamilie, die sich vorzugsweise an Frankreich und Amerika orientierte. Für ihn, der zeitlebens seine Refugien in Paris und New York hatte, in denen er kurzfristig dem italienischen Alltag zu entfliehen suchte, ähnelte Turin einer alten Garnisonsstadt, in der Pflicht und Gehorsam zu den obersten Tugenden gehörten. Und Gianni Agnelli war eher unfreiwillig zum nationalen Aushängeschild geworden: Daß er trotz allem an das Land glaubte und weiterhin investierte, wurde im Ausland als Zeichen dafür gewertet, daß das gesamte Land vertrauenswürdig war, weil Agnelli und FIAT in ihm ihren festen Platz hatten. Ein Zeichen, daß auch die Familie Agnelli an Italien glaubte und ausländische Investoren beeindruckte. Nach dem Motto: Wenn es die skeptischen Piemonteser tun, können getrost auch wir es tun.

Etwas hatte sich in letzter Zeit verändert. Gianni Agnelli zeigte sich nicht mehr in der Öffentlichkeit, seine Medienauftritte wurden selten, selbst seinen sportlichen

Passionen frönte er nicht mehr so vehement wie einst. Sicherlich, er war in die Jahre gekommen. Seltener begab er sich zu den Spielen des Fußballklubs Juventus Turin, dessen Präsident er einst war und als dessen Eigner und Ehrenpräsident er sich immer wieder einmischte. Doch das, wofür er in jungen Jahren vieles zurückstellte, hatte sich offenbar abgenutzt. Athletische junge Männer, die um einen rollenden Ball kämpften und siegten, rissen ihn nicht mehr vom Sitz. Auch der Ferrari-Rennstall, den sich die Unternehmensgruppe als edles Steckenpferd leistete, vermochte Gianni Agnelli nicht mehr so recht in seinen Bann zu schlagen, was allerdings auch in der sportlichen Misere des Teams begründet lag.

Spötter hatten während einer ungewöhnlich langen Sturm- und Drang-Zeit ein Dreigestirn von Interessen ausgemacht, für die sich Gianni Agnelli auch später noch immer wieder aufs neue entflammen ließ: Frauen, Fußball, »heiße Schlitten«. Doch eines Tages schien all das vergessen. Gianni Agnelli war im Begriff abzutreten, und nach außen hin konnte seine Lustlosigkeit durchaus als Indiz dafür gewertet werden, daß er sich dem Schicksal zu fügen begann.

Doch dann fühlte er sich plötzlich wieder in der Pflicht, seinem Ruf als Krisenmanager gerecht zu werden. Viele Notstände hatte er in den letzten Jahren seiner Präsidentschaft bei FIAT gemeistert, gleichwohl mit unterschiedlichem Erfolg. Wenn man nun einem Familienmitglied zutraute, das Ruder herumzureißen, dann war es Gianni Agnelli.

Ungünstiger hätte der Zeitpunkt des Rücktritts, der

per Firmenstatut festgelegt war, ohnehin nicht ausfallen können: Drastische politische und wirtschaftliche Umwälzungen waren im Gange. Sie konnten zur Feuerprobe werden.

Scheinbar unwichtige, unvorhersehbare Zufälle vermögen dem Lauf der Dinge eine andere Wendung zu geben.

Es dämmerte bereits, als Gianni Agnelli und sein Bruder Umberto den alten Bankier Enrico Cuccia in seiner Geldzitadelle in der Via Filodrammatici aufsuchten. Um Cuccias Macht und seine Fähigkeiten mit Finanzen zu jonglieren, ranken sich viele Legenden. Bezeichnendes Detail: Aufgrund seiner Sittenstrenge, des spartanischen Lebens, das er mit seiner Frau führte, die den eigenwilligen Vornamen Idea Socialismo trägt (sie ist übrigens die Tochter von Alberto Beneduce, dem sozialreformerischen Minister aus den zwanziger Jahren) und wegen seiner Abneigung gegenüber allem Mondänen hat Cuccia den Spitznamen »Calvino dei Navig-li«, Calvin Mailands, verliehen bekommen. Ein Sizilianer, ein Bankier, eine Macht im Lande.

Nach dem Krieg, 1946, war er zur Mediobanca gekommen. Zielstrebig und unnachgiebig handelte er fortan nach einer Maxime, die die Finanzpolitik der Nachkriegszeit nachhaltig beeinflussen sollte. Sie besagte, daß das Heil des ganzen Landes in der Großindustrie des Nordens lag und daß diese auf keinen Fall dem Diktat der politischen Parteien und der Politik Roms unterworfen werden dürfe.

Es entstand der Eindruck, als suchten die Brüder

Agnelli in ihrem Wettlauf gegen die Zeit bewußt den Schutz der Dunkelheit, um unliebsamen Zeugen aus dem Weg zu gehen. Auf den letzten Metern zum Sitz des Bankhauses mußten sich Gianni und Umberto allerdings eine unverhoffte Blöße geben. Die Journalisten, die vor der Bank auf der Lauer lagen, weil sie wohl einen entsprechenden Tip erhalten hatten, erkannten die beiden sofort; die Gerüchteküche über FIAT kam so ins Brodeln. Die Auswirkungen an der Börse hätten unkalkulierbar sein können. Schnelles Handeln war geboten, um die letzten Details über die beispiellose Erhöhung des Gesellschaftskapitals von FIAT zu regeln. Der Konzern hatte hohe Schulden, und es mußten dringend neue Investoren gewonnen werden. Durch Cuccias Vermittlung fand man sie in der französischen Alcatel-Gruppe und in der Deutschen Bank. »Die Nachricht von unseren wiederholten Besuchen bei Cuccia ist durch einen Zufall in Umlauf gebracht worden«, bekannte Gianni Agnelli im nachhinein. Ein Zufall, der weitreichende Folgen hätte haben können.

Die größte Kapitalerhöhung der italienischen Wirtschaftsgeschichte mußte rasch abgewickelt werden. Der Zeitpunkt allerdings hätte ungünstiger nicht gewählt sein können. Eine schwere wirtschaftliche, aber vor allem die wohl schwerste politische Krise der Nachkriegszeit hatte Italien erfaßt.

Wie oft war in den letzten vierzig Jahren im Zusammenhang mit Italien das Wort »Krise« gebraucht worden! Doch nie war es treffender als im Herbst 1993.

Die innenpolitische Lage glich einem Pulverfaß. Putschgerüchte, die die Verantwortlichen nach außen hin herunterzuspielen versuchten, machten die Runde. Aus gutunterrichteten Kreisen war jedoch immer wieder zu vernehmen, daß die Sicherheitskräfte in allerhöchste Alarmbereitschaft versetzt waren. Gegen ranghohe Militärs wurde wegen Hochverrats ermittelt, andere waren bereits abgesetzt worden. Öffentliche Gebäude und Einrichtungen, die eine gewisse Wichtigkeit hatten, wie zum Beispiel Bahnhöfe und Radio- und Fernsehstationen, wurden von Carabinieri- und Polizeieinheiten bewacht.

Eigentlich war dies nichts Neues. In den sechziger und siebziger Jahren hatte es derartige innenpolitische Notsituationen wiederholt gegeben. Doch nach den politisch ungewöhnlich stabilen achtziger Jahren schien dies alles wie ein Rückfall in eine traumatische Vergangenheit.

Hinter den Kulissen tobte ein erbitterter Machtkampf, bei dem man offenbar selbst vor Bomben nicht zurückschreckte, wie auch Staatspräsident Oscar Luigi Scalfaro in einer dramatischen Fernsehansprache am 3. November 1993 durchblicken ließ. Zuvor war Scalfaro selbst bezichtigt worden, während seiner Zeit als Innenminister auf der Gehaltsliste der Geheimdienste gestanden zu haben. Eine infame Lüge, wie der Staatspräsident betonte. Sechs Geheimdienstleute hatten Millionenbeträge veruntreut, die dem Geheimdienst für Sonderaufgaben zur Verfügung gestellt worden waren, und versuchten die Verantwortung auf die jeweiligen Innenminister zu schieben – Scalfaro inbegriffen. Er hatte von 1983 bis 1987 dieses wichtige Amt innegehabt, das seit Kriegsende mit einer kurzen Ausnahme immer in christdemokratischer Hand gewesen war. Der Präsident der römischen Abgeordnetenkammer, Giorgio Napolitano, sprach Monate später davon, daß die demokratischen Institutionen ernsthaft gefährdet waren.

»Zuerst hat man es mit den Bomben versucht, jetzt versucht man es mit dem beschämendsten und unwürdigsten aller Skandale«, sagte Scalfaro und ermahnte die Bevölkerung, Ruhe zu bewahren. Mit »Bomben« meinte der Staatspräsident jenes Attentat, das am 28. Mai 1993 in Florenz in der Via dei Georgofili nahe der Uffizien begangen wurde, aber auch die drei Bomben, die am 28. Juli 1993 zeitgleich in Rom und Mailand explodierten. Insgesamt starben dabei neun Menschen, und etliche wurden verletzt. Der Sachschaden, der auch einmalige Kunstgüter betraf, war enorm. Allzu leichtfertig hatten die Ermittlungsbehörden sie als Machwerk der Mafia bezeichnet, obwohl vieles dagegen sprach.

Doch schon bald kamen begründete Zweifel an dieser offiziellen Lesart auf. Die alten Chargen des Establishments, die jahrzehntelang sämtliche Schaltstellen der Macht besetzt hatten und durch ein neues Wahlsystem nun plötzlich ihre Macht schwinden sahen, kämpften ums Überleben. Verstärkt wurde die Krisenstimmung noch durch den Vormarsch der Protestpartei Lega Nord, deren Basis offen für die Trennung des industrialisierten Nordens von Mezzogiorno auftrat. Der unterentwickelte Süden wurde für schuldig befunden, die korrupte politische Klasse produziert zu haben, die sich jetzt weigerte abzudanken.

Zu diesen schlechten politischen Rahmenbedingungen

gesellten sich überdies zu viele Gerüchte über das Autounternehmen, denen die Unternehmensspitze in diesem unrühmlichen Jahr 1993 ständig entgegentreten mußte: daß Ratlosigkeit über den rapiden Absatzrückgang herrsche, daß man nach einem potenten Automobilhersteller Ausschau halte, mit dem man sich zusammentun könne, und die Nachfolge Gianni Agnellis sei längst nicht so eindeutig geregelt, wie man nach außen glauben machen wolle. Tatsächlich: Die Zeit drängte. Nach den fetten achtziger Jahren mit ihren Rekordgewinnen ging bei der Familie Agnelli erneut das Gespenst der Pleite um.

In den letzten Jahren hatte man sich im sicheren Gefühl wiegen dürfen, alle bedrohlichen Klippen umschifft zu haben. Die Profite waren glänzend gewesen, und die Familie hatte aufgrund dessen sogar die Aktienbeteiligung des libyschen Oberst Ghaddafi zurückerstehen können, die ihr insbesondere beim amerikanischen Pentagon soviel Kritik eingebracht hatte: nicht nur, als die FIAT-Führung ihn 1976 als zehnprozentigen Aktionär akzeptierte, sondern auch beim Verkauf zehn Jahre später. Geschäfte zu machen mit jenem Revolutionsführer, der verdächtigt wurde, Terroristen wie Abu Nidal oder Carlos zu finanzieren und Unterschlupf zu gewähren, hatte Gianni Agnelli des öfteren in die mißliche Lage gebracht, sie als überlebensnotwendig rechtfertigen zu müssen. Ohne die libysche Finanzspritze wäre FIAT in den traumatischen siebziger Jahren wohl aber entweder vom Staat übernommen worden (was einige Politiker ernsthaft in Erwägung gezogen hatten) oder hätte sogar die Werkstore schließen müssen.

Die neuerliche Krise sorgte für Unruhe in der Familie. Man zog Parallelen zur jüngsten Vergangenheit, die die Agnellis wie einen Alptraum in Erinnerung haben: als in den siebziger Jahren Millionenverluste geschrieben und keine Dividenden ausgezahlt wurden. Die Streiks und die Übermacht der Gewerkschaften, die Roten Brigaden, die FIAT als Hort des italienischen Kapitalismus ausgemacht und die Fabrik zum primären Agitationsort auserkoren hatten, darüber hinaus die ständigen Erpressungen durch die Regierung: Die Familie war damals kurz davor gewesen aufzugeben. Doch wie durch ein Wunder stand sie diese schlimme Zeit durch.

Und nun wurde sie also wieder von der Angst befallen. Die beiden Brüder waren daher tunlichst bestrebt, wenigstens zu diesem Zeitpunkt alles zu vermeiden, was für wilde Spekulationen an der Börse Anlaß geben könnte.

Der Palazzo der Mediobanca flößt Ehrfurcht ein, was nicht zuletzt dem Hausherrn Enrico Cuccia persönlich geschuldet ist. In diesen Gemächern werden Fusionen und Beteiligungen ausgeheckt, und Cuccia diktiert die Regeln. So mancher Unternehmer schon wurde hinter den schweren Mauern jäh aus seinen Träumen gerissen und auf den Boden der wirtschaftlichen Tatsachen geholt. Deshalb auch sprach man lange Zeit von Cuccia, dem »Marionettenspieler«. Entscheidende Kapitel der italienischen Wirtschaftsgeschichte sind hier geschrieben worden. Seit Beginn seiner Präsidentschaft bei FIAT im Jahre 1966 kam auch Gianni Agnelli immer wieder her, wenn der Konzern in schwieriges Fahrwasser zu geraten drohte. Wenn guter Rat in heiklen Finanzfragen teuer war, konnte nur Enrico Cuccia helfen. Die graue Eminenz der italienischen Finanzwelt aber agierte immer diskret und im Hintergrund.

Der mittlerweile greise Bankier sizilianischen Ursprungs mit einer angeblichen Schwäche für die Freimaurerei fungiert seit Jahrzehnten als Agnellis Finanzberater. In brenzligen Situationen hat er mit Krediten ausgeholfen, Sanierungskonzepte erarbeitet, aber auch Mut zugesprochen und Beteiligungen akquiriert. In den siebziger Jahren beispielsweise, als das Turiner Automobilwerk sowohl vom linksextremen Terrorismus als auch von der Übermacht der Gewerkschaften an den Rand des Konkurses gebracht wurde und die Familie an einen Verkauf dachte, hatte Cuccia sie zum Weitermachen überredet. Selbst die schwärzesten Stunden von FIAT hatten hier eine positive Wendung erfahren. Cuccia war es auch, der Gianni Agnelli den römischen Manager Cesare Romiti empfahl, mit dem Gianni Agnelli in den achtziger Jahren ein beinahe unschlagbares Gespann bildete, dem es gelang, den angeschlagenen Konzern zu sanieren.

Doch der untersetzte, unscheinbare Bankier, vor dem Gianni Agnelli einen so ehrfürchtigen Respekt hat, daß er in seiner Gegenwart die gewohnte Schlagfertigkeit vermissen läßt, hatte ihn Mitte der sechziger Jahre bei dem großen Fusionsgeschäft zwischen Edison und Montecatini übergangen. Es wurde damals viel darüber gerätselt, warum Cuccia Agnelli diesen Tort angetan hatte. Die Motive mochten wirtschaftlicher Natur gewesen oder auch dem Umstand geschuldet sein, daß er Gianni Agnellis

Fähigkeiten unterschätzte (der ja tatsächlich bis Mitte der sechziger Jahre weniger durch unternehmerische Aktivitäten von sich reden machte als durch seine Eskapaden im mondänen Leben an der Côte d'Azur). Vielleicht spielte dabei auch eine Rolle, daß der »Kronprinz« der Familie Agnelli an anderen Industriesparten wenig interessiert schien und immer wieder den Grundsatz seines Großvaters bemühte: »Unsere Aufgabe besteht in erster Linie darin, Autos zu produzieren.« Nicht auszuschließen ist ferner, daß auch Cuccia selbst erst zu einem Arrangement mit der »Staatsbourgeoisie« kommen mußte.

Der Begriff »Staatsbourgeoisie« bezeichnet jene Phase, in der die großen Unternehmerfamilien allmählich an Einfluß verloren, während parallel dazu die von den Regierungsparteien dominierte Staatswirtschaft an Bedeutung gewann. Der Salon der italienischen Industriedynastien, der sich aus so wohlklingenden Namen wie Agnelli, Pirelli, Faina, Gaggia oder Pesenti zusammensetzte, mußte seine Macht zunehmend mit einem aufstrebenden politischen Establishment teilen, das seinen jeweiligen Einflußbereich durch die Verstaatlichung und Beherrschung von Schlüsselindustrien abzusichern begann.

Agnelli muß Cuccia als eine Art Übervater angesehen haben, der entscheidenden Anteil daran hatte, das Vermögen der Familie zu mehren. Ohne die Hilfe der größten italienischen Privatbank wären die Agnellis wohl dem politischen Establishment ausgeliefert gewesen, das die Wirtschaftskapitäne über die Staatsbanken für ihre Belange gefügig zu machen vermochte.

Cuccia war sich seiner Macht durchaus bewußt und

setzte sie entsprechend ein. »Was Cuccia will«, sagte der Unternehmer Leopoldo Pirelli, »will auch Gott!« Und Cuccias Wort war Gesetz.

Man gibt zwar hierzulande viel auf Titel, doch was wirklich zählt, ist die Macht, über die die jeweiligen Honoratioren hinter den Kulissen verfügen. Formell hat Enrico Cuccia die Präsidentschaft der Mediobanca niedergelegt. Doch obwohl er nur noch als »Ehrenpräsident« fungiert, zieht er wie eh und je die Fäden der italienischen Finanzwelt.

Jeglicher Dünkel ist Cuccia fremd. Selbst Personenschutz für sich lehnt er als unnötige Belästigung ab. In unruhigen Zeiten, in denen sich Politiker und andere Prominente mit Scharen von Bodyguards umgaben, bestach Cuccia durch stoischen Gleichmut und wich nicht von seiner Gewohnheit ab, sich gemächlichen Schrittes zu Fuß von seinem Domizil in der Mailänder Innenstadt zum Geschäftssitz der Mediobanca zu begeben.

So auch im Juli 1993, als sich der Raider Raul Gardini in seinem Palazzo Belgioioso mit einem Kopfschuß aus dem Leben verabschiedete. Nur im Vorbeigehen nahm Cuccia von diesem Selbstmord Notiz.

Wenige Jahre zuvor hatte es Gardini mit all seinem unternehmerischen Elan am nötigen Respekt gegenüber dem alten, eingespielten Gleichgewicht der Finanzmächte fehlen lassen, das Cuccia etabliert hatte. Dies sollte den Bauernsohn, der es bis zum Konzernherrn gebracht hatte, teuer zu stehen kommen. Die alte Sitzordnung der noblen Finanzwelt bringt man nicht ungestraft durcheinander.

Im Herbst 1990 hatte es Cuccia abgelehnt, Gardinis gigantomanen Plan zu finanzieren, die italienische Staatschemie zu übernehmen.

Auf dem Rückweg von seinem Büro nach Hause nun fingen Kameras Cuccias verstörten Blick ein, als er vor Gardinis Palazzo die zahlreichen Journalisten sah. Er setzte unbeirrt seinen Weg fort.

Zeit seines Lebens war Cuccia kühl und reserviert. Seine Persönlichkeit gibt Außenstehenden ebenso viele Rätsel auf wie sein Werdegang. Publizität scheut der »weise alte Mann der italienischen Finanz«, wie ihn wohlgesinnte Zeitschriften auch nennen, wie der Teufel das Weihwasser. Es ist nicht bekannt, daß er irgendwann einmal ein Interview gegeben hätte. Und selbst die hanebüchensten Hypothesen über seine Rolle in den verschiedenen Skandalen der letzten Jahre sah er sich je zu dementieren oder richtigzustellen veranlaßt: weder über seinen Part beim Zusammenbruch des Mailänder Banco Ambrosiano, dessen Präsident Roberto Calvi 1982 unter der Londoner Black Friars Bridge unter bislang unaufgeklärten Umständen erhängt aufgefunden wurde, noch in bezug auf Aufstieg und Fall des »Bankiers der Mafia«, wie man Michele Sindona auch nannte.

Enrico Cuccia mied das Mailänder Gesellschaftsleben so, daß sich beinahe schon die Vermutung aufdrängte, er fürchte sich zu kompromittieren. Und Fotos gibt es, abgesehen von den paar, die zwischen seinem Zuhause und der Bank geschossen wurden, sonntags auf dem Weg zur Kirche oder bei wenigen Gerichtsterminen, bei denen er als Zeuge aussagen mußte, so gut wie keine.

In den achtziger Jahren, als der Wirtschaftsboom Finanztiger gebar, die vom tradierten Gleichgewicht der Mächte nichts hielten und dies durch waghalsige Transaktionen zur Schau stellten, schien Cuccias Stunde geschlagen zu haben. Er war es, der den aufstrebenden Raidern sorgsam den Einlaß zu den »feinen« Salons der italienischen Hochfinanz verwehrte.

Gianni und Umberto Agnelli wußten, daß eine Kapitalerhöhung von umgerechnet über sieben Milliarden Mark an der Mailänder Börse ohne Cuccias Hilfe nicht zu leisten war. Und tatsächlich: Auch in diesem Fall erwies sich der Bankier als Meister seines Faches. Daß kein anderer als er die Erhöhung des Gesellschaftskapitals des Turiner Automobilunternehmens einzufädeln und finanzkräftige Partner dafür zu interessieren vermochte, verstand sich von selbst.

Neue Partner der Familie Agnelli sind die Mediobanca, die Triester Versicherungsgruppe Generali, die Deutsche Bank und die französische Alcatel. Sie alle bestimmen seit dem 28. September 1993 zusammen über den FIAT-Konzern. Gleichzeitig wurde die Zahl der Verwaltungsratsmitglieder von fünfzehn auf elf reduziert. Außerdem wurde festgeschrieben, daß für wichtige Entscheidungen des Konzerns mindestens neun Stimmen erforderlich sind. Die Familie Agnelli verfügt im neuen Verwaltungsrat nur über sieben Stimmen. Im Klartext: Die Familie Agnelli ist nicht mehr unumschränkt Herr im Hause FIAT.

Man ist enttäuscht, daß nun auch der Mythos FIAT zu bröckeln beginnt: daß ein Wirtschaftstitan, seit so langer Zeit in den Händen einer Familie, plötzlich wie viele andere in die Fänge potenter Großaktionäre gerät. Es ist, als würde damit ein neues Kapitel der italienischen Wirtschaftsgeschichte aufgeschlagen. FIAT war in den letzten zwei Jahrzehnten bereits des öfteren dem Untergang nahe. Und nun hat die Mediobanca durch die fällige Erhöhung des Gesellschaftskapitals der »Alleinherrschaft« der Familie Agnelli im FIAT-Konzern ein Ende gesetzt und so dazu beigetragen, diesen Anachronismus im Sinne eines postmodernen Kapitalismus zu beseitigen. »Die Familie Agnelli hat nicht den Ausverkauf von FIAT betrieben«, war jedoch Gianni Agnelli nach der Kapitalerhöhung bemüht zu präzisieren. Also alles wie gehabt? Mitnichten. Das Problem war nur, allen Beteiligten die Neuerungen schmackhaft zu machen. Und der angemessene Ort, dies zu tun, war selbstverständlich die FIAT-Zentrale in Turin.

Turin, Corso Marconi. Die blassen Ockertöne der alten Hauptstadt und der abblätternde, vom Smog geschwärzte Fassadenputz der zentralen Via Po mit ihren barocken Arkaden sind einer funktionalen, farblosen Plattenbauarchitektur gewichen, die die graue, enge Vorstadt erahnen läßt. Unter der Hausnummer 12 dieser vierspurigen Allee werden im Versammlungsraum des achtgeschossigen Hauses sowohl die Aktionärsversammlungen als auch Pressekonferenzen von FIAT abgehalten.

Die Pressekonferenzen folgen einer eingespielten Dramaturgie. Das Ritual war so oft durchgespielt und erprobt, daß einige der an diesem 29. September 1993 Anwesenden unwillkürlich und nicht ohne einen Hauch von Wehmut an die Zeiten dachten, in denen der FIAT-Präsident Gianni Agnelli nicht mehr den Vorsitz innehaben würde.

Der Corso Marconi gilt in Turin, aber auch weit über die Stadtgrenzen hinaus, als der Inbegriff wirtschaftlicher Macht. Hier werden Entscheidungen getroffen, die nicht nur für eine ganze Region von Bedeutung sind, sondern Ökonomie und Politik eines gesamten Landes beeinflussen. Direkt hängen von den Entscheidungen, die in diesem grauen, klotzigen Bau fallen, in dem die Führungsspitze des größten Privatunternehmens Italiens untergebracht ist, fast 250 000 Menschen ab.

Wenn FIAT nach der Jahreshauptversammlung der Aktionäre die Bilanzen mitteilt oder besondere Neuigkeiten zu vermelden sind, wird die Schar der Wirtschaftsjournalisten hier zusammengetrommelt, um die Verlautbarung dessen offiziell zu vernehmen, was inoffiziell längst bekannt ist.

Doch diesmal wurden nur handverlesene Journalisten aus dem In- und Ausland empfangen.

Banalitäten konnte der *avvocato* noch nie leiden, und Pressekonferenzen hat er zeit seines Lebens als leidige Pflichtübung angesehen. Interviewer überfällt nicht selten die Angst, er könne von ihren Fragen derart gelangweilt sein, daß er abrupt das Gespräch abbricht. In den wenigen Pressegesprächen, die er gewährt, ist er indessen stets höflich – wie ein englischer Gentleman, der dezent über bestimmte Fragen hinweggeht. Dennoch wagt es kaum ein Journalist, unliebsame Mutmaßungen anzustellen oder gar Kritik zu äußern. Alle scheinen vor andächtiger Ehrfurcht wie gelähmt. Wenn der graumelierte Herr, der das »R« trocken ausspricht wie kaum ein anderer, dann das Wort ergreift, leuchtet fast alles ein, was er sagt, wird der Kausalzusammenhang, den er erklärt, als zwingend, die Entscheidung, wie folgenreich oder drastisch sie auch sein mag, als unausweichlich betrachtet. Es ist sein Reich, er repräsentiert es souverän.

Gianni Agnelli gilt vielen als launischer Verbalminimalist, der entscheidende Fakten gerne in *battute*, geistreiche Bemerkungen, packt, aus denen man selbst die Essenz seiner Gedanken herausschälen muß. Der Herr mit dem breiten Lächeln ist aber auch ein Meister im Understatement, was einige auf seine angelsächsische Ader sowie die strenge Erziehung in der Kindheit zurückführen. Doch im Piemont, wo die Menschen als bodenständig und arbeitssam bezeichnet werden und die Agnellis selbst zuweilen als Bergbauern aus Villar Perosa bezeichnet wurden, macht man ohnehin nicht viel Aufhebens um Worte. Was zählt, sind Tatsachen.

Von Gianni Agnellis Rücktritt war jahrelang die Rede und auch davon, daß er sich nach beinahe drei Jahrzehnten an der Konzernspitze aufs Altenteil zurückziehen wollte, um sich den angenehmeren Seiten des Lebens zuzuwenden.

Aber plötzlich wurden sämtliche Statements und Verlautbarungen, in denen er seine baldige Pensionierung angekündigt hatte, dementiert, um den Eindruck zu vermeiden, ein Gianni Agnelli würde sein Unternehmen im Stich lassen. Doch wie hätte sich das Aushängeschild des Konzerns, das alle Welt mit dem Familienunternehmen verbindet, auch aus der Verantwortung stehlen können. Sicher, sein um 13 Jahre jüngerer Bruder Umberto, seit vielen Jahren designierter Nachfolger, hätte seinen Platz einnehmen können. Doch die neuen Geldgeber, die dem Unternehmen aus der Krise helfen wollten, hatten sich offenbar dagegen verwahrt, dies möglicherweise sogar zu einer Bedingung ihres finanziellen Engagements gemacht. Aus dem Privatier Gianni Agnelli war daher einstweilen nichts geworden.

»Mein Privatleben zählt nicht. Was zählt, ist der Dienst, den ich FIAT im richtigen Moment leisten kann, wie jetzt. Ich habe zu vielen Sachen Lust, zu vielen Sachen, die ich aber nicht machen kann.«

Das Wort »Privatleben« klingt nach »Familie«. Und tatsächlich: Ein vorbildlicher Familienvater im herkömmlichen Sinne war Gianni Agnelli nie. Vielleicht sogar eher im Gegenteil.

Das Verhältnis zu seiner Tochter Margherita und zu seinem Sohn Edoardo, der lange Zeit als sein Nachfolger an der FIAT-Spitze galt, war über weite Strecken nur als gespannt zu bezeichnen.

In den FIAT-Statuten war festgeschrieben, daß kein Präsident während seiner dreijährigen Amtszeit das Alter von 75 Jahren überschreiten durfte. Gianni Agnellis Ausscheiden war daher auf Juni 1994 fest terminiert.

Nun wurde dieser Punkt in den Statuten verändert.

Gianni Agnelli zog sich nicht zurück, nicht zu diesem Zeitpunkt jedenfalls, und er tat gut daran, als Begründung die Familien- und Unternehmensräson zu bemühen, um nicht des Wortbruchs bezichtigt zu werden.

Die Familie, der sich Gianni Agnelli verpflichtet fühlte, war inzwischen weit verzweigt, und das bereitete ihm bei schnellen Entscheidungen oft erhebliches Kopfzerbrechen. Doch auch bei divergierenden Auffassungen einigte man sich stets, ohne in der Öffentlichkeit schmutzige Wäsche zu waschen. Nie drang etwas nach draußen.

Über die Aktienmehrheit in der Familienholding IFI hatten die Agnellis jahrelang die Geschicke des Konzerns gewissermaßen unumschränkt lenken können, nicht zuletzt, da die Mehrheit der Vorstandsmitglieder von der Familie nominiert wurde.

Dies war aufgrund des neuen Gesellschaftervertrages plötzlich alles anders. Die neuen Anteilseigner verlangten ihr Recht und diktierten die Bedingungen ihrer Beteiligung. Dazu gehörte auch, daß Gianni Agnelli weiterhin den Vorsitz innehatte.

Und er persönlich war es auch, der der Familie klarmachen mußte, daß die neuen Partner darauf bestanden, daß er die Zügel des Unternehmens nicht aus der Hand gab. Er mußte erklären, warum er weiterhin dem Unternehmen vorstehen würde, obwohl er sich eigentlich lieber in den Ruhestand zurückziehen wollte, um sich um seine Enkel zu kümmern, wie er zuvor kokett hatte verlautbaren lassen. Doch wer hätte sich den agilen Agnelli auch schon als fürsorglichen Großvater und faulenzenden Pensionär vorstellen können.

Mit Gianni Agnelli wäre übrigens auch Geschäftsführer Cesare Romiti zurückgetreten. Und Umberto Agnelli saß bereits in den Startlöchern, um seinen älteren Bruder abzulösen.

Für ihn muß es ein Schock gewesen sein. Wie oft hatte Gianni Agnelli seinen Bruder – auch in aller Öffentlichkeit – nicht bereits als Nachfolger ins Gespräch gebracht. Doch dieser mußte sich nun der Entscheidung des Familienrats und der neuen Teilhaber fügen. Er wußte, daß er nie Präsident von FIAT werden würde.

Cuccia hatte sich durchgesetzt und Umberto den Weg versperrt. Das genealogische Element der Nachfolgeschaft, dem in Familienunternehmen beinahe ebensoviel Gewicht beikommt wie in Herrscherhäusern, war außer Kraft gesetzt.

Umberto Agnelli, den seine Schwester Maria Sole als sensibel, einfühlsam und introvertiert bezeichnet und die ihn ursprünglich auch als »Thronfolger« ins Gespräch gebracht haben soll, wirkt plötzlich wie ein aus der Familienehre Entlassener. Daß seine Führungsqualitäten in der Konzernspitze nicht besonders hoch geschätzt wurden, war schon länger bekannt. Auch, daß er in den siebziger Jahren von der Presse nicht immer sehr pfleglich behandelt worden war. Und natürlich verfügt er nicht über jenes Charisma, das sein ältester Bruder so geschickt einzusetzen vermag.

Doch man kann sich des Eindrucks nicht erwehren, daß er sich in der Vergangenheit oft für seinen Bruder geopfert hat, in politischen Auseinandersetzungen oder bei brenzligen Kontroversen mit den Gewerkschaften. Oft wurde er als »Prügelknabe« an die Front geschickt.

Der Lohn dafür blieb Umberto nun versagt.

Der Aufstieg

Die schmale Via IV Novembre schlängelt sich die Anhöhe hinauf, die alte Kirche und der Friedhof überragen das Tal. Hoch über der Via nazionale von Pinerolo nach Sestriere, um die sich der Ort Villar Perosa gruppiert, liegt weicher Herbstnebel. Eine milde Brise verweht das rotbraun gefärbte Laub.

Hinter der ersten Kurve tauchen zwei ältere Frauen auf, die mit Sträußen von Herbstzeitlosen in der Hand den Weg nach rechts einschlagen und auf jenen Hügel zugehen, der wirkt, als hätte er etwas zu verbergen. Die beiden älteren Frauen unterhalten sich, leicht außer Atem, und lassen sich von fremden Geräuschen nicht stören.

Ein großes Schild verwehrt die Zufahrt. Junge, ellipsenförmig zugeschnittene Bäume säumen den Weg zu einem erhabenen Gang, ehe sich nach der nächsten Linkskurve das Herrenhaus mit seinem Schieferschindeldach auftut.

Das blaßklare Herbstlicht verleiht dem Haus in der Via Rubino, dessen Mauer zur Straße hin mit rötlichem wildem Wein bedeckt ist, schlichte Würde. Nichts jedoch deutet auf den Hausherrn hin.

Nur am kleinen Tor, das am Haus zum Hintereingang führt, steht in großen Lettern *campanello*, Klingel.

Die Einheimischen wissen, wer hier wohnt. Übers Wochenende flüchtet sich Gianni Agnelli häufig in diese Abgeschiedenheit, um dem Getöse Turins zu entfliehen. »Zumeist läßt er sich mit dem Hubschrauber herfliegen«, sagt der Mann, der früher einmal im Kugellagerwerk RIV der Agnellis gearbeitet hat. »Aber seine Frau kommt oft mit dem Auto, meistens sogar ohne Leibwächter.« Neugierigen Fragen nach Einzelheiten begegnet der Mann mit einer ehrfürchtigen Reserviertheit, die beinahe Schuldgefühle einflößt.

Etwas oberhalb, an einem Hügel gelegen, von dem aus man das gesamte Tal Val Chisone überblicken kann, befindet sich der Friedhof, in dessen Mitte eine neoklassizistische Kapelle thront. An ihrer linken Seite ruhen die verstorbenen Mitglieder der Familie Agnelli. Ein brauner Teppich führt zum Altar, auf dem frische Blumen stehen. Links und rechts vom Teppich stehen mehrere mit Intarsien verzierte Gebetsstühle. Ein Mann, der zu Lebzeiten Großes geleistet hatte, wollte sich nach seinem Tod von den anderen Dorfbewohnern abheben – wie ein Monarch. Ein Aristokrat aber war Giovanni Agnelli nicht.

Auf ihn spielt man in Turin an, wenn es rhetorisch etwas aufgebläht heißt, das abdankende italienische Königshaus Savoyen habe das Zepter nach und nach an eine Familie aus dem verschlafenen Dorf Villar Perosa übergeben. Und tatsächlich: Die von Giovanni Agnelli begründete Industriellendynastie sollte das ganze 20. Jahrhundert in Italien prägen. Ansonsten ist das Bild ebenso phantasiereich wie grob verfälschend. Denn weder von aristokratischem Ursprung noch von entsprechendem

Sozialprestige konnte in bezug auf Giovanni Agnelli die Rede sein. Erst in seinem letzten Lebensjahrzehnt war ihm überragender wirtschaftlicher Erfolg beschieden.

Giovanni Agnelli war der Sohn piemontesischer Grundbesitzer aus dem Ort der Grafen Perosa, von denen die Familie 1853 das Anwesen aus dem 18. Jahrhundert erworben hatte. (Heute befindet es sich im Besitz Gianni Agnellis.)

Eine italienische Karriere dieses Jahrhunderts. In den Wirren des Faschismus und des zweiten Weltkriegs dürfte es Giovanni Agnelli schwer gefallen sein, Freude an seinem Lebenswerk FIAT zu finden. Bei seinem Tod 1945 war er ein einsamer Mann, während in und um Turin, aber auch hier in Villar Perosa vieles in Schutt und Asche lag.

Giovanni Agnellis Aufstieg war mühsam und arbeitsreich. Von Anfang an wurde er von der Turiner Aristokratie, aber auch vom Großbürgertum als Parvenü vom Land angesehen, der zwar tüchtig war, aber doch nur ein ungeschliffener Emporkömmling. Giovanni Agnelli stammte aus dem ärmlichen Val Chisone um Villar Perosa, das zu Beginn des 20. Jahrhunderts durchaus mit dem Elend des Mezzogiorno mithalten konnte.

Giovanni Agnelli war seinem piemontesischen Tal sehr verbunden, das wie eine idyllische Enklave anmutete. Doch es herrschte bittere Armut. Das karstige Land konnte seine Bewohner nicht ernähren. Die Menschen mußten auswandern, wenn sie sich Armut und Elend widersetzen wollten. Hier zählte nur das Gegenständliche und der Nutzen, den es für das eigene Überleben haben konnte.

Die Geisteshaltung der Menschen, die dieses Tal bewohnten, färbte natürlich auf ihre Sprache ab. Auch auf die des Giovanni Agnelli. Zeitlebens pflegte er sich und seine Gedanken vornehmlich in jenem Dialekt mitzuteilen, der für seine präzise Gegenständlichkeit sprichwörtlich ist und die Menschen dieser Gegend so besonders macht. Manchmal setzte Giovanni Agnelli dieses Idiom auch ein, um die Gemeinsamkeiten zwischen sich und den FIAT-Arbeitern zu unterstreichen.

Die ersten Arbeiter, die er einstellte, stammten aus dem Val Chisone. Noch Jahre später, als sein kometenhafter Aufstieg längst zur Legende geworden war, spielte Giovanni Agnelli am Feierabend gern mit ihnen Boccia oder Karten. Im Grunde fühlte er sich als einer von ihnen und unterhielt sich selbstverständlich im heimischen Dialekt. Man erzählt sich, daß Giovanni Agnelli bis in die dreißiger Jahre jeden einzelnen seiner Arbeiter in Villar Perosa persönlich kannte.

Unausgesprochen blieb zu Beginn der steilen Karriere des Giovanni Agnelli sein Ehrgeiz, Turin zu erobern. Diesen Anspruch machte er jedoch nicht unwidersprochen geltend. Antonio Gramsci, der Mitbegründer der kommunistischen Partei Italiens, lieferte sich regelrechte Wortgefechte mit dem aufstrebenden Giovanni Agnelli und sprach voller Zynismus über dessen Macht. Immer wieder prangerte Gramsci Agnellis unersättliche Profitgier an, die ihn nicht von seinen Geschäftsfreunden unterscheide. Giovanni Agnelli und der sardische Aktivist, der sich statt um seine philologischen Studien in der piemontesischen Metropole um den gewerkschaftlichen Kampf gegen das Kapital und seine Vertreter kümmerte, wurden unerbittliche Gegner. Tribüne seiner Angriffe auf Agnelli war die von Gramsci mitgegründete Zeitung *Ordine Nuovo*, die der Unternehmer vergeblich versucht hatte, mundtot zu machen, weil sie die Arbeiter aufwiegelte.

Gramsci zählte Agnelli zu den großen Pragmatikern der italienischen Geschichte, die er in seinen Agitationsschriften zugleich als Monarchen der modernen Zeit identifizierte: »Ich hege für diese Männer eine tiefe Bewunderung: Sie sind die wahren Herrscher unserer Zeit und stärker und nützlicher als die Könige anderer Epochen. Sie sind sogar mächtiger als die heutigen Könige. Sie sind es, die die ahnungslosen und abgestumpften Massen vom Lande aus ihrer friedlichen und sklavischen Schläfrigkeit reißen, um sie in den heißen Schmelztiegel unserer Zivilisation zu werfen.«

1911 war Antonio Gramsci nach Turin gekommen, um dort sein Philologiestudium zu absolvieren. Ursprünglich stammte er aus dem sardischen Ort Ales. Nach dem altsprachlichen Abitur, das Gramsci in Cagliari abgelegt hatte, und einer kurzfristigen Mitarbeit an der sozialistischen Zeitung *Unione Sarda* erhielt er ein Stipendium für die Philologische Fakultät der Universität Turin. Unter seinen Kommilitonen befanden sich Palmiro Togliatti, der spätere KPI-Generalsekretär, Augusto Rostagni und Lionello Vincenti. Doch der Campus war nicht Gramscis Welt. Immer mehr engagierte er sich im Turiner Ar-

beiterkampf und brach schließlich 1915 sein Studium ab. Bei den Arbeiterunruhen 1917 war er bereits Sekretär der örtlichen Sektion der Sozialisten und faktischer Leiter der engagierten Zeitung *Il Grido del Popolo*.
Gramscis Gedanken über die Erneuerung des Sozialismus weckten sogar bei Lenin großes Interesse. Nach der Gründung der KPI 1921 wurde er zum Chefredakteur von *Ordine Nuovo* ernannt, die sich von einer Wochenzeitung für sozialistische Kultur zum täglich erscheinenden Sprachrohr der kommunistischen Partei wandelte.

In den Anfängen seiner Industriellenkarriere setzte Giovanni Agnelli alles auf eine Karte: das Automobil. Dieses stinkende, lärmende Fahrzeug der Zukunft stand auch bei den Futuristen hoch im Kurs, deren radikaler Bruch mit überlieferten Werten und Traditionen technisch und wirtschaftlich in der Automobilisierung ein ideales Pendant fand. Die Geisteshaltung dieser künstlerischen, literarischen und politischen Bewegung Italiens, die sich durch aggressive Fortschrittsgläubigkeit auszeichnete und triumphalen Aktivismus propagierte, paßte dem Autoproduzenten Agnelli ebenso ins Konzept wie ihre Überzeugung, daß die neuen Möglichkeiten der Technik unweigerlich den Sieg über die Natur davontragen würden.
Die Nähe zur faschistischen Ideologie, die sich dieser Strömung später zu Propagandazwecken bediente, degenerierte sie allerdings zunehmend zu parodistischer Formspielerei.
FIAT paßten die Gedanken des Futurismus natürlich

gut ins Konzept, und stolz posierte Giovanni Agnelli deshalb auch mit vor dem Fotograf, als der Mitbegründer des Futurismus, der Dichter Filippo Tommaso Marinetti, dem Werk einen Besuch abstattete.

Giovanni Agnelli war eine der Stützen des aufdämmernden neuen Zeitalters der Motorisierung, in Italien vielleicht sogar sein wichtigster Lenker. Wie auch die FIAT-Fabrikationsstätte Lingotto, in der es die revolutionären Fertigungstechniken zum Anfassen gab, bald für Künstler, Politiker und Industrielle ein Mekka des Fortschritts war. Aber vielleicht hat Giovanni Agnelli sich über die wahren Dimensionen der Entwicklungen, die er mit beförderte, gar keine Rechenschaft ablegen können.

Profite waren für Giovanni Agnelli nicht so sehr aufgrund des materiellen als vielmehr wegen des ideellen Werts erstrebenswert, denn er lebte sehr bescheiden. Immer wieder wird erzählt, daß eine seiner größten Vergnügungen darin bestand, sich nach dem Mittagessen ins Arbeitszimmer zurückzuziehen und in seinem Lieblingszimmer, mit der Jacke zugedeckt, ein kurzes Nickerchen zu halten, wie er es während seiner Militärzeit als Kavallerieleutnant vermutlich auch getan hatte.

Man nannte ihn *il senatore*, Senator. 1923 hatte ihm Benito Mussolini diese Ehrung zuteil werden lassen. Es war die höchste Anerkennung, die einem Nichtadeligen zur damaligen Zeit verliehen werden konnte und bedeutete einen Sitz im Senat auf Lebenszeit.

Giovanni Agnelli war einer der ersten italienischen Industriellen, die der Duce für dieses Ehrenamt auserkoren hatte. Über die Gründe, die den damals in der Finanzwelt um Anerkennung buhlenden Anführer der Schwarzhemden dazu bewogen haben mochten, besteht immer noch keine vollständige Klarheit. Fest steht nur: Agnelli gehörte zu den einflußreichsten Industriellen seines Landes, und man versprach sich gegenseitige Vorteile: Agnelli erhoffte von Mussolini ein Gegengewicht zu der immer stärker werdenden Arbeiterbewegung, der Duce Einlaß in die gute Stube der großen Finanz- und Kapitalwelt, von deren Unterstützung die Verwirklichung seiner Großmachtpläne und damit auch seine Karriere abhingen. Es war gewissermaßen eine Abhängigkeit auf Gegenseitigkeit. Historiker streiten seit langem, wer wen benutzt habe: der profitorientierte Agnelli den ambitionierten Mussolini oder umgekehrt. Eine eindeutige Antwort wird es vermutlich nie geben.

Giovanni Agnellis Enkelin Susanna schrieb mit einem Anflug von Stolz über ihren Großvater: »Er war mächtig, hartnäckig und daran gewöhnt, immer das zu tun, was er wollte.«

Immer wieder mußte sich Giovanni Agnelli jedoch mit den Drohgebärden Mussolinis auseinandersetzen, der ihn für seine Zwecke einzuspannen versuchte, doch er ließ sich nicht beirren. Die Einschüchterungsversuche gingen so weit, daß sich Giovanni Agnelli etwa 1927 vom faschistischen Regime »heimlicher Sympathien für Kommunisten und Sozialisten« bezichtigen lassen mußte. Giovanni Agnelli stellte die Unterstellungen als haltlos hin und wies darauf hin, daß er schließlich der erste Senator auf Lebenszeit war, den Mussolini ernannt hatte. Und hätte ihn der Duce für dieses Ehrenamt ausgewählt, wenn er nicht die Gewähr für ein loyales Verhalten gegeben hätte? Wohl nicht. Gleichwohl ließ Mussolini von 1927 an die Telefone einer Reihe von angeblichen Regimegegnern abhören. Unter ihnen war auch das von Giovanni Agnelli.

Den Weg von fast ganz unten nach ganz oben schaffte Giovanni Agnelli in nur zwei Jahrzehnten: eine einzigartige Karriere, die im Kontext der Zeit ihresgleichen suchte, aber sicherlich auch durch den ersten Weltkrieg entscheidend begünstigt wurde. Im Italien des ausgehenden 20. Jahrhunderts sollte nur die von G. B. Pirelli in Mailand gegründete gleichnamige Firma für die Produktion von Kunststoffartikeln eine ähnlich rasante Expansion erfahren.

Giovanni Agnellis schnellem wirtschaftlichen Aufstieg war sicherlich seine strenge militärische Erziehung dienlich gewesen. Sein Vater Edoardo, der bereits am 7. November 1871 verstarb, sowie die Mutter Aniceta Frisetti hatten zunächst davon geträumt, daß der einzige Sohn eine militärische Laufbahn bei der Kavallerie einschlagen würde; für die aristokratischen Familien des Piemont war dies wie überall in Europa um die Jahrhundertwende eine für die gesellschaftliche Karriere unabdingbare Voraussetzung. Zunächst besuchte Giovanni die Vorbereitungsschule im nahen Pinerolo und dann die Militärakademie in Modena. Von 1889 an verrichtete er schließlich seinen Dienst als Leutnant der königlichen Kavallerie in Verona.

Susanna Agnelli, in Giovanni Agnellis Augen die Widerspenstigste, beschreibt in *Wir trugen immer Matrosenkleider* (S. 60 ff.) mit kokettierendem Understatement die

Eßgewohnheiten des Großvaters, die das Wesen seiner Persönlichkeit widerspiegelten: »Wie immer saß er am obersten Ende der Tafel, vor sich einen leeren Suppenteller. Rechts davon lag ein Spezialinstrument, ein Trüffelmesser, und daneben stand eine Schüssel rohes Gemüse: eine Tomate, eine Selleriestange, eine Fenchelknolle, eine Artischocke. Großvater pflegte sich langsam ein Gemüse nach dem anderen in den Teller zu schneiden. Pfeffer und Salz dazuzugeben und das ganze mit Öl zu übergießen. Das war seine Mahlzeit.« (Gianni Agnelli hat übrigens das Manuskript dieses autobiographischen Werks seiner jüngeren Schwester vorab gelesen und fand, daß Familienangelegenheiten nicht in die Öffentlichkeit gehören. Trotzdem konnte er einen gewissen Spaß an dem Buch nicht verhehlen.)

Giovanni Agnelli ist in vielerlei Facetten gezeichnet worden: als Prototyp des modernen Kapitalisten, skrupellos und rüde, furchteinflößend und traditionsbewußt; als ein Mann, dessen eiserner Wille alles zu überwinden vermochte, was sich ihm in den Weg stellte. Seine Vision war die Industrialisierung großen Stils, und wie kaum ein anderer hatte er die Mehrwerttheorie verinnerlicht. Bis an die Grenze ihrer Leistungsfähigkeit soll er seine Arbeiter ausgelaugt haben.

Doch die Idee, Autos zu bauen, stammte ursprünglich nicht allein von dem verhinderten Kavallerieoffizier, der nach einer vielversprechenden, knapp neunjährigen Karriere schließlich am 17. Juli 1893, gerade 26jährig, den Militärdienst quittierte. Einige Freunde hatten sich zusammengefunden, um gemeinsam einer Leidenschaft zu frönen, die mit der Entwicklung des Viertaktmotors zu einem regelrechten Fieber ausartete: dem Autorennsport. Giovanni Agnelli gehörte auch zu ihnen.

Zuvor hatte er die Militärakademie in Modena besucht, war zum Leutnant der Kavallerie ernannt worden und hatte die Florentinerin Clara Boselli geheiratet, deren Vorfahren aus Mailand stammten. Clara Boselli war eine sehr kunstsinnige Frau, die ihm aber mit zunehmenden Alter aufgrund ihrer psychischen Labilität das Leben schwer machte.

Schon in der Garnisonsstadt Verona, wo Giovanni Agnelli mit seiner jungen Familie in der Via Leoncini eine Wohnung hatte, und noch während seiner Militärzeit entdeckte Agnelli seine Leidenschaft für Motoren. Um ein Haar hätte er einmal beim Experimentieren mit einem der ersten Explosionsmotoren zusammen mit seinem Freund Leutnant Giulio Grappello di Figarolo den Palazzo in die Luft gesprengt, in dem er mit seiner Familie lebte. In dieser Zeit muß in ihm der Wunsch erwacht sein, in Padua ein Automobilwerk aufzubauen. Und tatsächlich gehörte zu den späteren FIAT-Gründern auch ein Paduaner.

Schon bald erkannte Giovanni Agnelli also, daß das eintönige, starre Kasernenleben, in das er aus einem konventionellen Traditionsbewußtsein heraus nolens volens hineingeraten war, seine Welt nicht sein konnte. In seiner Entscheidung, der militärischen Laufbahn den Rücken zu kehren, wurde er von seiner Frau heftig bestärkt. Ihr war das eintönige Garnisonsleben einfach zuwider.

Nach Villar Perosa zurückgekehrt, trat Giovanni Agnelli, der von der Welt der Literatur angetan war und sogar Sympathien für die sozialistische Bewegung hegte, zunächst in die Fußstapfen des Vaters und kümmerte sich mit Erfolg um die Ländereien, das Vieh und die Seidenraupen. Er bewohnte mit seiner jungen Frau die Villa der Familie, die früher dem Geschlecht der Savoyen gehört hatte. Bei Giovanni, der nach dem frühen Tod seiner Schwester das einzige Kind war, und seiner Familie lebte auch seine früh verwitwete Mutter.

Doch aus der engen, dörflichen Welt Villar Perosas, wo er im Oktober 1895 zum Bürgermeister gewählt wurde, suchte der geschäftige Giovanni Agnelli schon bald wieder zu entfliehen, um seinen Traum von einer eigenen Automobilfabrik zu verwirklichen.

Den rechtzeitigen Absprung schaffte Giovanni Agnelli schließlich Mitte des Jahres 1896, er war gerade dreißig. Als Standort neuer beruflicher Aktivitäten kam für ihn nur Turin in Frage, das im Begriff war, sich von einer gediegenen Herzogsstadt in eine geschäftige Industriemetropole zu verwandeln und wo die Agnellis bereits ein Haus besaßen, in dem sie sich häufig aufhielten. Turin wuchs aufgrund der fortschreitenden Industrialisierung aus der Rolle einer Verwaltungsstadt heraus, in der nur konsumiert wurde und nur kleine Privatbanken ansässig waren. Seit geraumer Zeit boomte die Textilindustrie am Oberlauf des Pos, und daran anknüpfend florierten hier mittlerweile sowohl Maschinenbau- und Metallbranche, die durch den ersten Weltkrieg einen weiteren Wachstumsschub erfahren sollten, als auch eine Vielzahl von Handwerksbetrieben, deren Geschäfte zusätzlich dadurch begünstigt wurden, daß sich zahlreiche lombardische und ligurische Banken vor Ort niederließen. Mit der fortschreitenden industriellen Entwicklung ging eine zunehmende Verstädterung einher, die sich bald explosiv verstärken sollte.

Nirgendwo auf dem Apennin legte die industrielle Gründerzeit ein solches Tempo vor wie im Piemont. Giovanni Agnelli legte die Ländereien in Villar Perosa in die Hände eines verläßlichen Gutsverwalters, um einträglicheren Geschäften nachzugehen.

Im Turiner Caffè Burello lernte er bei starkem Espresso, exquisitem Feingebäck und Kartenspielen schon bald wesensverwandte Männer kennen, die nicht nur an Geschäftsabschlüssen jeglicher Art Interesse fanden, sondern auch Agnellis Leidenschaft für Automobile teilten.

Im Caffè Burello, Corso Emanuele, Ecke Via Urbano Rattazzi, saß zu dieser Zeit übrigens häufig auch Giovanni Giolitti, von dem in diesem Buch noch einige Male die Rede sein wird, neben Agnelli eine weitere Gestalt, die die ersten zwei Jahrzehnte dieses Jahrhunderts entscheidend mitprägte.

In diesem Café wurde auch heftig über die Rolle debattiert, die Turin für die Zukunft des Landes einnehmen sollte. Ironie des Schicksals: Von Turin ausgehend hatte der Gedanke eines italienischen Nationalstaates Gestalt angenommen und war in die Praxis umgesetzt worden; ausgerechnet durch die Einigung des Landes wurde die Stadt dann aber nicht nur geographisch, sondern auch politisch an die Peripherie gedrängt. Seit Giuseppe Garibaldi im Auftrag der Savoyen mit seinen tausend Mann ausgezogen war, die Apenninenhalbinsel von unten aufzurollen und alle Fremdherrscher zu vertreiben, was die nationalstaatliche Einigung des Landes bewirkte, hatte sich vieles verändert. Turin war nicht mehr die Hauptstadt des Königreiches; Ministerien, Münze, Botschaften und Parlamente samt Hofstaat waren zunächst nach Florenz und später nach Rom umgezogen.

Unter Agnellis Turiner Freunden befand sich auch der Aristokrat Emanuele Bricherasio di Cacherano, und immer wieder drehten sich ihre Gespräche um Geschäfte und die Frage, wie man am besten Geld anlegen könne. Vielfach war aber auch, wie konnte es anders sein, das Auto Gesprächsthema, dieses wunderliche Gefährt, das den Wandel der Zeit so meisterlich dokumentierte. Bricherasio war es denn, der die zündende Idee hatte, Motorteile und Karosserien zusammenzubauen. Bis zu diesem Zeitpunkt waren in Italien die Autos hauptsächlich aus Frankreich und Deutschland importiert worden.

Vorsichtig und mißtrauisch, wie er nun einmal war, konnte sich Giovanni Agnelli nicht sofort für das wagemutige Projekt erwärmen. Nachdem er seine anfängliche Skepsis jedoch abgelegt hatte, kam es schließlich zur Gründung eines Unternehmens. Ausschlaggebend war dabei sicherlich auch Agnellis ausgeprägte Passion für Autorennen.

Die Gründung der Firma FIAT erfolgte formell am 1. Juli 1899 im Palazzo Bricherasio; dort, wo Turin auch architektonisch an der alten Ständeordnung festgehalten hat: Im Parterre waren die Werkstätten untergebracht, im ersten Geschoß pflegte die Aristokratie und der Geldadel zu residieren, darüber das Kleinbürgertum, während die Bediensteten unterm Dach hausten.

Zu den Gründungsvätern gehörten neben Giovanni Agnelli und Bricherasio der Bankier und Seidenhändler Michele Ceriana-Mayneri, der Grundbesitzer Lodovico Scarfiotti, der Devisenhändler Luigi Damevino, der Graf Alfonso Ferrero di Ventimiglia sowie der Anwalt Carlo Racca. Unter den Partnern herrschte optimistische Stimmung, das Gesellschaftskapital betrug insgesamt 800 000 Lire. Das Unternehmen hieß zunächst »Società Italiana per la costruzione e il commercio delle automobili – Torino«; aber schon kurze Zeit später wurde es in »Fabbricia Italiana automobili Torino« (FIAT), italienische Automobilwerke Turin abgekürzt. Die erste, 9485 Quadratmeter große Werkshalle lag in der Via Dante, die inzwischen Corso Dante heißt und wo heute die firmeneigene Ausbildungsstätte untergebracht ist.

Giovanni Agnelli ahnte, daß das mobile Gefährt die Welt und auch sein Leben verändern würde. »Wir stehen am Beginn eines grandiosen Flusses von Kapital, Menschen und Arbeit«, sagte er ein Jahr vor der FIAT-Gründung. »Vielleicht irre ich mich, aber das Auto wird den Beginn einer grundlegenden sozialen Erneuerung einläuten.« Er sollte damit recht behalten, und zwar so nachhaltig, daß selbst die letzten verbliebenen Standesunterschiede über Bord geworfen wurden. Giovanni Agnelli gehörte zu jenen Industriellen, die unaufhaltsam nach oben drängten.

In der Anfangsphase leitete Agnelli das Sekretariat des Verwaltungsrates. Schon bald aber sollte sich das ändern. Präsident des Unternehmens war Lodovico Scarfiotti; die Aktienmehrheit besaß das Bankinstitut Banco Sconto e Sete. Doch bereits nach kurzer Zeit erwies sich der »wohlhabende Bauer«, wie Giovanni Agnelli zuweilen etwas abschätzig tituliert wurde, als der eigentliche Motor des Unternehmens.

Kaum einer unter den acht Gründungsmitgliedern war bei der Erfassung und Lösung von Problemen so schnell und geschickt wie Giovanni Agnelli. Vom Mercedes-Modell mit Motorkühlung, das er im Dezember 1900 auf einer Ausstellung in Paris bestaunt hatte, tief beeindruckt, erteilte er die Anweisung, ein eigenes Modell zu erarbeiten; allerdings sollte es am Vorbild Mercedes orientiert und nicht neu entwickelt werden, was die Kosten hätte übermäßig in die Höhe schnellen lassen.

Drei Jahre nach der Firmengründung konnte FIAT bereits vier Modelle vorweisen. Doch trotz aller Erfolge erzielte die Automobilfabrik nicht den erwarteten Durchbruch. Zu den Problemen, die aus einer unausgereiften Organisation der Produktion herrührten, gesellte sich noch, daß sich der Kundengeschmack der Zeit zumeist an den extravagant und windschnittig gestylten Karossen orientierte, die einheimische, aber auch ausländische Konkurrenten gleich nebenan in Turin produzierten. Ein zusätzliches Manko bestand darin, daß sich FIAT hauptsächlich auf Rennwagen spezialisierte, was für große Märkte wenig ergiebig war.

Die industrielle Pionierzeit bescherte dem Piemont andererseits auch so manche hausgemachte Krise, ausgelöst durch Spekulationen an der Börse. Auch der gewitzte Bauernsohn aus Villar Perosa hatte schnell dazugelernt und sich an windigen, undurchsichtigen Transaktionen beteiligt.

In diesen ersten Jahren nach der Betriebsgründung, die für Spekulanten ein gefundenes Fressen waren, mußte sich Giovanni Agnelli nicht selten vorwerfen lassen, die Firmengeschäfte nicht immer uneigennützig geführt zu haben. Die Verdachtsmomente waren 1907 so gewichtig, daß sich sogar die Turiner Staatsanwaltschaft einschaltete. Es kam zu einem folgenreichen Eklat: Giovanni Agnelli und mit ihm der gesamte FIAT-Verwaltungsrat sah sich am 11. August 1908 gezwungen, von ihren Ämtern zurückzutreten. Ihnen wurde unter anderem vorgeworfen, durch Bilanzfälschungen und das Verbreiten falscher Angaben an der Börse den Kursverfall der FIAT-Aktien mitverschuldet und sich persönlich bereichert zu haben. Im Prozeß gelang es der Staatsanwaltschaft allerdings nicht, diese schwerwiegenden Vorwürfe stichhaltig zu beweisen. Fest stand nur, daß aufgrund des Kursverfalls Agnellis Aktienanteil erheblich gestiegen war. Um sein fintenreiches Spielchen erfolgreich durchstehen zu können, habe Agnelli, so die Anklage, vor der Gesellschafterversammlung falsche Angaben gemacht.

Einige Jahre später wurden Giovanni Agnelli und seine Mitangeklagten in diesem und vergleichbaren Punkten freigesprochen und besetzten, im Grunde in ihrer Position gestärkt, ihre alten Ämter wieder. Nicht zuletzt ein ausgeprägtes Feingefühl für vorsichtiges Taktieren auf politischem Terrain hatte es Giovanni Agnelli ermöglicht, das Justizverfahren unbeschadet zu überstehen. Insbesondere sein gutes Verhältnis zu dem liberalen piemontesischen Politiker Giovanni Giolitti, der zwischen 1892 und 1921 fünfmal Ministerpräsident war und dieses Amt auch von 1911 bis 1914 bekleidete, kam ihm dabei zugute. Nachdem Giolitti auf seine außerordentlichen Fähigkeiten aufmerksam geworden war, hatte er Agnelli den Ehrentitel des »Cavaliere« verliehen, eine Auszeichnung, die bis heute für besondere Verdienste auf dem Gebiet der Arbeit vergeben wird.

FIATs Segen war der Krieg – zunächst der Krieg, den Italien in seinem Drang zur Kolonialmacht gegen Libyen führte, und kurz darauf der erste Weltkrieg.

1909 war Giovanni Agnelli bereits Geschäftsführer von FIAT und konnte in dieser Eigenschaft einen ansehnlichen Regierungsauftrag über die Lieferung von Lastwagen an Land ziehen.

Die Umorientierung auf Massenproduktion füllte zwar die Auftragsbücher, die Wende aber brachte der sich abzeichnende erste Weltkrieg.

Die Konstellation der Kriegsparteien war für die Industrie des Piemont günstig. Sie schlug wohl den größten Profit aus italienischen, aber auch ausländischen Kriegsaufträgen. Denn die anfängliche Neutralität Italiens, die allerdings nur bis zum 24. Mai 1915 währen sollte, machte die Maschinenbau- und Rüstungsfirmen dieser Region bei den unterschiedlichen Kriegsparteien zu beliebten Ansprechpartnern.

Auf dem deutschen Markt brauchten die piemontesischen Firmen die französische Konkurrenz nicht mehr zu fürchten; durch den Kriegseintritt Frankreichs fiel sie als Wirtschaftspartner Deutschlands weg und wurde durch italienische Firmen ersetzt. FIAT baute für die deutsche Kriegsmarine etwa Motoren für das U-Boot U 42, und der russischen Regierung wurden Militär-LKW geliefert. Als sich später die direkte Intervention Italiens abzeichnete, lief die Produktion für die heimischen Streitkräfte auf Hochtouren. Zu den großen Nutznießern dieser Entwicklung gehörte wiederum FIAT. Agnelli und seine Mitstreiter konnten sich das größte Stück vom Kuchen der öffentlichen Aufträge sichern. Es war die Rede davon, daß Agnelli neben anderen piemonteser Industriellen wie Esterle, Bruzzone, Perrone und Parodi den abtrünnigen Sozialisten Benito Mussolini mit einem großzügigen Obulus für dessen Parteikasse bedachte, damit er sein kriegstreiberisches Organ *Il Popolo d'Italia* gründen konnte.

Die Sozialisten, die gegen den Eintritt Italiens in den ersten Weltkrieg waren, hatten Mussolini gerade wegen seiner inbrünstigen Propagierung der Intervention Italiens in den Krieg aus der Partei ausgeschlossen. Mussolini allerdings betrachtete, ähnlich wie die Futuristen, den Krieg als Möglichkeit, dem Fortschritt auf die Sprünge zu helfen, als Katalysator eines Wandels zudem, der ohnehin nicht aufzuhalten war.

Am 23. März 1919 gründete Mussolini seine faschistischen Kampfeinheiten, Fasci Italiani di Combattimento, die sich zunächst als Sammelbecken vieler verkrachter Existenzen anboten.

Interpretation einiger Historiker: Giovanni Agnelli habe das Organ der Faschisten finanziell unterstützt, um der Bewegung ein Forum für ihre Kriegspropaganda zu schaffen. Der Geschichtswissenschaftler Valerio Castronuovo allerdings, und damit steht er nicht allein, bestreitet den Wahrheitsgehalt dieser These. Nach seiner Auffassung sind die Indizien, die zu ihrer Untermauerung angeführt werden, zu vage.

Tatsächlich spricht gegen diese unterstellte Gönnerschaft Agnellis gegenüber der faschistischen Partei nicht zuletzt das publizistische Kreuzfeuer, das die liberale *Stampa* auf Mussolini abfeuerte. Doch eines muß man zugeben: Giovanni Agnelli, der »Napoleon der europäischen Automobilindustrie«, wie ihn amerikanische Metallarbeiter in diesen Jahren nannten, war tatsächlich schwer einzuschätzen und wurde seinem Ruf des »unberechenbaren Fuchses« immer wieder gerecht.

Keinesfalls aber kann man aus einer eventuellen finanziellen Unterstützung der Faschisten in den Anfangsjahren seine Komplizenschaft mit der späteren Mussolini-Diktatur ableiten. Denn der Faschismus hatte zu dieser Zeit noch keine klaren Konturen angenommen. Er war noch zu neu und undefiniert. Das nationalistische und arbeiterfeindliche Potential, das er in sich barg, paßte den Turiner Unternehmern teilweise allerdings durchaus ins Konzept.

Die Zeichen der beginnenden Kriegszeit erkennend, verlagerte FIAT unter der Führung von Giovanni Agnelli bald die Produktion auf mobiles Kriegsgerät, später auf Maschinengewehre und Munition, besonders in den Maschinenbauwerkstätten von Villar Perosa, wo Giovanni Agnelli die Kugelagerfabrik RIV besaß, die FIAT belieferte und inzwischen an die schwedische Unternehmensgruppe SKF verkauft wurde. Wo einst annähernd 5 000 Menschen Arbeit fanden, sind heute nur noch wenige hundert beschäftigt.

Ende 1914 betrug der Ausstoß von FIAT bei einer Gesamtbelegschaft von über 4 000 Arbeitern und Angestellten 4646 Automobile jährlich, was gleichbedeutend war mit etwa der Hälfte der gesamten heimischen Produktion. Daß die Stellung des Unternehmens durch den Krieg an Bedeutung zunehmen würde, ist daran abzulesen, daß hier im Januar 1915, also noch ehe Italien in den Krieg eingriff, 40 Prozent aller Arbeiter des Maschinen- und Motorbaus beschäftigt waren.

Innerhalb der Führungsspitze des Unternehmens, das sich bereits zu einem Firmenkonsortium entwickelt hatte, wurde Giovanni Agnellis Position immer stärker. Obwohl das Aktienkapital breit gestreut war, vereinigte er persönlich mehr und mehr die Entscheidungsgewalt in seinen Händen.

Bereits von 1916 an polemisierte *La Stampa* gegen die Nutznießer des Krieges, gegen FIAT und den piemontesischen Unternehmerverband. Die Kampagne begann damit, die immensen Einkommen der FIAT-Direktoren als Kriegsprofite anzuprangern und die Herren über den Konzern mit dem Attribut der habgierigen »Neureichen« zu versehen. Selbstverständlich wurde auch Giovanni Agnelli von dieser Kritik nicht verschont.

In ebendieser Zeit steuerte FIAT einen bis dato beispiellosen Expansionskurs. Und die Unzufriedenheit der Arbeiter mit schlechten Arbeitsbedingungen und niedrigen Löhnen erreichte langsam den Siedepunkt. Während sich das Unternehmen wie ein nimmersattes Ungetüm unentwegt neue Betriebe einverleibte und in modernere Produktionsanlagen investierte, kam es im August 1917 in Turin – zehn Tage nach dem Besuch einer Abordnung russischer Arbeiterräte – zur ersten Arbeiterrevolte. Der Auslöser der massenhaften Arbeitsniederlegungen war jedoch ein anderer: der wieder einmal über Gebühr erhöhte Brotpreis.

In der Stadt herrschte der Belagerungszustand. Kavallerieeinheiten hatten die Aufgabe, Demonstrationen zu vereiteln. Aus Angst vor möglichen Sabotageakten sperrte FIAT die Arbeiter aus und entließ die vermeintlichen Rädelsführer. In einigen Fällen wurden auch Arbeiter von diesen drastischen Maßnahmen betroffen, die zu den besten des Betriebs gehörten.

Unmittelbar nach dem ersten Weltkrieg hatte das Umsatzvolumen von FIAT einen gewaltigen Sprung nach vorn getan. In der Hitliste der größten nationalen Unternehmen war das Unternehmen vom 30. Platz bei Ausbruch des Krieges am Ende des ersten Weltkrieges auf den dritten Platz vorgerückt. Das Gesellschaftskapital hatte sich dabei versiebenfacht. Doch stetige Expansion und immense Profite täuschten die Öffentlichkeit darüber hinweg, daß die Arbeitsbedingungen in den Fabriken unerträglich waren. Zwischen 60 000 und 70 000 Arbeiter gab es damals in Turin. Ein Drittel von ihnen arbeitete bei FIAT und war bei schlechter Bezahlung immer größerem Leistungsdruck ausgesetzt.

Im Hochsommer 1917 kam es schließlich unter Führung der starken sozialistischen Partei zu Massenstreiks und ersten Fabrikbesetzungen. Doch der Protest war zum Scheitern verurteilt, so zerstritten und uneinig waren die Arbeiter untereinander. Ein starkes Militäraufgebot vor den Werkstoren und in der Stadt verhinderte die Eskalation der Auseinandersetzungen.

Zeitgenossen blieb Giovanni Agnelli sowohl aufgrund seines Äußeren als auch wegen seines Auftretens in Erinnerung: relativ hoch gewachsen, immer Haltung bewahrend und den Kopf gerade, zuweilen das Haar mit der Hand zurückstreichend, bestach er bei Diskussionen durch seine unnachgiebige Haltung. Sophisterei konnte er nicht ausstehen; was Giovanni Agnelli verlangte, war vor allem Geradlinigkeit. Er verabscheute es auch, wenn jemand einen unverständlichen Gelehrtenton anschlug und nicht auf den Kern der Sache kam. Zuweilen wirkte er durch seine rüden Umgangsformen, die Taktgefühl vermissen ließen, verletzend. Vieles davon hat auch auf seinen Enkel Gianni abgefärbt, der offensichtlich mit Langeweile auf ausschweifende Gespräche reagiert.

Giovanni Agnelli galt als stur und vermochte es selten, von einer einmal getroffenen Entscheidung abzurücken. Kaum einer konnte aber auch hartnäckig einmal getroffene Entscheidungen in die Tat umsetzen. Seine Willensstärke war bei Geschäftspartnern und Arbeitern gleichermaßen gefürchtet. Später versuchte man diesen Wesenszug mit seiner Herkunft aus relativ bescheidenen Verhältnissen zu erklären. Er kam vom Land, und diesen »Makel« hatte er nie abstreifen können. Er war und blieb eigentlich ein Außenseiter bäuerlicher

Provenienz. Im behäbigen Turin der Jahrhundertwende, das noch immer an den überkommenen Traditionen und am Standesdenken festhielt, wurde ein solcher Mann als Störenfried empfunden, als Gefahr für das halbfeudalistische System, in dem die soziale Rollenverteilung trotz des aufstrebenden Bürgertums noch relativ starr war. Doch Giovanni Agnelli ließ sich auf seinem Vormarsch nicht beirren. Er blieb seinem Motto treu: »Wir machen es wie bei Ford.«

Amerika war sein Vorbild, was Produktion und Entwicklung anging. In Amerika hatte er die Arbeits- und Produktionsorganisation vor Ort studiert und war voller Ideen zurückgekehrt. Aber auch für erfolgversprechende Organisationsformen, die von deutschen Industriellen stammten, war Agnelli aufgeschlossen.

Der gewerkschaftliche Kampf für bessere Arbeitsbedingungen und Bezahlung, organisiert zumeist von der einheitlichen sozialistischen Partei PUS, die allerdings zu dieser Zeit bereits erste Risse zeigte, spitzte sich nach dem Krieg weiter zu.

Ihren führenden Theoretiker, der den Räteaufstand propagierte, hatten die Arbeiter in Antonio Gramsci gefunden. Zusammen mit Palmiro Togliatti und Ubaldo Terracini gründete Gramsci am 1. Mai 1919 die Zeitung *Ordine Nuovo*. Über anderthalb Jahre später, am 24. Dezember 1920, mußte die Zeitung allerdings für kurze Zeit wieder eingestellt werden. Gerade mit diesem publizistischen Instrument hatte Gramsci die aktive Arbeit der »Räte« unterstützt, die den damaligen Unternehmern des Piemont das Fürchten um ihr Kapital lehrten.

Am 21. Januar des folgenden Jahres trat Gramsci mit einigen seiner Freunde aus der sozialistischen Partei aus und gründete auf dem berühmten Kongreß von Livorno die kommunistische Partei Italiens, die die Spaltung der Sozialisten besiegelte.

War es während des Krieges in Turin und Umgebung nur zu Streiks und Demonstrationen gekommen, gingen die Arbeiter nun dazu über, die Fabriken zu besetzen – FIAT eingeschlossen. In Turin waren insgesamt 119, in weiteren Betrieben 89 Betriebsräte gegründet worden. Hilfe versprachen sich die Unternehmer von der Regierung in Rom, die wieder einmal durch den Piemontesen Giolitti angeführt wurde.

Kaum war die Regierung Giolitti im Amt, verlangten die Industriellen des Piemont politische Rückendeckung, um gestärkt dem erbitterten gewerkschaftlichen Kampf begegnen zu können. Giolittis Wiederwahl zum Ministerpräsidenten im Juni 1920 hatte Agnelli übrigens mit den Worten begrüßt: »Ich sehe mich in der Pflicht, jenem Mann mein vollstes Vertrauen auszusprechen, der in der Lage ist, die schwere Krise zu bewältigen, die das Land gerade durchmacht.« Doch im September 1920, als FIAT noch immer besetzt war, die Produktion stillstand und Agnelli den liberalen Ministerpräsidenten um Hilfe anflehte, wußte Giolitti nur mit Militär auszuhelfen. »Ich gebe sofort den Befehl, daß FIAT morgen in den frühen Morgenstunden bombardiert und von den Besetzern befreit wird«, soll Giolitti Agnelli auf sein Hilfsbegehren geantwortet haben. Eine derart radikale Lösung lehnte Agnelli allerdings ohne Umschweife ab. Er befürchtete, daß durch den Einsatz von Gewalt der Graben zwischen den unzufriedenen Arbeitern und den Unternehmern unüberwindbar würde; andererseits hegte die Regierung auch Befürchtungen, daß durch staatliche Gewaltanwendung den agitatorischen Kräften ein Vorwand für eine Revolution geliefert würde, die andernorts bereits Realität war. Giovanni Agnelli zeigte sich enttäuscht, daß der mittlerweile 78jährige Ministerpräsident so wenig Verständnis für die Belange der Arbeitgeber an den Tag legte.

Der Druck auf die Unternehmer, bei den Lohnforderungen nachzugeben, wurde stärker. In gewisser Hinsicht ergriffen die Faschisten die Initiative, während die Regierung untätig zusah. Es kam zu einer Serie von Übergriffen seitens der Faschisten, die sich mittlerweile bewaffnet hatten, auf streikende Arbeiter. So beschreibt Gramsci, wie etwa an einem Sonntag faschistische Gruppen in einer Straße in der Nähe des Bahnhofs Porta Nuova in aller Ruhe unter den Augen der Polizei Gewehre und Handgranaten abladen konnten, die später gegen die Arbeiter eingesetzt wurden.

Nach mehreren vergeblichen Kompromißvorschlägen, die unter anderem Lohnerhöhungen vorsahen, wartete Agnelli am 18. September 1920 mit einem Vorschlag auf, der die Produktionsblockade wieder aufheben sollte.

Giovanni Agnelli stieß mit einem kühnen Vorhaben die Arbeiter vor den Kopf und rief zudem die Aktionäre auf den Plan: Er machte ihnen das Angebot, FIAT in eine Kooperative umzuwandeln.

Giovanni Agnelli und seine rechte Hand Guido Fornaca, der als Generaldirektor fungierte, waren am 28.

Oktober 1920 auf der Aktionärsversammlung von ihren Ämtern zurückgetreten, so unverständig hatten die Anteilseigner auf das Verhalten der Firmenspitze reagiert. Eine Kooperative? Ihnen schauderte bei dem bloßen Gedanken. »Ich kann nicht weiterarbeiten, wenn ich 25 000 Feinde als Mitarbeiter habe«, begründete Agnelli seinen ungewöhnlichen Schritt, der sich noch als taktische Meisterleistung erweisen sollte. Vor den Aktionären begründete Giovanni Agnelli seinen für die damalige Zeit ungeheuerlichen Vorstoß mit den Worten: »Nur mit dem Prinzip der Autorität und der Ordnung ist es möglich, die großen Unternehmen zu führen.« Und diese Voraussetzungen waren für Agnelli zu diesem Zeitpunkt nicht erfüllt. Er, der mittlerweile zum Komtur, zum Ordensritter, gemacht worden war, schien außerstande, Einfluß auf die FIAT-Arbeiter auszuüben. Sie fingen an sich zu organisieren und widersetzten sich fast geschlossen den Befehlen der Firmenleitung.

Warum aber machte Agnelli dieses Angebot? War er müde geworden, oder war es einer jener taktischen Schachzüge, die sein Wesen auszeichneten? Eine Verzweiflungstat oder ein Angriffsfeldzug? Die Arbeiter jedenfalls waren im ersten Moment verdutzt und glaubten, er wolle sie mit einer Finte aus der Reserve locken.

Während sich der Kampf zwischen rechts und links verschärfte, erweckte Agnelli den Eindruck, daß er es mit seinem Vorschlag ernst meinte. Eine Woche lang verhandelte man über die Modalitäten einer eventuellen Umwandlung des Betriebs. Doch parallel dazu formierte sich die Front der Arbeitgeber, die eine derartige Lösung des Konflikts ausdrücklich verurteilten. Sie fürchteten, daß das FIAT-Beispiel Schule machen und sich wie ein Lauffeuer auch auf andere Fabriken ausbreiten könnte.

Auf die Streikenden hatte Agnellis revolutionärer Vorschlag die Wirkung, daß sich ihre Stimmung besserte und die Lage sich entspannte, sah er doch auch die Schaffung neuer Gesellschaftsformen für die Fabriken vor, die an die Stelle der anonymen Aktiengesellschaften treten sollten, die als Ungeheuer eines ungezügelten Kapitalismus gefürchtet waren. Die Arbeiter lenkten ein, und die Aktionäre konnten ein neues FIAT-Direktorium bestimmen.

Plötzlich stand die Autorität des Unternehmers Agnelli wieder hoch im Kurs, und vom Geschäftsführer stieg er zum FIAT-Präsidenten auf, unterstützt auch durch einen Mann namens Vittorio Valletta, der in der Aktionärsversammlung als Kleinaktionär das Wort ergriffen hatte.

Vittorio Valletta war seit 1928 Leiter der Buchhaltung. Unter seiner späteren Präsidentschaft sollte der Konzern nach dem Desaster des zweiten Weltkriegs einen Boom sondergleichen erfahren.

Strahlender Sieger war Giovanni Agnelli, der nun Stück für Stück begann, Männer seines Vertrauens um sich zu scharen. Sein vorsichtiges Taktieren gegenüber der streikenden Arbeiterschaft hatte sich ausgezahlt.

Zwischen Klassenkampf und Schwarzhemden

FIAT wurde wieder bestreikt, und die Agitationszeitung *Ordine Nuovo* unter der Leitung Antonio Gramscis erschien seit über zwei Monaten wieder als Tageszeitung, als Giovanni Agnelli von der Geburt seines Enkels Gianni erfuhr. Im Corso Oporto 26 (heute Corso Matteotti) erblickte Gianni Agnelli am 12. März 1921 um 2.30 Uhr das Licht einer Welt, die ganz offensichtlich im Umbruch begriffen war. (Gelegentlich, auch um indirekt auf seine Schwäche für schöne Frauen anzuspielen, wird daran erinnert, daß sein Geburtstag mit dem des faschistischen Regimepoeten Gabriele D'Annunzio zusammenfällt, der sich nicht zuletzt durch zahlreiche amouröse Abenteuer einen Namen machte.)

Im Corso Oporto Nummer 26 lebte Giovanni Agnelli Sohn Edoardo mit seiner Frau Virginia. Aufgrund der Streiks und der anschließenden Fabrikbesetzung durch rund 13 000 Arbeiter kam Giovanni Agnelli kaum dazu, in die Rolle des stolzen Großvaters zu schlüpfen. Die gewaltsame Besetzung von FIAT forderte viele Opfer, auch unter den Ingenieuren und Vorarbeitern, die der Werksleitung gegenüber loyal waren. Einige von ihnen wurden in die Hochöfen gesteckt und verbrannten jämmerlich.

FIAT galt damals als die natürliche Heimat der kommunistischen Agitation, und die Vorzeichen schienen plötzlich günstig, sich mit der Krise auch dieser nörgelnden Störenfriede zu entledigen, die einen geregelten Arbeitsprozeß behinderten. Zur Hilfe kamen der FIAT-Führung die faschistischen Schlägertrupps, die sich immer mehr ins öffentliche Geschehen drängten. Gerade die Faschisten waren gestärkt aus den Streiks hervorgegangen, die teilweise die gesamte Industrieproduktion lahmgelegt hatten. Das hatte auch dazu geführt, daß sich Unternehmer auf ihre Seite schlugen und sie geschickt als Gegengewicht zu den linken Kräften instrumentalisierten. Doch insgesamt gesehen schlossen die großen Industriellen Turins zu diesem Zeitpunkt aus, daß die Anführer der neuen »Sozialbewegung« die Politik der Zukunft bestimmen könnten.

Mitten in diesen Unruhen mußte die Familie Edoardo Agnellis in einer Nacht- und Nebelaktion ihr Turiner Haus verlassen. Aus Sicherheitsgründen flüchtete Virginia mit ihrer Tochter Clara und dem gerade geborenen Gianni in das nahegelegene französische Savoyen. Die Agnellis fürchteten, daß ihre Familien Opfer von Übergriffen durch streikende Arbeiter werden würden.

Man spürte, daß eine neue, unheilbringende Zeit anbrach. Die alte Ordnung war aufgrund der Kriegsfolgen aus den Fugen geraten und erwies sich als unfähig, die neue Lage zu bewältigen. Der Unmut der Arbeiter über schlechte Arbeitsbedingungen und geringe Entlohnung entlud sich gewalttätig und unkontrolliert. Der Krieg hatte nicht zuletzt auch das Bewußtsein der Menschen verändert.

Andererseits waren die ersten Signale der »schwarzen Gewaltherrschaft« bereits vernehmbar. Die nationalistisch gesinnte Wende zeichnete sich ab. Noch vielfach als schräge Gestalten verlacht und weitgehend unorganisiert, gewannen die Faschisten in der vielfach mit Gewalt ausgefochtenen politischen Auseinandersetzung, die im industrialisierten Norden stattfand, zunehmend die Oberhand. In dieser Phase entbehrte die Bewegung noch eines festumrissenen Programms; den Schwerpunkt legte der gewiefte Taktiker Benito Mussolini aus Predappio in der Emilia-Romagna, der sich häufig wie ein unberechenbares, grotesk grimassierendes Nervenbündel gebärdete, auf die Aktion. Hinzu kam, daß die in Livorno neugegründete kommunistische Partei bei den Parlamentswahlen vom 15. Mai 1921 eine deutliche Schlappe erlitten hatte, so daß die Macht der streikenden Arbeiter spürbar zurückging. Mussolini hingegen zog mit 34 anderen faschistischen Abgeordneten in die römische Abgeordnetenkammer ein.

Die Kommunisten begründeten ihre bittere Wahlniederlage zunächst damit, daß ihr Spitzenkandidat Antonio Gramsci weder ein ausgesprochener Redner war noch über nennenswertes Charisma verfügte. Er war klein gewachsen, hatte einen Buckel und umgab sich zu sehr mit den Allüren eines Intellektuellen, als daß er die Massen hätte entflammen können. Außerdem schien Gramsci vollauf mit seinem Kampf gegen Agnelli beschäftigt, seinem wohl erbittertsten Kontrahenten. Und dieser Kampf bestand in dieser Zeit hauptsächlich daraus, eine inhaltlich und formal tadellose Zeitung zu machen. Unbedingt wollte Gramsci verhindern, daß Agnelli seine Arbeiter herbeizitieren und behaupten konnte: »Schaut her, die können nicht einmal eine Zeitung machen, und dann beanspruchen sie, den Staat lenken zu wollen.«

Nach dem 28. Oktober 1922 war mit Mussolini sagenumwobenen Marsch auf Rom auch in Turin weitgehend Ruhe und Ordnung eingekehrt. Sagenumwoben war der Marsch vor allem, weil vieles geschickt zur Legende überhöht wurde. Der angebliche Marsch der faschistischen Verbände auf die Hauptstadt hätte nämlich durch das Heer leicht gestoppt werden können, wenn König Viktor Emanuel III. nur gewollt hätte. Der damalige Ministerpräsident Luigi Facta hatte dem König ein entsprechendes Dekret vorgelegt, das die militärische Operation gegen Mussolinis Faschisten auf eine gesetzliche Grundlage stellte. Doch auf Drängen von Nationalisten und Militärs verweigerte Viktor Emanuel III. die Unterschrift. Ministerpräsident Facta reichte daher unvermittelt seinen Rücktritt ein; gleichzeitig wurde Benito Mussolini vom König mit der Bildung einer neuen Regierung betraut. Mussolinis unaufhaltsamer Aufstieg begann. Der Duce, der von seinen wahnwitzigen Großmachtplänen geleitet war, hatte seine Kampfeinheiten erst im November 1921 in Partito Nazionale Fascista (Nationale Faschistische Partei) umbenannt.

Das Erstarken des Faschismus stimmte Giovanni Agnelli, der bereits so manch heikle Situation überstanden hatte, nachdenklich. Er hatte sich der kommunistischen Feinde entledigen wollen, und da waren ihm die Faschisten gerade recht gekommen. Im Grunde seiner politischen Gesinnung aber war er immer ein treuer Anhänger der liberalen Partei geblieben. Die Liberalen wie auch das Gros der anderen bürgerlichen Parteien stimmte jedoch nach dem faschistischen Putsch im Parlament der Ernennung Benito Mussolini zum neuen Ministerpräsidenten zu. Allein 116 Abgeordnete der Sozialisten stimmten gegen Mussolini, während sich sieben andere der Stimme enthielten. Insgesamt votierten 316 Abgeordnete der römischen Abgeordnetenkammer für Mussolini.

Giovanni Agnelli gehörte am 22. November 1922 zu den ersten, die Mussolini zu seiner ersten »Nationalregierung« gratulierten und ihm die besten Wünsche für seine Regierungsarbeit übermittelten.

Um sich die Gunst der kapitalistischen Großherren zu sichern, machte Mussolini einen klugen Schachzug, der ihm viel Sympathien einbringen sollte. Die Giolitti-Regierung, von liberalen und linken Kräften unter Druck gesetzt, hatte eine parlamentarische Untersuchungskommission einsetzen lassen, die prüfen sollte, welche Unternehmen aus dem ersten Weltkrieg übermäßige Profite gezogen hatten. Besonders die piemontesischen Unternehmer befürchteten, dadurch Teile ihrer immensen Kriegsgewinne wieder an den Staat abführen zu müssen.

Eine von Mussolinis ersten Amtshandlungen als frischgebackener Ministerpräsident bestand also darin, die lästige Untersuchungskommission, die vielen Unternehmern ein Dorn im Auge war, abzusetzen. Er revanchierte sich damit nicht nur für erhaltene Unterstützung bei seiner Machtergreifung, sondern hoffte auch auf Schützenhilfe für seine Partei, um weiter an der

Macht bleiben zu können. Mussolini rehabilitierte einen ganzen Stand, denn die Untersuchungskommission hatte ein schlechtes Licht auf die Unternehmer geworfen, wenngleich sie bis zu ihrer Auflösung zu keinem konkreten Ergebnis gelangt war.

Währenddessen herrschte rüde Gewalt. Zwischen dem 18. und dem 22. Dezember 1922 ermordeten faschistische Schlägertrupps ein Dutzend Regimegegner. Die Arbeiterkammer und die Redaktionsräume von Gramscis Zeitung *Ordine Nuovo* wurden verwüstet.

Während Gianni Agnelli und seine Geschwister in ihrem Palazzo in Turin und im toskanischen Ferienort Forte dei Marmi, der idyllischen Enklave zwischen Pinienhainen und feinsandigem Strand, relativ unbeschwert dahinplätscherten, waren die Schwarzhemden auf dem Vormarsch. Gleichzeitig entwickelte sich die Tageszeitung *La Stampa* immer mehr zum Sprachrohr der liberalen Opposition, insbesondere seit der Ermordung des Generalsekretärs der Sozialisten, Giacomo Matteotti. Ebenso wie andere Zeitungen im Lande beharrte sie darauf, Mussolini als den eigentlichen Drahtzieher des Mordanschlags zu attackieren.

Das Attentat auf seinen unerbittlichen politischen Gegner schien die politische Karriere des Duce jäh zu unterbrechen, und als Sprecher der potenten FIAT-Gruppe tat Agnelli nichts, um den sichtlich angeschlagenen Ministerpräsidenten zu unterstützen.

Anders das Verhalten Agnelli im Senat. Als es im Senat am 26. Juni 1924 darum ging, Mussolini nach der Ermordung Matteottis und den anschließenden Angriffen das Vertrauen auszusprechen, stimmte der Senator für den Tagesordnungspunkt des Ministerpräsidenten, der die »öffentliche Ordnung« wiederherstellen wollte. Dies wurde von der Opposition heftig kritisiert.

Das Motiv für diese Anpassungsstrategie ist aller Wahrscheinlichkeit nach in den wirtschaftlichen Interessen von FIAT zu suchen. Zu dieser Zeit stand die Vergabe wichtiger Regierungsaufträge an, und das Unternehmen durfte sich Hoffnungen machen, den Zuschlag zu erhalten. Das wollte Agnelli natürlich nicht aufs Spiel setzen.

Matteotti gehörte zu den entschiedensten Widersachern Mussolinis.

Bei den Parlamentswahlen vom 5. April 1924 hatte die faschistische Partei über 60 Prozent der Stimmen erhalten, und am 30. Mai prangerte Matteotti in einer flammenden Rede vor dem Parlament Mussolinis Gewaltherrschaft an und forderte die Annulierung der Wahlen mit der Begründung, es sei Manipulation betrieben worden und faschistische Schlägertrupps hätten vielerorts die Wähler eingeschüchtert. Nach Matteottis Rede hieß es im Sprachorgan der Faschisten *Il Popolo d'Italia*: »Wenn dem Abgeordneten Matteotti eines Tages der Kopf eingeschlagen wird, muß er die Schuld dafür ganz bei sich allein suchen.«

Rom, 10. Juni 1924, früher Nachmittag.

Der 39jährige Rechtsanwalt Giacomo Matteotti aus dem venetischen Fratta di Polesine verläßt sein Haus in der Via Pisanelli Nummer 40. Er ahnt, daß er seit seiner letzten Parlamentsrede, in der er Mussolini scharf angegriffen hat, in Lebensgefahr schwebt.

Bereits unmittelbar nach dieser Ansprache hatte er die ersten Morddrohungen erhalten. Seiner Frau vertraute er an: »Ich weiß, daß die Faschisten etwas im Schilde führen.«

Am Tiberufer, vor seinem Haus, wartete schon seit Stunden eine fünfköpfige Schlägertruppe in einer schwarzen Lancia-Limousine. Das faschistische Kommando nannte sich in Anlehnung an das bolschewistische Vorbild Tscheka und war im Januar 1924 herum auf Anweisung Mussolinis als Geheimbund zur Beseitigung politischer Gegner gegründet worden. Ihm gehörten an: Amerigo Poveromo, Albino Volpi, Augusto Malacria, Giuseppe Viola und vermutlich Filippo Panzeri. Sie alle unterstanden dem Begründer des florentinischen Fascio Amerigo Dùmini, der auch den Wagen fuhr, und hatten ihren Befehl von Filippo Marelli, Schatzmeister der faschistischen Partei, und Cesare Rossi, Pressechef beim Innenministerium.

Als könne ihm in Rom nichts geschehen, hatte sich Matteotti an diesem Nachmittag mit Freunden im Wassersportklub verabredet. Kaum hatte er das Haus verlassen, wurde er von den Männern überfallen und in den bereitstehenden Lancia gezerrt.

Während sich Matteotti mit allen Kräften wehrte, fuhr der Wagen Richtung Ponte Milvio. Um die Hilfeschreie zu übertönen, drückte der Fahrer unentwegt auf die Hupe.

Zum Verhängnis wurde Matteotti, daß er einem der *squadristi* einen Tritt verpaßte, denn daraufhin verletzte ihn dieser mit einem Messer an der Arterie unterhalb der Achselhöhle lebensgefährlich.

Jämmerlich verblutete Matteotti.

Was vermutlich als Einschüchterung geplant war, endete also mit Mord. Lange irrte das Kommando mit der Leiche in den ländlichen Vororten Roms umher. Die Attentäter waren weit über den eigentlichen Befehl hinausgegangen, Matteotti eine Lektion zu erteilen, und wußten nun nicht, wohin mit dem Leichnam.

Bei Anbruch der Dunkelheit wurde er schließlich in einem Waldstück entkleidet und in einer notdürftig ausgegrabenen Grube verscharrt.

Noch am selben Abend ging Dùmini zu Mussolini und überbrachte ihm Matteottis Aktentasche sowie ein blutbeflecktes Polsterstück des Lancia. Als Gegenleistung erhielt er 30 000 Lire, was damals ein Vermögen war.

Am 16. August wurden Matteottis sterbliche Überreste von einem Carabinieri-Brigadier gefunden. Die eigentlichen Hintermänner des Überfalls, die in der Parteispitze der Faschisten vermutet wurden, blieben weitgehend unbehelligt, während die Mörder selbst zu lebenslangen Haftstrafen verurteilt wurden.

Obwohl Mussolini eine direkte Beteiligung nicht stichhaltig nachgewiesen werden konnte, wurde ihm Matteottis Ermordung immer wieder zur Last gelegt, nicht zuletzt in der internationalen Presse, unter anderem auch im deutschen Simplicissimus.

Aller Kritik ungeachtet, fuhr der Duce fort, Stück für Stück seine Herrschaft auszubauen. Am 3. Januar 1925 erließ er Sondergesetze und beschränkte die Kompetenzen des Parlaments erheblich. An diesem denkwürdigen Tag, der das Ende des Faschismus hätte sein können, tönte er in seiner typisch arroganten Art vor den Abgeordneten: »Ich erkläre vor dieser Versammlung und dem ganzen italienischen Volk, daß ich und nur ich die politische, moralische und historische Verantwortung für alles übernehme, was geschehen ist. ... Wenn der Faschismus eine Verbrecherorganisation gewesen ist, dann bin ich der Chef dieser Verbrecherorganisation.« Ein Schuldeingeständnis ohne Konsequenzen.

Nach Matteottis Tod rief nur noch Antonio Gramsci, der für die KPI im Parlament saß, zum Kampf gegen das Regime auf. Er schlug den Oppositionsparteien vor, ein Gegenparlament ins Leben zu rufen. Der Erfolg war allerdings dürftig, denn die Unterdrückung der politischen Gegner begann perfekt zu funktionieren.
So wurde schließlich 1926 auch Gramsci selbst verhaftet und in die Verbannung geschickt – ein Los, das er mit vielen anderen Regimekritikern, Politikern, Gewerkschaftlern, Künstlern und Intellektuellen teilte.
Anderen gelang es, sich nach Südfrankreich abzusetzen, wo sich in den dreißiger Jahren eine Art Dissidentenkolonie zusammengefunden hatte.
Ein faschistisches Sondertribunal verurteilte Gramsci 1928 wegen »staatsfeindlicher Äußerungen« zu 20 Jahren Haft. Zwei Jahre zuvor war er ohne Rücksicht auf seine parlamentarische Immunität verhaftet und zunächst auf die Dissidenteninsel Ustica gebracht worden. Der gesundheitlich geschwächte Gramsci wurde 1927 von Ustica in das Mailänder Gefängnis San Vittore verlegt.

Zeitweise teilte er die Haft mit dem späteren sozialistischen Staatspräsidenten Sandro Pertini, der ebenfalls wegen »staatsfeindlichen Äußerungen« einsaß.

Nach seiner definitiven Verurteilung 1928 saß Gramsci im apulischen Turi nahe Bari in Haft. Er litt an einem chronischen Nierenleiden und sein Gesundheitszustand verschlechterte sich zusehends. Mussolini befürchtete, der Regimekritiker könne zum Märtyrer werden, falls er im Gefängnis sterben würde. Gramsci wurde daher 1932, als sich das Mussolini-Regime halbwegs sicher fühlte und einen großen Konsens auf sich vereinigen konnte, dazu gedrängt, ein Gnadengesuch zu stellen, was er jedoch ablehnte, obwohl es ihm gesundheitlich immer schlechter ging. Vorzeitig entlassen wurde er erst Jahre später, nachdem er zuletzt unter Polizeibewachung in der römischen Klinik Quisisana behandelt wurde, allerdings ohne großen Erfolg.

Als Gramsci am 27. April 1937, 46jährig, in Rom an einem Gehirnschlag starb, nahm kaum jemand mehr in Italien davon Notiz.

Die theoretischen Skizzen, die Gramsci zu Philosophie, Geschichts- und Literaturwissenschaft in der Haft verfaßte und die zwischen 1948 und 1951 unter dem Titel *Quaderni del carcere* herausgegeben wurden, sollten das kulturelle Leben der gesamten Nachkriegszeit prägen. Italo Calvino und Pier Paolo Pasolini wurden durch die »Hefte«, in denen sich Gramsci mit den kleinen Dingen des Lebens auseinandersetzte, und mit denen er auch gegen seine zunehmende Einsamkeit anschrieb, nachhaltig beeinflußt. Gramsci entwickelte in diesen Schriften ein ästhetisches Ideal, das mit *nazional-popolare* (national und volkstümlich, was sich damals für einen Marxisten wie eine üble Beschimpfung ausnahm!) umschrieben wurde und in den Augen marxistischer Ideologen als kleinbürgerliches Aufbegehren verurteilt wurde. In Wahrheit spiegelte sich in Gramscis Kunstideal ein beabsichtigter Widerspruch: gegeneinanderzustellen, was sich auszuschließen scheint, nämlich mit schlichten Mitteln einem Publikum, das durch »Unterdrückung« charakterisiert wird, von den großen, vielleicht revolutionären epischen Dingen des Lebens zu erzählen; vereinfacht ausgedrückt: ein Bindeglied zwischen katholischer Tradition und marxistischer Gesellschaftslehre.

Gramscis Gedanken auf dem Gebiet der Kunst und Philosophie waren allerdings kaum dazu angetan, in der Komintern, die zunehmend Stalins Losung des Sozialismus vertrat, auf Zustimmung zu stoßen. Gramsci, bei dem schon in den zwanziger Jahren die Überzeugung Konturen annahm, daß Italien einen eigenen Weg des Sozialismus einschlagen sollte, geriet deswegen auch in den Reihen seiner eigenen Partei ins Abseits. Selbst im Gefängnis wurde er vom Großteil seiner mit ihm einsitzenden Genossen gemieden. Eine zwielichtige Rolle spielte hierbei sein einstiger Kampfgenosse und späterer Konkurrent Palmiro Togliatti. Der Führungsanspruch innerhalb der KPI, deren Mitglieder entweder im Untergrund wirkten oder im sowjetischen Exil waren, wurde Gramsci abgesprochen. In Turi trat der Konflikt zwischen ihm und seinen Genossen offen zutage. Stalin, der von Hitler die Freilassung Dimitrovs erwirkte, tat nichts Vergleichbares für Gramsci. Und die übrige KPI-Führung im Exil schwieg.

Vieles ist bis heute unaufgeklärt, insbesondere, was das Verhältnis zwischen Gramsci und Togliatti anging. Es wurde sogar der Verdacht geäußert, daß Gramsci auch von seiner eigenen Partei isoliert werden sollte. Und eine Verurteilung durch das faschistische Sondertribunal schien den Genossen wohl der beste Weg, sich seiner zu entledigen. Gramsci selbst äußerte 1928, während er in einem Mailänder Gefängnis auf seine Verurteilung wartete, einen entsprechenden Verdacht, als er einen Brief von einem Genossen namens Ruggero Grieco erhielt. Obwohl sich besagter Genosse in Basel aufhielt, wurde der Brief, der natürlich in die Hände des zuständigen Richters geriet, in Moskau abgeschickt. Gramsci vermutete, daß dem Tribunal durch das Zutun einiger Genossen die Beweise geliefert werden sollten, die seine Verurteilung begründeten, und war entsetzt. Als Drahtzieher der Intrige verdächtigte er in erster Linie Palmiro Togliatti. Bereits 1926 hatte es einen heftigen Briefwechsel zwischen Gramsci und Togliatti gegeben. 1929 schließlich hatte die Komintern Gramscis Positionen offiziell verurteilt.

Von September 1925 an wurde das Erscheinen der *Stampa* mehrfach ausgesetzt, und unbequeme Redakteure mußten die Zeitung verlassen.

Es war dem Regime sehr daran gelegen, die *Stampa* zu »faschisieren«, wie es im offiziellen Sprachgebrauch hieß. Doch Tendenzen dieser Art ließen sich in Turin und im Piemont besonders schwer durchsetzen. Die Lösung wurde in dem Vorschlag gesucht, die Tageszeitung müsse von FIAT übernommen werden. Eine entsprechende Übereinkunft war bereits zwischen Agnelli und Mussolini getroffen worden.

Der antifaschistische Geist ließ sich den Piemontesern allerdings nicht so leicht austreiben.

Bereits als Junge hatte Gianni Agnelli indirekt Kontakte zu Kreisen, die das Regime als »antinational« diffamierte, und zwar über seinen Nachhilfelehrer Franco Antonicelli, den sein Großvater persönlich für ihn ausgesucht hatte.

Franco Antonicelli traf sich in Turin gelegentlich mit einer Gruppe, die später als antifaschistische Zelle in die Geschichte Italiens eingehen sollte und ihren Stützpunkt hauptsächlich an der Universität hatte, wo einige Regimekritiker lehrten. Zum harten Kern gehörte der Kreis um Piero Gobetti, Leone Ginzburg, Umberto Segre, Cesare Pavese, Norberto Bobbio, Vittorio Foa, Carlo Levi, Giulio Einaudi, Augusto Monti sowie Massimo Mila.

Seine antifaschistische Geisteshaltung brachte Antonicelli die Verbannung in den unterentwickelten Mezzogiorno ein. Bereits 1929 war er wegen seiner Kritik an den Lateranverträgen zwischen dem italienischen Staat und dem Vatikan, die eine Aufwertung Mussolinis durch die Kirche bedeuteten, verhaftet worden. Schließlich wurde Antonicelli ins kampanische Agropoli verbannt. Die dreijährige Verbannung wurde jedoch kurze Zeit später in eine Verwarnung von zwei Monaten umgewandelt. Doch dies sollte nicht die letzte Strafe sein, die Antonicelli wegen seiner Regimekritik verbüßen mußte. Während des antifaschistischen Widerstandskampfes war er im Piemont Präsident des Nationalen Befreiungskomitees und mußte ausgerechnet über die »Kollaborateure der deutschen Besatzer« bei FIAT zu Gericht sitzen und auch über Giovanni Agnellis und Vittorio Vallettas mögliche Schuld befinden.

Daß Franco Antonicelli auch ein hervorragender Literaturkenner war, beweisen die Verdienste, die er sich bis dahin als umsichtiger Kritiker erworben hatte. 1932 beispielsweise hatte er die Leitung der »Europäischen Bibliothek« des Verlagshauses Frassinelli übernommen. Dieser Verlag war es auch, der bereits in den dreißiger Jahren Kafka, Joyce und Melville vorstellte, deren Schriften so gar nicht ins Konzept der faschistischen Ideologie paßten und die deshalb auf den Index gesetzt wurden. Obwohl man Antonicelli einhellig herausragende pädagogische Fähigkeiten bescheinigte, wurde ihm die Übernahme in den staatlichen Schuldienst verwehrt.

Giovanni Agnelli allerdings ließ sich von derlei negativen Referenzen, die Antonicelli als »Staatsfeind« auswiesen, nicht beirren. Noch 1935, also kurz vor seiner Anstellung bei den Agnellis, befand sich Antonicelli bei Salerno in der Verbannung. Ihm kam es darauf an, einen fachlich qualifizierten Nachhilfelehrer für seinen in der Schule lustlosen Enkel zu suchen, und den fand er in Antonicelli.

Antonicelli soll es auch gewesen sein, der Gianni, der sich bis dahin nur für Sport und Autos interessiert hatte, die Lektüre der Schriften Gramscis ans Herz legte, was selbst für den liberalen Großvater einem Sakrileg gleichgekommen sein muß. Es spricht für Giovanni Agnellis Charakterstärke, aber auch für seine Macht, daß er sich nicht davon abbringen ließ, mit der Ausbildung seines Enkels und Nachfolgers einen »Geächteten« zu beauftragen. Auf seine liberale Geisteshaltung aber ließ Giovanni Agnelli offenbar nichts kommen. Andererseits war auch Antonicelli in seinen antifaschistischen Auffassungen und Aktivitäten nicht zu beirren.

Der Werdegang des »Königsgesichts«, wie Gianni Agnelli von Regisseur Federico Fellini einmal genannt wurde – und sein Gesicht trägt tatsächlich aristokratische Züge – war im Grunde festgelegt.

Was ihn nicht daran hinderte, in der Schule überwiegend durch mittelprächtige Leistungen und allerlei Unfug zu glänzen. Er war bekannt dafür, nur das unbedingt Nötigste zu tun und darüber hinaus alle Grenzen, die Gesetz und Konventionen setzten, äußerst großzügig auszulegen. Zwar bleute ihm und seinen sechs Geschwistern das Kindermädchen immer wieder ein, sie sollten doch bedenken, daß sie Agnellis wären und sich entsprechend verhalten, doch ihre Ermahnungen stießen gewöhnlich auf taube Ohren. Bereits in jungen Jahren freute sich Gianni Agnelli des Lebens, fuhr ohne Führerschein Auto, ignorierte die Schulaufgaben, hänselte seine Mitschüler, was ihm schlechte Noten in Betragen und eine Nachprüfung einbrachte, und begann sich schon sehr früh für Mädchen und Frauen zu interessieren. Das weibliche Geschlecht wurde zu einem seiner Lieblingshobbys, doch ernst nahm er die Gefühlswelt in dieser Zeit kaum.

Als ihm seine Schwester Susanna einmal gestand, daß sie sich verliebt hätte, gab er lediglich den lapidaren Kommentar ab: »Nur Hausangestellte verlieben sich.«

Einen gewissen schulischen Schliff, der auch seine Persönlichkeit prägen sollte, erhielt Agnelli später in der

Kavallerieschule von Pinerolo, die auch sein Großvater einst absolviert hatte und wo Gianni zum Unteroffizier ausgebildet wurde.

Selbstverständlich traten er und seine Geschwister auch den Jugendorganisationen des Faschismus bei. Das System und die damit verbundenen Pflichten wurden in der Familie als ebenso grotesk wie unausweichlich betrachtet. Ein notwendiges Übel. Auch der Großvater kam nicht umhin, eine gewisse Anpassung gegenüber dem Regime zu bekunden und öffentlich zur Schau zu stellen.

Anläßlich des zehnten Jahrestages seines Machtantritts beabsichtigte Benito Mussolini eine Demonstration der Macht durchzuführen, die zugleich unter Beweis stellen sollte, daß er die Wirtschaftselite seines Landes geschlossen hinter sich versammelt hatte. Es sollte ein feierliches Ereignis werden, und welche Kulisse hätte sich für ein solches Spektakel mehr angeboten als die FIAT-Werke, mit deren expansiver Politik sich das Regime besonders zu brüsten pflegte.

Es war nicht die erste Aufwartung, die der Duce dem Unternehmen machte. Bereits 1923, kurz nach seiner Ernennung zum Ministerpräsidenten durch König Viktor Emanuel III., hatte er FIAT einen offiziellen Besuch abgestattet. Diese zweite, propagandistisch perfekt vorbereitete Stippvisite sollte die erste bei weitem in den Schatten stellen und das zehnjährige Jubiläum gebührend in Szene setzen.

Stadt und FIAT-Werke bereiteten Benito Mussolini am 24. Oktober 1932 einen überschwenglichen Empfang. Vor der sechsstöckigen Produktionsstätte Lingotto fand die zentrale Kundgebung statt.

Dieser monumentale Produktionskoloß, entworfen von Architekt Giacomo Mattè-Trucco, verkörperte geradezu perfekt die Maxime des Regimes: Unabhängigkeit und Größe. König Viktor Emanuel III. höchstpersönlich hatte die revolutionär anmutende Werkshalle am 23. Mai 1923 eingeweiht, und Le Corbusier nannte sie voller Enthusiasmus »eines der eindrucksvollsten Industriespektakel«. Sinnbildlicher hätte der Zeitgeist, der auch das Autounternehmen in neuem Glanz erstrahlen ließ und die Grenzen des Machbaren imposant auslotete, nicht umgesetzt werden können.

Mattè-Trucco hatte sich bei seinem Entwurf von der Idee leiten lassen, das amerikanische Modell der Fabrik auf Turin zu übertragen. Mit einer entscheidenden Abweichung: Seine eigenwillige Konzeption basierte auf dem Einfall, die einzelnen Produktionsstufen nicht horizontal anzulegen, sondern vertikal. Das Endprodukt wurde in der höchsten Etage ausgespuckt und auch gleich getestet. Auf dem Dach des Lingotto-Gebäudes befand sich nämlich eine Prüfstrecke von einem Kilometer Länge. Dort wurden die Automobile auf ihre Fahrtüchtigkeit durchgecheckt. Über einen Aufzug wurden sie dann ins Lager befördert.

Der Lingotto: So und nicht anders sah nach Mattè-Truccos Überzeugung der moderne industrielle Schaffensprozeß aus.

Schon Dante und die Renaissance hatten dieses Strukturprinzip, das in der jüdisch-christlichen Gedankenwelt eine zentrale Rolle spielte, aufgegriffen.

Vor dem Lingotto war ein überdimensionaler Amboß aufgestellt, der als Rednerpult genutzt wurde. Mussolinis Ansprache wurde im ganzen Land übertragen. Oberhalb der Rednerbühne thronte überdimensional das Firmenemblem. Tausende von Arbeitern standen Spalier und jubelten dem Duce zu. Die Filmbilder, die die Massenbegeisterung für den kleinwüchsigen, untersetzten Volkstribun einfingen und der Nation die Harmonie zwischen dem Duce und dem aufstrebenden Kapital vorgaukeln sollten, zeigten einen Giovanni Agnelli, der dem Treiben mehr oder weniger gelassen gegenüberstand. Die hohle Rhetorik und das burleske Auftreten, das dem Duce eher den Anstrich einer Marionette verlieh, denn die Grandezza eines Staatsmannes, waren dem Senator zutiefst suspekt. Bis zu diesem Zeitpunkt hatte sich Giovanni Agnelli geweigert, der faschistischen Partei beizutreten. Doch jetzt mußte er klein beigeben.

Vor dem Besuch war alles bis ins Detail besprochen worden. FIAT hatte den Parteioberen sogar zusichern müssen, trotz der schweren wirtschaftlichen Krise vor dem hohem Besuch keine Entlassungen vorzunehmen – und nach Möglichkeit auch danach nicht. Die schlechte wirtschaftliche Lage machte sich auch auf dem Automobilmarkt bemerkbar. Zwischen dem weltumspannenden Börsenkrach des Jahres 1929 bis zum Jahr 1931 hatte sich der Umsatz der Firmengruppe halbiert.

Um Giovanni Agnelli zum Eintritt in die Partei zu bewegen, hatte das Regime Vorleistungen wirtschaftlicher Natur erbracht. Mussolinis Regierung hatte beispielsweise die Ford-Werke in Triest des Landes verwiesen, aber auch staatliche Hilfen für FIAT versprochen und

Bürgschaften für Geschäfte mit der Türkei, Bulgarien, Griechenland und Argentinien übernommen. Für Mussolini als Vorleistung bereits mehr als genug, um dem inzwischen wichtigsten Industriekapitän des Landes einen öffentlichen Treuebeweis abverlangen zu können.

Am 19. Oktober, wenige Tage vor dem Besuch, ließ Mussolini deshalb seinem örtlichen Statthalter, dem Präfekten von Turin, telegrafieren, Giovanni Agnellis »Eintritt in die Nationale Faschistische Partei« sei »nun opportun«.

Agnelli beugte sich Mussolinis Willen. Der Parteieintritt wurde ihm lange mißbilligend vorgehalten. Besonders wurde ihm zum Vorwurf gemacht, Mussolinis Regime damit gestärkt und ihm zu höherem Ansehen verholfen zu haben.

Nach dem Krieg verteidigte sich der FIAT-Präsident mit dem Argument, er habe keine andere Wahl gehabt. Nach dem Zusammenbruch des Systems sprach er davon, diese Willfährigkeit gegenüber dem Faschismus sei der »bittere Kelch« gewesen, den er habe leeren müssen.

Bei der Zeremonie zum zehnten Jahrestag der Mussolini-Regierung trug Giovanni Agnellis Sohn Edoardo als Zeichen der Regimetreue die schwarze Uniform der Faschisten, und die Enkel Clara, Gianni und Susanna exerzierten zusammen mit den anderen Kindern und Jugendlichen in den Uniformen der paramilitärischen Balilla (so der Name des Dachverbandes).

Sollte es sich bei Giovanni Agnelli um ein Opfer des Regimes handeln?

Die Mailänder antifaschistische Zeitschrift *Il Politecnico* unter der Leitung des sizilianischen Schriftstellers Elio Vittorini kam unmittelbar nach dem Krieg zu einer verneinenden Antwort auf diese Frage.

Das Sprachorgan der engagierten, linksorientierten Intellektuellen, das nur von 1945 bis 1947 existierte, vertrat die Auffassung: Während sich Mussolini und seine Mannen in rhetorischen Spielereien und exaltierten Gesten geübt hätten, hatten Giovanni Agnelli und sein Sekundant Vittorio Valletta hinter den Kulissen die Fäden gezogen und den Profit eingestrichen.

Vittorio Valletta, *il professore*, wie er auch genannt wurde, war eher klein gewachsen, und sein ovales Gesicht wurde von einer imposanten Boxernase beherrscht. Sein Attribut »der Professor« verdankte Valletta seiner früheren Unterrichtstätigkeit an einer Turiner technischen Oberschule.

Valletta war der Sohn eines sizilianischen Heeresoffiziers und einer lombardischen Edelfrau, also gewissermaßen die leibhaftige Verkörperung eines Italiens, das erst seit kurzem vereinigt war. Mit vollständigem Vornamen hieß er Vittorio Giuseppe nach Savoyenkönig Viktor Emanuel II. und General Giuseppe Garibaldi, den beiden Männern, die Italien »gemacht« hatten.

Von Giovanni Agnelli war Valletta, der sich als Leiter der Buchhaltung bereits erste Meriten bei FIAT erworben hatte, im Dezember 1919, gerade 36jährig, zum zentralen Direktor des Unternehmens ernannt worden. 1928 wurde er zum Generaldirektor befördert.

Im Laufe der Zeit machte er sich als Agnellis wichtigster Mitarbeiter unverzichtbar und avancierte nach seinem Tod sogar zu seinem Nachfolger. Die Jahre zwischen den beiden Weltkriegen standen eindeutig im Zeichen des Gespanns Agnelli/Valletta, und der Firmenmitbegründer brachte seinen treuen Adlatus als Nachfolger schon früh ins Gespräch, denn er wußte, daß sein sensibler Sohn Edoardo, eher scheu und zurückhaltend und ganz das Gegenteil des rüden, exzentrischen Vaters, den Männern des Regimes nicht hätte standhalten können. Und an Versuchen seitens der Partei, das Unternehmen zu unterminieren, mangelte es nicht, denn Mussolini war bekanntermaßen stets bestrebt, Männer seines Vertrauens in wichtige Positionen zu hieven. Bei anderen Großunternehmen hatte diese Unterwanderungsstrategie bereits Erfolge gezeitigt. Doch Agnelli hatte sie immer erfolgreich abzuwehren gewußt.

Mehr noch: 1935 holte er demonstrativ den liberalen Giovanni Visconti Venosta, einen bekannten Antifaschisten in den Verwaltungsrat. Von einigen Ausnahmen abgesehen, verbat sich Agnelli auch Einmischungen in die politische Linie der *Stampa*. Andererseits war der FIAT-Konzern immer auf der Suche nach staatlichen Aufträgen, bat um Steuervergünstigungen und Importbeschränkungen.

Es war ein ständiger Eiertanz, den Agnelli vollführte, und das brachte Mussolini schon mehr als gelegentlich in Rage.

Szenen einer Familie

Auf die häufigen Zankereien und das anschließende Quengeln reagierte die resolute Gouvernante mit stoischer Ruhe, rückte aber keinen Deut von ihren Grundsätzen ab. Und für jede Situation hatte sie eine Maxime parat, die sie, auf englisch vorgetragen, zum Maß ihrer Erziehung machte: »Remember, you are an Agnelli!«, »Remember, there are other people«, »Don't be a coward«, »Never talk about money!« Miß Parker hatte für jede Situation den passenden Spruch parat.

Miß Parker war protestantisch: hart, aber gerecht. Und so ist sie den Agnelli-Kindern auch in Erinnerung geblieben. In jenen Jahren aber haben sie sie als unerbittliche Tyrannin erlebt, die nur darauf aus war, den Willen ihrer Zöglinge zu brechen. Sie quälte sie mit langen Spaziergängen und anderen spartanischen Ritualen, die nicht nur in den englischen Herrenhäusern zu den Grundlagen einer »soliden« Erziehung gehörten. Äußerlich sichtbarstes Indiz für die Unterwerfung: die Matrosenkleider, die die Kinder das ganze Jahr über tragen mußten – im Winter blaue, im Frühjahr weißblaue und im Sommer weiße Matrosenkleider.

Daß Miß Parker überhaupt als Gouvernante engagiert wurde, hatten sich die verwöhnten Gören gewissermaßen selbst zuzuschreiben. Clara, Gianni und Susanna waren zwar noch kleine Knirpse, machten mit ihren italienischen Ammen aber, was sie wollten. Es waren zumeist sympathische Bäuerinnen, die aus der Toskana stammten, aus dem Piemont oder auch aus der Nähe Roms, mit der Erziehung der Kinder jedoch vollkommen überfordert waren. Das Ergebnis ihrer sanften, nachgiebigen Bemühungen muß nach den damals herrschenden Erziehungsmaßstäben der Turiner Gesellschaft der Anarchie gleichgekommen sein.

Und so sagt denn auch Clara Agnelli: »Miß Parker wurde eingestellt, weil mein Vater und meine Mutter meinten, daß wir zu ungezogen seien.«

Abhilfe tat also not. Dies fanden sowohl Edoardo Agnelli als auch seine Frau Virginia Bourbon del Monte, die Tochter des römischen Fürsten Carlo di San Faustino und der Amerikanerin Jane Allen Campbell (»Princess Jane«) aus Orange in New Jersey. Denn beide waren viel zu sehr mit anderen Dingen beschäftigt, als daß sie sich hätten intensiv um die Erziehung ihrer Kinder kümmern können. »Mein Vater hatte nie Zeit«, beklagt Clara Agnelli, »und auch meine Mutter nicht.«

Es war im Grunde eine merkwürdige Ehe, die Verbindung des piemontesischen Industriellensohnes mit der römischen Fürstentochter. Hier der schüchterne, beinahe zerbrechliche Edoardo, der immer im Schatten seines Vaters stand und erst Ende seiner zwanziger Jahre ins FIAT-Management integriert wurde, und dort die bildhübsche, lebenslustige Rothaarige, die ganz der Sinnlichkeit und den schönen Dingen (die Männer durchaus eingeschlossen) lebte, ohne irgendwelche Rücksichten auf das provinzielle Klima Turins zu nehmen.

Virginia und Edoardo hatten sich 1919 in der römischen Kathedrale Santa Maria degli Angeli in der Piazza dell' Estrada das Jawort gegeben.

Virginias Erziehung war ebenso spartanisch gewesen wie die, die ihre Kinder genossen. Ihre amerikanische Mutter, »Princess Jane« Campbell hatte sie, obwohl sie in Rom lebten, nicht am gesellschaftlichen Leben der Hauptstadt partizipieren lassen; monatelanger Urlaub stand für sie ebensowenig zur Diskussion wie Reisen in ferne Länder.

Virginia schien nach ihrer Eheschließung alles nachholen zu wollen, was sie in ihrer Jugend versäumt oder sich nicht hatte leisten können.

Eine Chance, den Konventionen zu entfliehen und den gesellschaftlichen Rahmen dennoch nicht zu sprengen, bot sich ihr in einer Institution, die in Turin zum guten Ton gehörte: den literarischen Salons, deren Sinn darin bestand, die Kultur zu fördern. Virginias Kreis hieß *il faro*, der Leuchtturm. Sie liebte alles Kulturelle und sah es als ihre Aufgabe an, junge, vielversprechende Künstler zu empfangen und ihnen die Möglichkeit zu geben, ihre Werke auszustellen oder sich mit anderen Künstlern zu treffen. Virginias Salon brachte es in Turin zu einigem Ansehen, weil sich hier neben Aristokraten und Persönlichkeiten des öffentlichen Lebens auch durchaus namhafte Künstler und Literaten trafen.

Wie es in der feinen Gesellschaft üblich war, empfing auch Virginia einmal pro Woche Freunde, Bekannte und Künstler. Nach einem ungeschriebenen Gesetz konnten aber Gäste auch ohne ausdrückliche Einladung ihre Aufwartung machen. Anspielungsreich hieß es in der Stadt: »Virginia ist das Zentrum der modernen Kultur.«

Edoardo nahm an den gesellschaftlichen Verpflichtungen seiner Frau so gut wie nie teil. Er kümmerte sich vornehmlich um die Geschäfte, den Wintersportort Sestriere, den Fußballklub Juventus und um seine Hobbys.

Virginias soziales Leben fand aber nicht nur in ihrem Salon statt, sondern auch in den zahlreichen Kaffeehäusern, die es in Turin gab, die die Damen der feinen Gesellschaft zum Tee aufzusuchen pflegten. Die Cafés boten ihnen willkommene Gelegenheit, extravagante Garderobe auszuführen. So wurde der tägliche Tee zum gesellschaftlichen Ereignis.

Daß Edoardo Agnelli und seine Frau Virginia eine »freie Ehe« führten, war stadtbekannt. Bis zum Unfalltod ihres Vaters bekamen die Kinder allerdings nichts von den außerehelichen Eskapaden der Eltern mit. Die Diskretion, mit der beide vorgingen, war groß. Die damals übliche Heuchelei und das reservierte Auftreten der Eltern, die die Kinder ohnehin nur selten sahen, bildeten gewissermaßen eine unüberwindliche Mauer des Schweigens.

In den Salons der Stadt war indessen bekannt, daß Edoardo Agnelli zahlreiche Affären hatte. Überliefert ist, daß eine seiner Töchter, die den Vater auf der Zugfahrt nach Rom im Schlafwagen begleitete, aufhorchte und entsprechend Verdacht schöpfte, als der Schaffner beim Anblick der beiden erstaunt ausrief: »Wie, Herr Advokat, diesmal eine noch jüngere Frau?« Der Schaffner hatte Edoardos Tochter für eine seiner Geliebten gehalten.

»Es gehörte seinerzeit zum guten Ton, daß ein Mann mit vielen Frauen Affären hatte«, verteidigt ihn jedoch ein Familienmitglied und fügt wohlwollend hinzu: »Außerdem ließ er sich nur auf Frauen mit Niveau ein.« Tatsächlich wetteiferten die Männer an den Spitzen von Politik, Gesellschaft und Kultur, wer mit den meisten Frauengeschichten aufwarten konnte: Benito Mussolini, Graf Galeazzo Ciano, Edoardo Agnelli, Gabriele D'Annunzio, Curzio Malaparte. Der Faschismus propagierte schließlich das Bild des potenzstarken, kraftstrotzenden Mannes, dem natürlich auch das Fußvolk zu entsprechen trachtete.

Edoardos Mutter, Clara Boselli, redete ihrem einzigen und über alles geliebten Sohn allerdings immer wieder ins Gewissen: Was man sich in den Salons und in der Stadt so über seine Frau Virginia erzählte ...

Einen richtigen Zugang zum gesellschaftlichen Leben Turins hatte Virginia nie gefunden. Und sie machte auch keinen Hehl daraus, daß sie nicht viel auf die strengen Konventionen der Stadt gab. Wie eine echte Römerin war sie nicht darum verlegen, gewisse Dinge, die ihr nicht behagten, sprachlich blumenreich auf den Punkt zu bringen, was als vulgär betrachtet wurde und ihr noch mehr Kritik einbrachte.

Jeden Tag besuchte Edoardo seine Mutter. Clara Boselli war häufig krank und mußte das Bett hüten. Außenstehende, aber auch Mitglieder der Familie Agnelli mutmaßten nicht ganz ohne Grund, daß ihre Malaisen vielleicht nur eingebildeter Natur sein könnten und ihr eine willkommene Gelegenheit boten, ihre Mitmenschen mit allerlei Gehässigkeiten zu tyrannisieren. Edoardo jedoch nahm seine bildhübsche Frau, die von seiner Mutter wegen ihrer lockeren Lebensführung ständig kritisiert wurde, gegen alle Anschuldigungen immer wieder in Schutz. Zuweilen waren die Auseinandersetzungen über die angeblichen Verfehlungen der Schwiegertochter so stark, daß Edoardo mit seiner Familie am folgenden Sonntag dem obligaten Essen bei den Großeltern fernblieb. Doch auch Giovanni Agnelli ließ kein gutes Haar an der Lebensführung seines Sohnes und seiner Schwiegertochter.

Zu ihrer ältesten Tochter Clara sagte Virginia einmal vorwurfsvoll: »Du bist wie die Agnellis!«

»Na und?« antwortete Clara.

»Ich allein weiß, was das heißt«, erwiderte Virginia vielsagend.

Das Nörgeln, Meckern und Quengeln fand mit Miß Parker ein schnelles Ende. Unter ihrer Regie mußten alle Kinder die Hausangestellten mit Signor oder Signora anreden und ihnen Respekt erweisen.

Auch das Verhalten außerhalb des Hauses sollte den gesellschaftlichen Gepflogenheiten angemessen sein. Der Spaziergang durch die Innenstadt, den die kleinen Agnellis jeden Tag nach dem Mittagessen machen mußten und der unweigerlich zur Piazza d'Armi führte, wurde zur leidigen Pflichtübung, zu einem scheinbar endlosen Exerziermarsch.

Hatten die Kinder mit Hängen und Würgen den Teller aufgegessen (anderenfalls wurde die Ration aufgewärmt und bei den folgenden Mahlzeiten so oft aufgetischt, bis der Teller leer war), mußte die kleine Gesellschaft im

Stechschritt unter der sengenden Sonne im Sommer oder in der Eiseskälte des Winters etwa zwei Stunden lang durch die Stadt spazieren – ohne nach links oder rechts gucken zu dürfen. Gerade dies empfanden die Kinder als Strafe.

Eine Ausnahme gewährte Miß Parker nur bei Regen. Dann durfte der kleine Troß unter den Arkaden spazieren – vorbei an den vielen Konditoreivitrinen, die die Kinder gierig bestaunten, weil derlei Gaumenfreuden für Miß Parker nur unnötiger Luxus und deshalb tabu waren. Immer wieder erinnerte sie die kleinen Agnellis daran, daß Häppchen zwischendurch den Appetit verdarben.

Den Wunsch nach süßen Versuchungen durften die Kinder nur äußern, wenn der Speiseplan für den kommenden Tag festgelegt und sie sich – Reih' um, versteht sich – das Dessert aussuchen durften.

Sie speisten nie zusammen mit den Eltern, sondern zusammen mit dem Nachhilfelehrer, Miß Parker und den anderen für sie zuständigen Hausangestellten. Am Tisch führte Miß Parker eisern das Regiment. Erst als die Kinder größer waren, durften sie abwechselnd mit den Eltern zusammen essen. Und am Sonntag ging die ganze Familie geschlossen zu den Großeltern.

Zu den eisernen Grundsätzen der Miß Parker, die die Kinder kaum verstehen konnten, gehörte es auch, daß sie immer zu Fuß zur Schule gehen mußten – bei Wind und Wetter. Und das, obwohl sie einer der reichsten Familien Italiens angehörten und als Erben des größten Automobilproduzenten des Landes galten. Aber es ging eben ums Prinzip.

Miß Parker war bemüht, den Agnelli-Kindern eine solide Erziehung nach englischem Muster angedeihen zu lassen. Sie sollten zwar gewisse Freiheiten genießen, dies aber immer im Rahmen festgefügter Regeln.

Feigheit war in ihren Augen das verwerflichste überhaupt. Und Egoismus. Ihr berühmtes »Remember, there are other people« zeitigte immer dieselbe Reaktion: »Wir gingen in unsere Zimmer und wiederholten, daß wir nicht allein auf der Welt sind. Ach ja.«

Natürlich übertrieb es Miß Parker auch. Wenn eines der Kinder Fieber hatte, mußte es dies für sich behalten – gewissermaßen bis es umkippte. Und wenn jemand beispielsweise ein Stück Brot wegwarf, wurde er von Miß Parker vorsorglich gemahnt: »Denkt daran, daß ihr eines Tages von diesem Stück Brot träumen und euch danach sehnen werdet.« Auf diese Weise bleute sie den Kindern Werte ein, die in der feinen Gesellschaft jener Zeit fast verpönt waren. Geld zu haben und es nicht dafür zu verwenden, schon von Kindesbeinen an in Saus und Braus zu leben, schien vielen nicht nur töricht, sondern geradezu abstrus. Doch Miß Parkers Erziehung verhinderte, daß die Agnelli-Zöglinge irgendwelche Allüren entwickelten.

Damit sich ein gesunder Geist in einem gesunden Körper entwickeln konnte, standen auch allerlei anstrengende Leibesübungen auf dem wöchentlichen Plan. So nahmen beispielsweise Clara, Gianni und Susanna Reitstunden; die Mädchen mußten zudem zweimal in der Woche zum klassischen Ballettunterricht gehen, den zwei russische Ballerinen abhielten. Und alle zwei Monate mußten sie dann ihre Künste vor großem Publikum darbieten.

Das Haus in der Via Oporto verfügte auch über eine Turnhalle, und jeden Abend bekamen die Agnelli-Kinder Besuch von Freunden, die unter der Anleitung eines Sportlehrers mit ihnen Gymnastikübungen machten.

Der gesamte Tagesablauf war streng reglementiert. Zumindest in Turin blieb für die Kinder kaum Platz, sich frei zu bewegen. Etwas Zerstreuung fanden die ständig gemaßregelten Kinder nur im Heimkino, das nach dem Tod des Vaters eingerichtet worden war. (Während der Trauerzeit war es verboten, sich derlei Vergnügungen in der Öffentlichkeit hinzugeben.)

»Alles, was wir machten«, sagte Clara Agnelli im Rückblick resümierend, »hatte den Charakter einer Lehrstunde. Wir taten nie etwas zum Vergnügen – aber wir hatten auf andere Weise unseren Spaß.«

Alles weitere muß man sich denken.

Das Haus im Corso Oporto, in dem die Familie Agnelli wohnte, hatte eine marmorne Eingangshalle, von der aus eine herrschaftliche Treppe zum ersten Stock führte, prächtige Marmorböden und Salons sowie kleinere Zimmer. Den Haupteingang säumten zwei klassizistische Säulen, die das Haus von den übrigen Wohngebäuden der Straße abhob.

In dem Trakt, der auf die Via Papacino ging, waren die Kinder untergebracht, und zum Corso Oporto gingen die Zimmer der Eltern, die Bibliothek, der große sowie der kleine Salon. Eltern- und Kindertrakt waren strikt voneinander getrennt.

Und selbstverständlich bildeten auch die Wirtschaftsräume und die Zimmer des Personals eine eigenständige Einheit. Zum Spielen blieb für die Kinder nur der enge Innenhof, den man heute durch die Via Amedeo Avogadro betritt.

Zur Weihnachtszeit wurde im Haus der Agnellis ein riesiger Weihnachtsbaum aufgestellt, und zur Feier selbst wurden auch die Bediensteten und Arbeiter eingeladen. Die Kinder mußten den Armen Suppe bringen. (Während des zweiten Weltkriegs, als alles rationiert war, bestand Virginia übrigens darauf, daß ihre Kinder das Brot auf Lebensmittelkarten aßen und bei Zugreisen dritter Klasse fuhren.)

Gianni brillierte auch in dieser Zeit nicht gerade mit überdurchschnittlichen Schulleistungen. Außerdem nahm er sich Freiheiten heraus, die von seinen Lehrern streng gerügt wurden. Er trietzte seine Schulkameraden, spielte ihnen Streiche, indem er ihnen etwa die Schultasche auf einen vorbeifahrenden Lastwagen warf, und machte sich über Lehrer und Mitschüler gleichermaßen lustig.

1935 wurde Gianni nicht versetzt. Die Begründung der Schule lautete: schlechtes Betragen.

Sein Vater empfand dies als schlimme Schmach und fühlte sich dadurch in seinem Vorsatz bestätigt, eine härtere Gangart mit seinem Stammhalter einzuschlagen.

Zäsuren

Edoardo Agnelli war an diesem heißen Sonntag im Juli wohlgelaunt.
Er war nur übers Wochenende nach Forte dei Marmi gekommen, wo die Kinder ihre Ferien verbrachten. Seine Frau Virginia war nicht da. Sie hielt sich aus Gesundheitsgründen in Frankreich auf. Die amerikanische Schwiegermutter Princess Jane vertrat sie in diesen Tagen.
Am Vormittag hatte er mit den Kindern eine Sonntagsmesse unter freiem Himmel besucht. Edoardo schien die wenigen Stunden mit ihnen voll auskosten zu wollen. Er verschob sogar die Rückfahrt nach Turin um einige Stunden.
Edoardo wollte eigentlich mit dem Zug nach Turin fahren, aber es war etwas dazwischengekommen. Jetzt stand fest, daß er von Forte dei Marmi aus mit einem FIAT-Wasserflugzeug nach Genua fliegen würde. Der Pilot war der legendäre Arturo Ferrarin, den die faschistische Propaganda zum tollkühnen Draufgänger stilisiert hatte. Von Genua nach Turin sollte Edoardo dann mit dem Zug fahren.
Den Kindern erzählte er bester Laune: »In einem FIAT-Flugzeug und mit Ferrarin als Piloten bin ich bereit, überallhin zu fliegen.«
Sein Sohn Gianni, der sich ebenfalls nach Turin aufmachen sollte, um dort für die Nachprüfungen zu büffeln,

mußte die ganze Strecke mit dem Zug zurückfahren. Strafe muß sein! Er sollte für sein despektierliches Benehmen in der Schule büßen.

Der Flug mit Arturo Ferrarin sollte Edoardo zum Verhängnis werden. Im Hafen von Genua – das Flugzeug war bereits gelandet – kippte es zur Seite, obwohl ideale äußere Bedingungen herrschten.

Edoardo gelang es zwar, das Flugzeug zu verlassen, aber er wurde ganz leicht von dem Propeller erwischt. Dabei brach er sich das Genick und war auf der Stelle tot.

Sofort wurde Giovanni Agnelli in Turin benachrichtigt. In der Leichenhalle verschlug es dem 69jährigen Vater beim Anblick des Leichnams seines einzigen Sohnes die Worte. Giovanni Agnelli stand stumm da und vergoß keine einzige Träne.

Edoardo Agnellis imposante Beisetzungsfeierlichkeiten in Turin und Villar Perosa wurden zur Machtdemonstration, gewissermaßen zum Symbol der Stärke. Edoardos Witwe war völlig durcheinander, sie wußte wohl, was ihr und ihren Kindern jetzt bevorstand. Edoardo hatte sie und ihren Lebenswandel immer wieder in Schutz genommen. Nun gab es ihn nicht mehr.

Edoardos Mutter blieb den Trauerfeierlichkeiten fern. Wie es hieß, hatte man ihr die Nachricht vom Tod ihres Sohnes zunächst verschwiegen. Damit sie keinen Verdacht schöpfte, wurde in Villar Perosa, wo Edoardo in der Familiengruft beigesetzt wurde, sogar darauf verzichtet, die Todesglocken zu läuten.

Noch am Grab teilte Giovanni Agnelli der Witwe Virginia mit, daß er ihr das Sorgerecht für ihre sieben Kinder entziehen lassen würde. Und bei FIAT mußte er sich wieder verstärkt jenen Aufgaben widmen, die er eigentlich seinem Sohn Edoardo hatte übertragen wollen.

Während Mussolinis Regime immer größenwahnsinnigere Pläne verfolgte, wurde Gianni Agnellis Familie durch den plötzlichen Tod des Vaters in eine tiefe Krise gestürzt. Für Edoardos Kinder begann eine Zeit der Ungewißheit. Bei vielen Umzügen wußten sie kaum mehr, wo sie hingehörten. Zwischen dem despotischen Großvater und der lebenslustigen Mutter kam es zu einem regelrechten Tauziehen. Anders als das Gros seiner Geschwister schlug sich Gianni Agnelli überraschend auf die Seite des Großvaters.

Eine Fotografie. Die Pfeife wie üblich im linken Mundwinkel haltend, starrt der ältere Herr mit strenger Miene seinen Enkel an, den er nach dem Tod seines Sohnes hoffnungsvoll zu seinem Nachfolger auserkoren hatte. Kaum etwas an seinem stolzen und zugleich bescheidenen Auftreten läßt darauf schließen, daß der untersetzte, graumelierte ältere Mann mit dem Hut, der den aufgeregten Fotografen keines Blickes würdigt, aus dem Nichts ein sagenumwobenes Imperium begründet hat.
Sein Enkel seinerseits, scheinbar um Distanz bemüht, lächelt währenddessen etwas verlegen und verschüchtert in die Kamera und vermittelt ganz den Eindruck, als wisse er mit seinem Körper nichts Rechtes anzufangen.

Entstanden ist die Aufnahme 1940 im piemontesischen Sestriere. Hier, an der Alpengrenze zu Frankreich, hatte Giannis Vater Edoardo, geleitet von einem Autarkiedenken, das auch zur offiziellen Losung des Mussolini-Faschismus avanciert war, den Schweizer Wintersportort St. Moritz erfolgreich kopiert und seit 1932 zu einem italienischen Sportparadies ausgebaut. Nach seinem Tod wurde dies zu den großen Taten gezählt, die zu vollbringen Edoardo Agnelli vergönnt war. Eine andere bestand darin, den Fußballklub Juventus Turin zu einer alles dominierenden Mannschaft zu machen. Fast in Vergessenheit geraten ist demgegenüber seine Zugehörigkeit zur faschistischen Partei, in der er als besonders hilfreicher »Kamerad« galt. Für ihren Vater, sagt Susanna Agnelli, habe die Mitgliedschaft bei den Faschisten eher spielerischen Charakter gehabt und weniger eine politische Überzeugung. Doch als schlichte Gaudi läßt sich die Teilhabe an diesem politischen Geschehen wohl nicht ganz abtun.

Der Schnappschuß, der Großvater und Enkel, die beiden wichtigsten italienischen Wirtschaftskapitäne dieses Jahrhunderts, zeigt, hat mittlerweile einen festen Platz in den Annalen des Autounternehmens.
 Als das Foto aufgenommen wurde, hatte der Senator, Giovanni Agnelli, bereits die Siebzig überschritten.
 Eingebettet in sanfte Hügel hatte er im piemontesischen Po-Tal seine Fortüne gemacht. Jetzt galt es, den »Kronprinzen« in jene diffizile Materie der Unternehmensführung einzuweisen, in der es Giovanni Agnelli zu großer Meisterschaft gebracht hatte. Im FIAT-Archiv

in der Via Chiabrera wird das verblichene Foto stolz präsentiert, um die Kontinuität zwischen dem Firmengründer und seinem Enkel zu dokumentieren.

Später mutmaßte man gelegentlich, das Verhältnis zwischen dem despotischen Großvater und dem eigenwilligen Enkel sei stets unterkühlt gewesen. Doch immer wieder, wenn Gianni Agnelli von seinem Großvater spricht, bekommt er glänzende Augen. Zwei unterschiedliche Welten und Lebensauffassungen, die auch Ausdruck von unterschiedlichen Generationen sind – besagtes Foto ist von hoher Aussagekraft.

Nach dem frühen Tod seines Sohnes Edoardo hatte Giovanni Agnelli die Erziehung des vielversprechenden Enkels zur Chefsache erklärt. Andere Enkel kamen für die Weiterführung des Konzerns in seinen Augen wohl nicht in Frage. »Statt eines Großvaters, der vermittelnd wirkte«, sagt Gianni Agnelli, »hatte ich einen, der sich für mich unmittelbar verantwortlich fühlte.«

Dem lebenslustigen Enkel, dem man schon damals einen besonderen Hang nachsagte, den angenehmen Seiten des Lebens zu frönen, blieb nichts anderes übrig, als sich dem Willen des unbeugsamen Großvaters unterzuordnen. Gianni Agnelli im Rückblick: »Es stand für ihn außer Frage, daß jemand zur Schule gehen, so und so lange lernen oder gewisse Examina ablegen mußte und nur ein gewisses Maß an Freizeit haben konnte. Darüber brauchte man gar nicht zu diskutieren.«

Giovanni Agnellis Macht in der Familie war groß. Es schien daher nur eine Frage der Zeit, bis der lebensfrohen Schwiegertochter nach dem frühen Tod ihres Mannes das Sorgerecht für ihre Kinder offiziell entzogen würde.

Giovanni Agnelli konnte das Gerede über seine Schwiegertochter nicht mehr ertragen: Virginia hatte sich nach Edoardos Tod den Ruf einer lustigen Witwe erworben, obwohl die Konventionen eine gewisse Zeit der Trauer strikt vorsahen. Giovanni Agnelli, der mit militärischer Strenge über das Familienansehen wachte, konnte nicht mitansehen, daß sich die ganze Stadt über seine Schwiegertochter echauffierte.

Beim Klatsch in den Cafés war Virginias Lebenswandel immer wieder beliebtes Gesprächsthema.

Böse Zungen verbreiteten auch Vergleiche mit ihrer Mutter Jane Allen Campbell, die unter Nichtachtung der Konventionen mit einem nordischen Künstler, dem schwedischen Arzt und Schriftsteller Axel Munthe, liiert war. In dessen Hände hatte sie sich begeben, um von ihrer Alkoholsucht wegzukommen, der sie schon in jungen Jahren anheimgefallen war. Stolz erzählen Familienmitglieder heute noch, daß die amerikanische Großmutter danach jahrzehntelang keinen Tropfen Alkohol mehr angerührt hatte.

Daß es ausgerechnet Curzio Malaparte war, auf den sich Virginia einließ, schmerzte Giovanni Agnelli am meisten. 1931 hatte er ihn als Chefredakteur der *Stampa* entlassen und fürstlich abgefunden.

Die Wege Curzio Malapartes und Virginia Agnellis kreuzten sich in den Turiner Salons, weil Malaparte, der damals zu den namhaften Journalisten zählte und seine

Sympathien für das Mussolini-Regime offen bekundete, sich als Chefredakteur der FIAT-Zeitung *La Stampa* geradezu empfahl. Giovanni Agnelli wollte mit Malaparte neue Zeichen setzen. Er hatte den 31jährigen Haudegen 1928 mit der Leitung der Turiner Tageszeitung betraut, um die Parteioberen ruhigzustellen.

Giovanni Agnelli war stets darauf aus, ein Verhältnis zur Politik zu hegen, das seinen Geschäften förderlich war. Diese Balance mit dem Mussolini-Regime schien seit geraumer Zeit gestört zu sein. Ein Streitpunkt war dabei die politische Linie der *Stampa*. Denn bis zu diesem Zeitpunkt hatte sich die Tageszeitung in vieler Hinsicht als Sprachrohr der moderaten Opposition verstanden. Doch je größer die Macht des Faschismus wurde, desto mehr geriet die Turiner Tageszeitung in die Schußlinien der Partei.

Als Chefredakteur, der Giovanni Agnellis Gesprächsbereitschaft gegenüber dem Regime bekunden sollte, empfahl sich eben jene schillernde Persönlichkeit, die neben einer besonderen journalistischen und schriftstellerischen Begabung auch über die entsprechenden Kontakte zur faschistischen Partei verfügte: Curzio Malaparte.

Es ist häufig spekuliert worden, warum Malaparte aus dieser Position schließlich 1931 fristlos entlassen wurde. Standen verwaltungstechnische, politische oder gar Motive privater Natur dahinter? Bis heute herrscht darüber allgemeines Rätselraten. Zuweilen wurde die Vermutung laut, daß Erwägungen persönlicher Natur vielleicht den Ausschlag für die Kündigung gegeben hätten. Der Grund: die im gesellschaftlichen Leben Turins bekannte Liaison zwischen dem Prahlhans Malaparte und der sich von ihrem Mann vernachlässigt fühlenden Virginia.

Seitens einiger Familienmitglieder heißt es jedoch zur Ehrenrettung Virginias, Edoardo habe den ersten Schritt gemacht, aus der ehelichen Treue auszubrechen. Aber soviel scheint gewiß: Virginia stand ihm später kaum nach. Die Schmach für den sittenstrengen Giovanni Agnelli, die sich im Gerüchtegewirr zusammenbraute und in der calvinistischen Stadt blumig und resonanzkräftig verbreitete, war groß.

Giovanni Agnelli ließ sich das Sorgerecht für seine sieben Enkelkinder zusprechen. Das Gericht machte Virginia Bourbon del Monte darüber hinaus zur Auflage, umgehend das Wohnhaus der Familie zu verlassen und ihre Kinder nicht öfter als alle 14 Tage zu sehen. Außerhalb der vom Gericht festgesetzten Zeit, in der sie mit ihren Kindern zusammensein durfte, war Virginia sogar der Zutritt zum Haus verboten.

Das gleiche Los ereilte übrigens auch den Ehemann von Giovanni Agnellis einziger Tochter Aniceta, Carlo Nasi. Aniceta war 1928 bei ihrer fünften Entbindung an Kindbettfieber gestorben, und ihrem Mann ließ Giovanni Agnelli ebenfalls von einem Gericht das Sorgerecht für die fünf gemeinsamen Nachkommen entziehen. Er schien den Gedanken nicht ertragen zu können, daß nach dem Tod seiner leiblichen Kinder ein anderer als er selbst die Verantwortung für die Erziehung der Enkelkinder trug.

Virginias einziges Vergehen war, einen Liebhaber zu haben, in den sie über beide Ohren verliebt war, wenngleich es sich um eine exaltierte Persönlichkeit und einen notorischen Frauenheld handelte. Der Mann, der nun in aller Offenheit um die Gunst der reichen Witwe buhlte und auch in seinem Freundeskreis mit diesem Verhältnis prahlte, hatte sich zunächst als Journalist einen Namen gemacht. Bekannt wurde er später allerdings vor allem als Schriftsteller und Lyriker. Das Pseudonym, unter dem er Weltruhm erlangte: Curzio Malaparte.

Wie es zu dieser phantasievollen Kunstkreation seines Namens kam? Ein gewisser Kurt Suckert hatte in der Historie gestöbert und war fündig geworden. In einem Anflug von Größenwahn nahm sich dieser Lebemann nichts Geringeres vor, als jenem Namen wieder Weltgeltung zu verschaffen, der mal einem Napoleon gehörte. Malaparte soll nämlich ursprünglich der Name der Bonapartes gelautet haben. Malaparte,»der schlechte Teil«, schien als Name ein derart böses Omen, daß die korsische Familie auf Abhilfe sann. Die naheliegende Namensänderung in Bonaparte, »der gute Teil«, wurde sodann sogar vom Papst abgesegnet.

Der wirkliche Name Curzio Malapartes aber klang deutsch: Kurt Suckert war der Sohn eines sächsischen Wollfärbers, den es in die Toskana verschlagen hatte, und einer Italienerin. Er wurde in Prato bei Florenz geboren und wuchs dort zu einem rastlosen Heißsporn heran, dessen Abenteuerdurst unstillbar zu sein schien.

Mit 17 meldete sich Malaparte als Kriegsfreiwilliger und kämpfte zunächst an den Argonnen an der französischen Front, anschließend als einfacher Soldat im italienischen Heer und am Ende als Offizier in Frankreich, wo er mit hohen Auszeichnungen geehrt wurde. Nach dem Krieg schlug er die diplomatische Karriere ein und war zwei Jahre lang Diplomat unter anderem in Paris und Warschau. Erst danach verschrieb er sich dem Journalismus und gab zu Beginn des Faschismus zusammen mit Bontempelli die antiklassizistische Zeitschrift *900* heraus. Beim Prozeß gegen die mutmaßlichen Matteotti-Mörder trat Malaparte 1926 in seiner Eigenschaft als Chefredakteur der faschistischen Zeitschrift *La conquista dello Stato* (»Die Eroberung des Staates«) als unrühmlicher Zeuge der Verteidigung auf.

Malapartes besondere Vorliebe gehörte den Duellen, die mittlerweile allerdings ein wenig aus der Mode gekommen waren. Etliche Male (er selbst erzählte jedem, der es wissen wollte, daß er 22 unverletzt überstanden hätte) forderte Malaparte jeden, der sich über ihn und sein Äußeres lustig machte, zum Duell heraus. Der Paradiesvogel ging fast immer unbeschadet aus den Zweikämpfen hervor. So will es jedenfalls die Legende.

In die Geschichte sollte nach seinem Tod nicht nur Curzio Malapartes literarisches Werk eingehen, sondern auch seine unnachahmliche Art, sich politisch und geistig zu verwandeln.

Hochgewachsen und mit der Pose des Schönlings, war er bereits 1922 in die faschistische Partei eingetreten und galt tatsächlich als wahrer Verwandlungskünstler – seine Gesinnung eingeschlossen. Er war Faschist der ersten Stunde, später bekennender Antifaschist, schließlich ein Kommunistenfreund, der am Ende seines irdischen Lebens, als er bereits von einer Krebserkrankung gezeichnet war, eine späte Wende zum katholischen Glauben vollzog. Der Schriftsteller Alberto Moravia, dessen Lebensweg sich unfreiwillig mit dem Malapartes kreuzte, bezeichnete ihn als furiosen Individualisten und absoluten Anarchisten. Erfolg um jeden Preis schien Malapartes oberste Maxime zu sein. Für Mussolini reimte Malaparte propagandistische Abzählverse wie diesen: »Die Sonne geht auf, der Hahn kräht, und Mussolini steigt zu Pferd.« So lautete die italienische Originalversion in wörtlicher Übersetzung.

In Turin machte Malaparte seinem Ruf als Frauenheld alle Ehre; es schien ganz so, als wolle er den amourösen Großtaten seines Duce um keinen Preis nachstehen. Weniger respektvoll gebärdete er sich allerdings gegenüber einigen Lokalgrößen der faschistischen Partei, die er öffentlich verhöhnte und der Lächerlichkeit preisgab.

Bei Mussolini und den Seinigen fiel Malaparte vollends in Ungnade, als er 1931 den Essay *Technique du Coup d'état* (Der Staatsstreich) veröffentlichte, den das Regime nicht nur als Kritik, sondern auch als Anleitungsfibel zum gesellschaftlichen Umsturz interpretierte.

Eine rührselig-groteske Lesart seiner faschistischen Vergangenheit gab Malaparte selbst Jahre später. Die Verfehlungen seiner Jugend, in der er sich als unzuverlässiger Opportunist gebärdet hatte, führte er auf den inneren Widerspruch zurück, tief in seinem Inneren immer ein Linker gewesen zu sein. Was ihn jedoch nicht daran hinderte, der faschistischen Partei beizutreten. Für Malaparte war dies eine verzeihliche Jugendsünde. Schließlich sei er erst 24 gewesen, als Mussolini seinen Marsch auf Rom inszenierte, führte Malaparte für sich ins Feld. Den Populisten und Faschisten, der in seiner Jugend flammende Reden für Mussolini hielt, unterschlug er dabei gänzlich.

»Meine Mutter liebte das Leben und die Fröhlichkeit«, schreibt Susanna Agnelli. »Sie war völlig unkonventionell, schrieb Italienisch mit unglaublichen Orthographiefehlern, und sie war unendlich großzügig, sowohl ihren Freunden als auch fremden Menschen gegenüber.«
Virginia, eine ungewöhnlich sinnliche Frau, hatte eine Vielzahl von Liebschaften und war offenbar unter keinen Umständen gewillt, das Verhältnis zu Curzio Malaparte aufzugeben, auch nicht, als die ganze Stadt über sie redete. Und der egozentrische feinsinnige Schönling, der in seinem Abenteuerdrang und seiner manischen Darstellungssucht den faschistischen Regimepoeten Gabriele D'Annunzio zu imitieren und ihm gar den Rang abzulaufen versuchte, dachte seinerseits ebensowenig daran, dem Senator einen Gefallen zu tun und sich von dessen Schwiegertochter zu trennen. Sicherlich wollte sich Malaparte nachträglich auch für alte Rechnungen revanchieren. 1931, als ihn Giovanni Agnelli fristlos entlassen hatte, soll er eine Abfindung von drei Millionen Lire erhalten haben; damals ein Vermögen, mit dem Malaparte seinen ausschweifenden Lebenswandel finanzieren konnte. Damit begann jedoch, was Malaparte als Pechsträhne zu bezeichnen pflegte. Ihm wurde vor einem Tribunal der Prozeß gemacht, und er wurde in die Verbannung geschickt. Offizielle Begründung für die Verurteilung: antifaschistische Aktivitäten im Ausland.
Der Duce verbannte Malaparte zunächst auf Lipari,

die entlegene Vulkaninsel vor Sizilien. Nach kurzer Zeit und etlichen Bittbriefen von Malapartes Mutter und Freunden des schönen Häftlings mit dem chronischen Bronchienleiden erbarmte sich Mussolini jedoch seiner und ließ Malaparte nach Ischia verlegen. 1935 wurde ihm schließlich die Reststrafe ganz erlassen.

Die Verlegung nach Ischia hatte Malaparte wahrscheinlich der Fürsprache von Mussolinis Schwiegersohn Galeazzo Ciano zu verdanken, mit dem er einst eng befreundet war und dem er aus Lipari eine geistreiche Postkarte geschickt hatte, die offenbar nachhaltigen Erfolg zeitigte.

In seinem neuen Domizil wurde Malaparte alle zwei Wochen von der aristokratischen Lebedame Bebe Borgogna di Montecchio besucht, die in Turin lebte und sich von ihrem Mann getrennt hatte. Malaparte behauptete, die blonde, grazile Aristokratin sei sein einziges Lebenselixier gewesen.

Im Herbst des Jahres 1935 durfte er schließlich in die toskanische Versilia zurückkehren, wo er sich um Virginia kümmerte. Ob es Zufall oder Absicht war, daß es Malaparte wieder in die Nähe der Agnellis verschlug, mag dahingestellt sein.

In Forte dei Marmi jedenfalls brauchten er und Virginia, die beim Tode ihres Mannes erst 35 war, kein Geheimnis mehr aus ihrer Liebe zu machen. Malaparte wohnte ganz nahe bei ihr, inmitten eines Pinienhaines. Doch nun wurde er gewissermaßen doppelt beschattet, sowohl von Mussolinis Geheim- und Sicherheitspolizei als auch von den Männern, die im Auftrag Giovanni Agnellis verhindern sollten, daß Malaparte die Nacht über bei Virginia blieb. Gegenüber dem Schriftsteller Giuseppe Prezzolini sagte Malaparte einmal, als sie in der Agnelli-Villa weilten: »Siehst du diese Männer da, die vor dem Eingang hin- und hergehen? Das sind die Spione des Senators Agnelli. Sie passen auf, daß ich nicht über Nacht bleibe, denn er will nicht, daß ich sie heirate. Er hat mich wissen lassen, daß er mir in keinem Fall auch nur eine einzige Lira geben würde.«

Bei Virginias Kindern brachte der schillernde Malaparte einiges Leben in den täglichen Trott. Geschickt schlich er sich mit seinem aufschneiderischen Gehabe in ihre Gunst ein.

Besonderen Eindruck machte der Egomane mit der Aura des erhabenen Poeten auf Susanna Agnelli. Wenn er in Stimmung war, konnte er hervorragend Geschichten erzählen und mit den Heldentaten prahlen, die er angeblich während des ersten Weltkriegs vollbracht hatte. Er gab mit seinen Duellen an, mit der Rebellion gegen Partei und Ignoranz und tischte hanebüchene Geschichten aus der Zeit seiner Verbannung auf.

Gianni Agnellis ältere Schwester Clara fand an dem Verhältnis ihrer Mutter zu Malaparte übrigens nichts Anrüchiges. Im Gegenteil. Rückblickend kam sie zu dem Schluß, daß ihre Mutter durchaus noch untauglichere Partner gehabt hätte. Später revidierte sie ihr Urteil jedoch etwas: »Meine Mutter war mit Malaparte unglücklich«, sagte sie.

Im Beisein der Kinder machte sich Malaparte auch über einen merkwürdig anmutenden jungen Mann lustig, einen Schriftsteller, der seiner Berufung mit Vorliebe im Bett nachging. Malapartes ehemaliger Zimmergenosse, der in den Jahren zwischen 1930 und 1935 als Auslandskorrespondent für *La Stampa* tätig war und den Namen Pincherle trug, hatte unter dem Pseudonym Alberto Moravia bereits 1929 mit einem Roman über die Zerrüttung des Bürgertums, der den Titel *Gli Indifferenti* (Die Gleichgültigen) trug, bei Kritik und Publikum einen großen Erfolg verbuchen können. Schonungslos demontiert er in diesem Werk, einer Art Kammerroman, bürgerliches Dekor und bourgeoise Zeremonien der zwanziger Jahre als sinnentleert und aufgesetzt. Bei der faschistischen Propaganda war das Werk nicht besonders angesehen, unter anderem weil Moravia darin gewissermaßen eine vaterlose Gesellschaft vorführt. Männlich-starke Figuren im traditionellen Sinne, dominant und bestimmend, fehlen gänzlich. Im Mittelpunkt steht eine Witwe, deren Hausfreund mehr Unheil anrichtet als alles andere.

Nach seiner Entlassung bei der *Stampa* wurde Malaparte zunächst Mitarbeiter des Mailänder *Corriere della Sera*, wo er allerdings nur unter dem Pseudonym »Candido« veröffentlichen durfte. Während des zweiten Weltkriegs war er für dieses Organ auch als Kriegskorrespondent an verschiedenen Fronten tätig.

Während Giannis Schwestern ganz hingerissen waren, wenn Malaparte mit ihnen Fahrradtouren unternahm oder sie in Massa zu Salami und anderen toskanischen Spezialitäten einlud, hatte der Knabe für den Liebhaber seiner Mutter nicht viel übrig. Dessen herausgeputztes, stets übereleganges Äußeres, die Pomade im Haar, überhaupt das ganze Dandyhafte an ihm, das er noch dadurch verstärkte, daß er sich die sichtbaren Körperhaare abrasierte – dies alles stieß den jungen Agnelli ab, so daß er, auf Malaparte angesprochen, sagte: »Sein geschniegeltes Aussehen hat mich immer abgestoßen, und deshalb mochte ich ihn nicht. Aber sein literarisches Werk schätze ich sehr.«

Als Virginia die richterliche Verfügung zugestellt bekam, der zufolge der Großvater das Sorgerecht für seine Enkel erhielt, war ihre Panik groß. Vergeblich wandte sich Virginia vor dem Inkrafttreten der Anordung an Mussolini, um ihre Annulierung zu erwirken. Daraufhin entschloß sie sich, mit ihren Kindern zu fliehen: zunächst mit dem Auto nach Alessandria, dann weiter mit dem Zug nach Rom. Doch schon unmittelbar nach Genua wurde der Zug im Zuge einer landesweiten Suchaktion nach den Agnelli-Kindern auf freier Strecke gestoppt. Sie wurden von der Polizei identifiziert, aus dem Zug geholt und umgehend nach Turin zurückgebracht. Die Mutter mußte ihre Fahrt nach Rom allein fortsetzen. Giovanni Agnelli hatte wieder einmal seine ganze Macht in die Waagschale geworfen.

Als Virginia versprach, Malaparte nicht mehr wiederzusehen, ließ Mussolini die richterliche Anordnung über den Entzug des Sorgerechts aufheben, und sie durfte zu ihren Kindern nach Turin zurückkehren. Ihr Verhältnis mit Malaparte blieb jedoch bei allen Höhen und Tiefen bis 1939 bestehen.

Lange hielt es Virginia nicht in Turin. Die Enge und das Gefühl, ständig observiert zu werden, waren ihr zuwider. Schon bald sah sie sich in Rom nach einem Haus um und wurde schnell fündig. Es war der Sitz der Akademie der Arkadier, die einst das bukolische, einfache Leben der Hirten besangen und die nun, da sie zwischen den Weltkriegen nichts Bukolisches zu besingen hatten und die herannahende Katastrophe deutliche Konturen annahm, das baufällige Haus für 30 Jahre an Virginia vermieteten.

Das Haus war gleich unterhalb des römischen Gianicolo gelegen; an jenem mythenreichen Hügel, der zu den interessantesten der sieben Hügel zählt, auf denen Rom erbaut wurde. Hierhin holte Virginia ihre Kinder nach. Sie empfand das Anwesen als eine Enklave der Sinne und der Lust, in der die Gesellschaftsgrößen der Hauptstadt verkehrten und wo allein die jeweiligen Liebschaften zu zählen schienen.

Währenddessen kämpfte die Mutter weiter um das Sorgerecht – mit Erfolg. Doch nicht einmal seine Anwälte trauten sich Giovanni Agnelli von seiner Niederlage zu unterrichten. Schließlich war es Gianni und seinen Geschwistern aber doch noch vergönnt, aus dem Munde des Großvaters die Kapitulation vor der verschworenen Gemeinschaft von Mutter und Kindern zu vernehmen: »Er erklärte, wenn eine Frau es fertigbrächte, so von ihren Kindern geliebt zu werden, dann müsse sie, per Dio, irgendwie doch anders sein, als er gedacht habe.«

Virginia hatte inzwischen in einem berühmten Anwalt aus Neapel einen neuen Lebenspartner gefunden, der nicht nur über viel Geduld mit den Kindern verfügte, sondern auch über großes psychologisches Geschick.

Am Ende gab der gestrenge Großvater also nach und empfahl Mutter und Kindern, sich zunächst ein Domizil an der Côte d'Azur zu suchen und dort, weitab von der Neugier der Turiner Gesellschaft und der stickigen Großstadtenge, den Sommer zu verbringen. Virginia befolgte den Rat und mietete eine Villa in Cap Martin.

Die lebenslustige Witwe hatte ihre Fehde mit dem herrschsüchtigen Schwiegervater gewonnen. Daß sie als Frau einem der mächtigsten Männer des Landes hatte Paroli bieten können, wird in der Familie heute noch immer wieder gern erzählt.

Ihre Kinder erzog sie im Geiste eines unbekümmerten Libertinismus, der viel Raum für Spontaneität ließ. Derweil kümmerte sich Miß Parker ganz um den Nachkömmling Umberto.

In ihrer Adoleszenz wurde das Leben der Agnelli-Kinder plötzlich also sehr frei und ungezwungen. Selbst die amerikanische Großmutter Princess Jane, die einiges gewöhnt war, raufte sich manchmal ob dieses Laisser-faire die Haare. Als sie bei einem ihrer Besuche an der Côte d'Azur einmal mitbekam, daß ihre Enkel schon am frühen Morgen Champagner mit Ananassaft tranken, stürzte sie entrüstet zu ihrer Tochter, die sich noch im Schlafzimmer befand, und fuhr sie an: »Virginia, du bist wohl völlig übergeschnappt!«

Aber selbst wenn er sich hätte durchsetzen können und das Sorgerecht für die Kinder übertragen bekommen hätte: Viel Zeit, sich um ihre Erziehung zu kümmern, hätte Giovanni Agnelli nicht gehabt. Viel zu sehr war er wieder mit FIAT beschäftigt. »Ich bin hier, um weiterzuführen, was mein Sohn eigentlich hätte fortsetzen sollen.«

Salò oder
das Überleben der letzten Tage

Der Duce beim Reiten, der Duce beim Schwimmen, der Duce bei der Ernte: Der einst bis zum Ekzeß betriebene Personenkult um den untersetzten, glatzköpfigen Mann mit den bis ins Groteske gesteigerten skurrilen Gebärden war nur noch ein Abglanz vergangener Tage. Die Inkarnation der demagogischen Theatralität war aus dem Gleichgewicht geraten und erweckte bestenfalls noch Mitleid. Benito Mussolini, gezeichnet von der Absetzung durch König Viktor Emanuel III. und der kurzen Gefangenschaft, überlegte, wo seine Revanche an den »antifaschistischen Verrätern« ihren Ausgang nehmen sollte.

»Sie wollen nicht, daß sich die Regierung in irgendeiner Stadt wieder zusammenfügt, wie es notwendig und logisch wäre, um mir und dem Volk mögliche Bombenangriffe zu ersparen. Die Städte werden auch ohne uns in Schutt und Asche gelegt. Die Entfernungen sollen uns auseinanderbringen, und das ist der wahre Grund, warum sie uns in dieses Loch gesteckt haben.« Der Duce wußte, daß er Hitler und den deutschen Besatzungstruppen vollkommen ausgeliefert war. Er war Marionette in einem Land, das leichtfertig von der einstigen Macht des antiken Roms geträumt hatte, nun aber mit der Realität des Todes und der Zerstörung konfrontiert war.

Das »Nest«, in dem Mussolini vom 10. Oktober 1943 bis zu seiner Flucht am 18. April 1945 zu leben gezwungen war, hieß Salò und war ein beschauliches Dorf am Gardasee. Die Ministerien und Dienststellen, die zur Scheinrepublik gehören sollten, waren am gesamten Westufer des Gardasees verstreut – in jenen Villen, die die Deutschen in aller Eile requiriert hatten.

Sicher, Mussolini war nach seiner unverhofften Befreiung durch deutsche SS-Einheiten optimistisch, wieder nach Rom zurückkehren zu können oder zumindest in eine große Stadt des Nordens, über die die deutsche Wehrmacht die militärische Befehlsgewalt hatte – vergebens.

Die deutschen Wochenschauen, um das Wohlergehen des einstigen Bundesgenossen besorgt, zeigten einen müden, kranken Duce. Von der aufgesetzten Siegerpose, die die Politpropaganda in den Jahren davor immer wieder in Szene gesetzt hatte, war nichts mehr übrig geblieben- und auch nichts von seiner angeblich strotzenden Manneskraft. Selbst die Brille, ohne die er bei der täglichen Zeitungslektüre die kleinen Lettern kaum ausmachen konnte, setzte der eitle Duce nun in der Öffentlichkeit auf. Hitler hatte ihm einen deutschen Arzt zur Verfügung gestellt, da er von der Kunst der italienischen Ärzte nicht recht überzeugt war. Unter diesem Vorwand konnte er Mussolini allerdings auch ausspionieren lassen, ohne daß er Verdacht schöpfte.

Mussolini zerbrach sich immer wieder den Kopf, warum seine deutschen Verbündeten nicht eine große Stadt des Nordens zur Hauptstadt der neuen »sozialen Republik« erkoren hatten. Dabei residierte Mussolini nicht einmal in Salò. Er wohnte vielmehr im nahegelegenen Gargnano, in der gediegenen Villa Feltrinelli, stets bewacht von rund 30 SS-Soldaten und einer Handvoll alter Kampfgenossen, die ihm nach seiner Absetzung durch den italienischen König treu geblieben waren. Mussolini verabscheute die Villa, in der er mit seiner Frau Rachele und den Kindern lebte. Als einzige Abwechslung muß der Diktator, der immer mehr einem hilflosen Häufchen Elend glich, seine Geliebte Claretta Petacci empfunden haben.

Die junge Arzttochter, Claretta Petacci, hatte 1932 bei der Begegnung mit dem Duce derart den Kopf verloren, daß auch kein Zureden seitens ihrer Familie half, sich nicht mit Mussolini einzulassen. Clarettas Liebesaffäre mit Mussolini war ein offenes Geheimnis. Dennoch mimte der Duce in der Parteipropaganda den fürsorglichen Vater und treuen Ehemann. Bis 1945 stach die Nebenbuhlerin nicht nur Mussolinis Frau Rachele aus, sondern hatte auch enormen Einfluß auf Regierung und Minister. Sie war eine Art italienische Madame Bovary. Claretta war nur wenige Kilometer entfernt in der Villa Fiordaliso (später in der Villa Mirabella) in Gardone untergebracht, wo Mussolini regelmäßig vor der familiären Enge Zuflucht suchte. Ihre Gespräche und Intimitäten wurden vom deutschen Stab penibel abgehört und registriert. Es gab gleichwohl trotz Mussolinis Murren an der Entscheidung nichts zu rütteln: Salò sollte der Scheinrepublik »Repubblica Sociale Italiana« den Namen und die Hauptstadt geben: Hitlers Unterführer, die den Vormarsch der Alliierten auf dem Apennin zu stoppen versuchten, hatten den Duce zum Untertan gemacht.

Alles war ein Vorwand gewesen, mutmaßte Mussolini, um ihn besser »manipulieren« zu können.

Am 24. Juli 1943 war Mussolini vom Gran Consiglio abgesetzt worden. Am Nachmittag des folgenden Tages wurde er verhaftet und zunächst auf die Insel Ponza, anschließend auf La Maddalena gebracht. So, als sollten sich seine Spuren definitiv verlieren, wurde er schließlich nach Campo Imperatore auf dem Gran Sasso überführt, wo er anderthalb Monate später von den Truppen des SS-Obersten Otto Skorzeny wieder befreit und nach Berlin gebracht wurde. Daß er wieder nach Italien zurückkehrte, erschien sowohl Mussolini als auch Hitler die beste Lösung. Benito Mussolini kehrte allerdings in den Norden Italiens zurück, in dem die deutsche Wehrmacht mittlerweile das Kommando übernommen hatte, während die Alliierten in einer Art Dorf-zu-Dorf-Schlacht mühsam von Süden nach Norden vordrangen. Was überstürzt und planlos angefangen hatte, endete in einer tragischen Posse, die dem Land zu den Kriegstoten einen blutigen Bürgerkrieg gegen die Faschisten sowie einen Befreiungskrieg gegen die deutschen Besatzungstruppen bescherte.

Welchen Einfluß hatte nun Giovanni Agnelli auf Mussolini ausgeübt? Und welche Rolle spielte der FIAT-Präsident, als sich Italien nach einigem Zaudern etwas kopflos und unvorbereitet in den zweiten Weltkrieg stürzte?

Erklärungsversuche: Giovanni Agnelli und seine rechte Hand Vittorio Valletta hatten Mussolini eher halbherzig davor gewarnt, sich auf die Seite Deutschlands zu schlagen; sie führten dabei unter anderem ins Feld, daß das Land militärisch nicht genügend gerüstet sei und daß die Bestände an Kriegsmaterial, LKWs, Panzer und Flugzeugen nicht ausreichten. Im Unterschied zu Hitler-Deutschland sei die Regierung bei den Kriegsvorbereitungen zu dilettantisch vorgegangen, indem sie sich beispielsweise auf falsche Berechnungen stützte.

Das Produktionsvolumen der Rüstungsindustrie war im Übereifer des Größenwahns schlichtweg überschätzt worden, auch das von FIAT. 1937 zählte das Turiner Unternehmen 50 000 Beschäftigte. Es war damit die größte Firmengruppe des Landes. Am 15. Mai 1939 hatte der Duce die neuen Fabrikhallen in Mirafiori eingeweiht, die ebenfalls zur Manifestation der Größe des Faschismus wurden. Zwischen der FIAT-Führung und dem faschistischen Regime kam es bei diesem Anlaß, zumindest nach außen, zu wortreichen gegenseitigen Lobpreisungen. An den Zwischentönen der aufgesetzten Rhetorik ließ sich jedoch auch gegenseitiges Mißtrauen ablesen. Giovanni Agnelli, so sein Enkel Gianni, habe gehofft, daß sich Mussolini aus jeglichem Kriegsgeschehen heraushalten würde – allerdings vergeblich.

Der Schein der wirtschaftlichen Macht trog. Bei FIAT war die Produktion durch den Umzug vom Lingotto nach Mirafiori ins Stocken geraten. Giovanni Agnelli befürchtete aber auch (und das war wohl seine größte Sorge!), daß durch den Kriegseintritt Italiens an der Seite Hitler-Deutschlands Wirtschaftskontakte in verschiedenen Ländern berührt würden, die mühsam aufgebaut worden waren. Da war etwa der Aufbau des FIAT-Werks in Polen, die Wirtschaftsinteressen in Frankreich und England, aber auch in einigen Balkanländern. Zu groß war andererseits die Versuchung, durch die staatlichen Rüstungsaufträge jene Verluste wettzumachen, die sich in den Jahren bis 1938 beim Automobilbau eingestellt hatten. Schließlich und endlich hatte FIAT gerade durch einen Krieg, den ersten Weltkrieg, einen ungeahnten Segen erlebt. Warum sollte es nicht auch diesmal klappen?

Am 1. September 1939, als Hitler den Befehl zum Überfall auf Polen gab, hatte sich Mussolini aus den Hilfsversprechen der Achse Rom-Berlin noch herauswinden und als neutral erklären können. Im faschistischen Parteijargon wurde Italiens Haltung mit *non-belligeranza* umschrieben, was die Betonung auf die Nicht-Erklärung des Krieges legte; man ging davon aus, daß Italien den Kriegszustand nicht ausrufen würde. Ein Trugschluß. Denn insgeheim liefen die Kriegsvorbereitungen auf Hochtouren. Parallel dazu betrieb das Regime eine ehrgeizige, wenn auch improvisierte Aufrüstung, die vielfach nur auf dem Papier existierte.

Am 10. Juni 1940 vollzog schließlich Mussolini, was ihm und seinem faschistischen Regime als folgenschwerer Fehler angekreidet werden sollte: Italien trat an der Seite Deutschlands formell in den zweiten Weltkrieg ein. Es galt, wie Mussolini in einem vertraulichen Schreiben mitteilte, die »Freiheit auf den Meeren« zu sichern und »Italiens Fenster zum Ozean« zu erobern. Zwei Tage zuvor hatte Giovanni Agnelli der Mussolini-Regierung die größtmögliche Unterstützung zugesagt. Bei der Produktion von Militärmaterial zu Boden, zu Wasser und in der Luft, verpflichtete sich das Unternehmen, bis an die Grenzen seiner Produktionskapazitäten zu gehen.

Daß die FIAT-Produktionsanlagen dadurch unvermeidlich in feindliches Kreuzfeuer gerieten, wurde stillschweigend einkalkuliert. Selbst eine Mobilmachung der FIAT-Beschäftigten schloß Agnelli in einer Art Memorandum nicht aus.

Aufgrund der schnellen militärischen Erfolge Deutschlands, Italiens und Japans wiegte sich die Unternehmensleitung in der Anfangsphase in der süßen Hoffnung, weitere Märkte erobern zu können. Agnellis Appetit zielte vor allem auf die europäischen Teile Rußlands, von denen er sich etwas naiv und unreflektiert die Herausbildung riesiger Märkte, eine größere Gesamtproduktion sowie eine bessere Verteilung der Rohstoffe versprach.

In die Sowjetunion zog es auch seinen Enkel Gianni Agnelli. Als Unterleutnant, der sich freiwillig gemeldet hatte, gehörte Gianni Agnelli zu jenen italienischen Divisionen, die Mussolini den 170 deutschen Divisionen »zur Hilfe« geschickt hatte.

Das militärische Unternehmen wurde für die Italiener zur Tragödie. Verhindern konnten oder wollten dies auch italienische Exilkommunisten nicht, die einen besonderen Draht zu Stalin hatten. Der italienische Kommunistenführer Palmiro Togliatti, *il migliore*, der Beste, wie ihn die Genossen nannten, befand sich zu dieser Zeit in Moskau, war Präsident der Komintern und gehörte zu den engen Vertrauten Stalins. Die italienischen Genossen baten Togliatti vielfach, sich bei Stalin für seine in Gefangenschaft geratenen Landsleute zu verwenden. Togliatti blieb aber hart. In einem Brief an einen italienischen KP-Genossen, der ihn nochmals bat, sich nun endlich bei Stalin für die Freilassung der in Kriegsgefangenschaft geratenen italienischen Soldaten einzusetzen, schrieb Togliatti im Januar 1943: »Das beste und wirksamste Gegenmittel gegen den Faschismus ist, wenn Mussolinis Krieg und vor allem der Rußlandfeldzug für Tausende und Abertausende von Familien zur Tragödie wird.«

250 000 italienische Soldaten, größtenteils zur Elitetruppe *alpini* gehörend und zumeist unzureichend ausgerüstet, hatte Mussolini an der Seite der deutschen Wehrmacht in den Rußlandfeldzug geschickt. Mussolini zählte darauf, nach der Kapitulation der Sowjetarmee am Tisch der Sieger zu sitzen und Ansprüche auf die okkupierten Gebiete anmelden zu können.

Im ukrainischen Donez hätte der Corpo di Spedizione Italiano in Russia (später Armir) die Stellung halten sollen, und Gianni Agnelli, dessen Sprachkenntnisse ihn für Aufgaben bei der Heeresleitung befähigten, verbrachte hier bei der Kavallerie den Winter 1941/1942.

Er hätte sich drücken können, da er als Halbwaise galt und zudem bereits offiziell im FIAT-Werk angestellt war. Doch Gianni Agnelli ließ sich offenbar nicht davon abhalten, in den Krieg zu ziehen. Vergeblich hatte sein Großvater die Beziehungen spielen lassen, die er zu hochrangigen Militärs hatte. Um den Widerstand des Großvaters zu brechen, wandte sich Gianni Agnelli an Edda Ciano, die Tochter Mussolinis. Die Fürsprache hatte offenbar Erfolg, und Gianni Agnelli durfte einrücken.

Die italienischen Soldaten waren noch schlechter ausgerüstet als ihre deutschen Verbündeten. Gianni entwickelte daher schon bald ein besonderes Organisationstalent; er organisierte Partys und Cognac, aber auch Nachrichten und Witze, die die schlechte Moral der Soldaten heben sollten. Nach acht Monaten wurde er allerdings bereits wieder von der Rußlandfront abgezogen – im allerletzten Moment, einen Tag bevor seine Division in Gefangenschaft geriet. Die eisige Kälte, die zuweilen 43 Grad unter Null erreichte, ist Gianni Agnelli bis heute im Gedächtnis haften geblieben.

Nur etwa 15 000 Soldaten kehrten lebend nach Italien zurück. Die Geschichtsschreibung hat die Kriegsteilnehmer in den vergangenen Jahren und Jahrzehnten mit einem Glorienschein umgeben. Völlig in den Hintergrund ist dabei getreten, daß auch sie an der Seite der Hitler-Armee an den Greueltaten in der Sowjetunion beteiligt waren.

Gianni Agnelli kehrte von der Ostfront kurz nach Turin zurück, um sein Universitätsexamen abzulegen. Unter seinen Professoren befand sich auch der spätere Minister Luigi Einaudi, der mit seinen wirtschaftsökonomischen Lehren die Wirtschaftspolitik der Nachkriegszeit entscheidend prägen sollte.

Seine Prüfung im Finanzwesen bestand der Jurastudent auf Heimaturlaub nur mit Ach und Krach. Ohne Gianni Agnelli eines Blickes zu würdigen, kommentierte Einaudi die schlechte Note lapidar mit den Worten: »Bei dem Namen, den Sie tragen, sollten Sie sich was schämen.« Es war im Grunde das alte Lied. Schon während seiner Gymnasialzeit hatte Gianni Agnelli eher durch zur Schau gestellte Unlust als durch Interesse geglänzt.

1944 schließlich legte Gianni Agnelli sein Jurastudium mit einer strafrechtlichen Examensarbeit ab. Allen, die ihm seine mageren Studienleistungen vorhielten, pflegte er mit Nonchalance zu erwidern, daß er im Krieg gewesen sei und daß die Erfahrungen, die er in dieser Zeit gemacht habe, nützlicher seien als Herumsitzen in trostlosen Hörsälen.

Nachdem er seinen universitären Verpflichtungen ein für allemal nachgekommen war, bat Gianni Agnelli, zur tunesischen Afrikafront versetzt zu werden und freute sich sehr, als seinem Antrag stattgegeben wurde. Ehe er sich nach Afrika einschiffen konnte, soll ihn der Großvater mit allen Mitteln daran zu hindern versucht und ihn sogar eingesperrt haben. Natürlich hätte der Senator Mittel und Wege finden können, seinem Enkel die Gefahren für Leib und Seele zu ersparen, die im unmittelbaren Kriegsgebiet auf ihn warteten. Er wandte sich diesbezüglich sogar an General Ugo Cavallero, den Oberkommandeur der Streitkräfte. Doch auch davon ließ sich Gianni nicht beirren.

Heute spricht Gianni Agnelli mit einem gewissen Stolz von seinen Zeiten in Afrika, als er an der Seite deutscher Soldaten und Offizieren kämpfte, die von Organisation und Kampfmoral ihrer italienischen Verbündeten aber offensichtlich nicht viel hielten. Den Sommer 1942 verbrachten die italienischen Divisionen damit, unter dem Oberbefehl Rommels die Engländer aus Ägypten zu vertreiben.

Tunesien war Giannis letzte Kriegsstation. Nach der Kapitulation der Deutschen und Italiener gelang es ihm und einigen anderen italienischen Offizieren, noch einmal, buchstäblich in letzter Minute ausgeflogen zu werden. Das war im Mai 1943.

Am 25. Februar desselben Jahres wurde der 21jährige von Valletta, der inzwischen alleiniger Geschäftsführer bei FIAT war, auf einer Sitzung des Verwaltungsrates als »tollkühner Kämpfer« hoch gelobt. Dennoch sei es für den jungen Mann nunmehr an der Zeit, sich jenen Dingen zuzuwenden, für die er nach dem Tod seines Vaters bestimmt war. Er solle sich tatkräftig um die Belange der FIAT-Familie kümmern. Dies sollte das Ende seiner Kriegsaktivitäten und zugleich der Beginn seiner Unternehmenskarriere sein.

Gianni Agnelli wurde zum Vizepräsidenten von FIAT ernannt.

Mit dem Eintritt der Vereinigten Staaten in den Krieg wurde auch Giovanni Agnelli auf den Boden der Tatsachen zurückgeholt und versuchte zu retten, was zu retten war.

Auch FIAT war zur Zielscheibe alliierter Bombenangriffe geworden. Besonders schlimm wurden die Monate November und Dezember des Jahres 1942, als Teile des Mirafioriwerkes zerstört wurden, was weiteren Aufrüstungsplänen ein jähes Ende bereitete. Auch das im Besitz der Familie Agnelli befindliche Kugellager RIV in Villar Perosa wurde getroffen. Die Zerstörung dieses Werkes bedeutete eine erhebliche Beeinträchtigung der italienischen Rüstungsmaschinerie.

Auch Gianni Agnellis Elternhaus im Corso Oporto wurde von Bomben dem Erdboden gleich gemacht.

Clara Agnelli, inzwischen die Ehefrau Tassilo von Fürstenbergs, die sich zum Zeitpunkt der Luftangriffe in Turin aufhielt, entging bei dem Versuch, ihre Juwelen in Sicherheit zu bringen, nur knapp dem Tod. Sie hatte den Schmuck im Haus vergessen und den Luftschutzkeller verlassen, um ihn zu holen. Kaum hatte sie sich wieder zurückgeflüchtet, wurde das Haus der Agnellis mit großen Teilen Turins in Schutt und Asche gelegt. »Ich habe sehr viel Glück gehabt«, sagt Clara Agnelli.

Doch nicht nur die alliierten Bombenangriffe auf Turin hemmten die Kriegsproduktion bei FIAT. Erschwerend kam hinzu, daß die Belieferung mit den nötigen Rohstoffen nur schleppend erfolgte. Immer wieder erinnerte Giovanni Agnelli Seine Erlauchte Exzellenz Mussolini daran, seinen Teil der Vereinbarungen einzuhalten, die versprochenen Finanzmittel bereitzustellen und für eine reibungslose Versorgung mit Rohstoffen und Zubehör zu sorgen. Zugleich versicherte er, zum Beispiel in einem Brief vom 15. Februar 1943, immer wieder: »Turin, in seiner moralischen Manneskraft und seiner tatkräftigen Disziplin ungebrochen, wird die Krise meistern und jene Aufgaben angehen können, die das Vaterland der Stadt zugedacht hat.«

Kamerad Agnelli versprach allerdings mehr, als er eigentlich halten konnte. Denn die Arbeiter, geschwächt von Hunger und einer gewissen Kriegsmüdigkeit, begannen langsam mürbe zu werden. Es kam bei FIAT zum ersten großen Streik dieses Krieges, der sich dann wie ein Lauffeuer auch auf die anderen Unternehmen ausbreitete. Der Anlaß für den Streik schien zwar verhältnismäßig nichtig, war aber ein Gradmesser sowohl für die Unzufriedenheit der Arbeiter als auch für den im Untergrund wirkenden antifaschistischen Widerstand. Es war der berühmte Tropfen, der das Faß zum Überlaufen brachte.

Die Regierung hatte allen Arbeitern ein Monatsgehalt zugesprochen, deren Betriebe aufgrund der Bombenangriffe nicht produzieren konnten. Anspruch hatte jedoch letztendlich nur das Familienoberhaupt, sofern es nachweisen konnte, evakuiert worden zu sein.

Am 13. März 1943 war es soweit. Um 10 Uhr begannen bei Mirafiori die Arbeitsniederlegungen, die sich schnell auf sämtliche Industriezentren des Piemonts ausweiteten. Unmittelbar danach griff der Streik auf Mailand und die Lombardei über, um schließlich die Industrieproduktion des gesamten Nordens lahmzulegen. Weder die faschistische Partei noch starkes Polizeiaufgebot konnten die Streiks verhindern.

»Ungehorsam« und »passiver Widerstand« zeitigten Wirkung – auf das Regime, dem seine Grenzen aufgezeigt wurden, aber auch auf Giovanni Agnelli.

Plötzlich spielte die materielle Seite, die Gehaltsaufbesserung, keine Rolle mehr; plötzlich stellten die Streikenden die politische Forderung auf, daß der Krieg endlich beendet werden müsse. Es war im Grunde das Signal für die Industriellen, daß Mussolini von der Seite des Bundesgenossen Hitler abrücken mußte, wollte man die totale Katastrophe, die Tod und Zerstörung für das gesamte Land bedeutet hätte, halbwegs abwenden.

Für die Industrie ging es darum, daß die Bombenangriffe auf ihre Anlagen aufhörten. Von Durchhalteappellen, die die Parteibehörden ausgaben, hielten sie nichts mehr. Die Industriellen kannten zudem die Pannen, die Verspätungen und Engpässe im überzogenen Rüstungsprogramm sehr genau. Sie waren es auch, die den Ernst der Lage unabhängig von den beschönigenden Losungen der Partei, realistisch einzuschätzen vermochten.

Während der FIAT-Führung in regelmäßigen Berichten an Mussolini immer wieder wieder die »Treue« gegenüber der Regierungslinie bekundete, bediente sie sich verschiedener anderer Kanäle, um das Schlimmste abzuwenden. Es war sogar die Rede von geheimen Kontakten zu den Alliierten, die sich anschickten, in Sizilien zu landen. Nach der Landung versuchte FIAT über einen Mittelsmann Kontakt zu den Aliiierten aufzunehmen, um die Möglichkeiten eines Separatfriedens auszuloten. Der FIAT-Angestellte Giovanni Fummi hätte sich, heißt es, mit einem Paß des Vatikans ausgestattet, über Lissabon nach London begeben und dort Kontakt zum britischen Außenminister Antony Eden aufnehmen sollen. Mussolini selbst soll in diesen Versuch eingeweiht gewesen sein. In Lissabon angekommen, erhielt Fummi indes kein Visum für England. Die deutsche Botschaft in Madrid hatte bereits von dem Geheimauftrag Wind bekommen. Andere Versuche, einen separaten Frieden mit den Alliierten auszuhandeln, erfolgten über die Schweiz, und zwar über die FIAT-Vertretung in Genf. Als Zeichen des guten Willens verpflichtete sich FIAT, alle Lieferungen an Deutschland sofort auszusetzen. Parallel dazu sollte die Position des Königshauses Savoyen gestärkt werden, denn nur der Monarch besaß die Autorität, eine einheitliche politische Linie, die Faschisten eingeschlossen, durchzusetzen und den Austritt Italiens aus dem Bund mit den Deutschen erwirken zu können.

Die Nacht vom 24. auf den 25. Juli 1943 und ihre folgenreichen Entscheidungen waren von langer Hand geplant. Der Duce Benito Mussolini wurde durch den Gran Consiglio abgesetzt und verhaftet. Selbst sein Schwiegersohn Galeazzo Ciano hatte sich dafür ausgesprochen.

Zu Mussolinis Nachfolger wurde der königstreue Feldmarschall Pietro Badoglio ernannt, dessen Regierung es allerdings nur 45 Tage lang beschieden war, an der Macht zu bleiben. Sofort ließ Badoglio die faschistische Partei verbieten. Am 8. September 1943 unterschrieb er vor den Alliierten die Kapitulation, und am 13. Oktober erklärte er Hitler-Deutschland den Krieg. Währenddessen wurden mehr als eine Million italienischer Soldaten von den deutschen Besatzungstruppen entwaffnet, verhaftet und nach Deutschland deportiert.

Wie viele Soldaten in diesen wirren Tagen ihre Uniformen auszogen und sich von ihren Verbänden entfernten, in der trügerischen Hoffnung, dem Krieg oder der Gefangenschaft zu entkommen, ist nur zu schätzen. Einigen gelang es, der Großteil aber wurde nach Deutschland verschleppt. Bei Kriegsende befanden sich 800 000 italienische Soldaten in deutscher Kriegsgefangenschaft. Das größte Sklavenheer der Neuzeit, wie Historiker meinen.

40 000 Soldaten überlebten die deutsche Gefangenschaft nicht. Mehrmals beschwor Mussolini Hitler, das Los seiner Landsleute in den deutschen Lagern zu mildern. Doch der Führer blieb hart.

In Süditalien rief Badoglio unter dem Schutz der Amerikaner die Regierung des Südens aus, die auch von Stalin anerkannt wurde. Interessant war diese formelle Anerkennung insofern, als die Kommunisten nun nicht mehr die Abdankung des italienischen Königs verlangten.

Badoglio verließ gemeinsam mit dem König und den hohen Militärführern die Kapitale und richtete sein Hauptquartier zunächst im apulischen Brindisi ein. Italien war de facto zweigeteilt und der König gewissermaßen dem Willen der Alliierten ausgeliefert.

Gianni Agnelli wurde als Verbindungsoffizier zwischen den Alliierten und der Badoglio-Regierung im Süden tätig. Mit dem neu aufgestellten Corpo Italiano di liberazione, dem italienischen Befreiungskorps, kämpfte er sich an der Seite der Alliierten gen Norden vor.

Beim Versuch, zusammen mit seiner Schwester Susanna die feindliche Frontlinie in Richtung Süden zu passieren, brach er sich in der Toskana bei einem Autounfall den Knöchel. Er wurde zwar umgehend operiert, aber die Wunde infizierte sich, und er mußte noch lange auf seine vollständige Genesung warten.

Einige der Kräfte, die tatkräftig Mussolinis Sturz herbeigeführt hatten, verfügten über enge Kontakte zu Giovanni Agnelli und Vittorio Valletta. Unter den Initiatoren des Umsturzes befand sich auch Mussolinis

Schwiegersohn, der frühere Außenminister Galeazzo Ciano.

Mussolini ließ ihn zusammen mit anderen »Verrätern« von einem Tribunal in Verona zum Tode verurteilen und am 11. Januar 1944 hinrichten. Es hätte natürlich in Mussolinis Macht gestanden, seinen Schwiegersohn zu begnadigen. Noch in der Nacht vor der Exekution hatte er zaghaft beim »Sonderberater in polizeilichen Angelegenheiten bei der faschistischen Nationalregierung«, dem Generalleutnant der Waffen-SS Karl Wolff, angefragt, was wohl der Führer zu einer eventuellen Begnadigung Cianos sagen würde. Wolffs Antwort: Eine Aufhebung des Urteils hätte ihn, den Duce, beim Führer in Ungnade stürzen können. Und als Schwächling wollte er vor Hitler nicht dastehen.

Ciano genoß den Ruf eines ausschweifenden Lebemannes, der sich praktisch alles herausnehmen konnte, und was immer Ciano tat, für den Treue ein Fremdwort war, wurde von der römischen Parteischickeria, aber auch von anderen, die um sie herumschwirrten, nachgeahmt, koste es, was es wolle: egal, ob seine Passion für ausgefallene Sportarten oder für Frauen. Die Maßstäbe, die er setzte, avancierten zu den Maßstäben der faschistischen Partei. Er gebärdete sich als ein unwiderstehlicher Parteihedonist, dessen dunkle Haare, wie es damals üblich war, von Brillantine glänzten. Susanna Agnelli zeichnet in ihrem autobiographischen Buch kein besonders positives Bild von ihm. »Auch wenn wir später Freunde wurden, so muß doch gesagt werden, daß Galeazzo bei Gott kein anziehender Mann war. Das vorgeschobene Doppelkinn, die fettigen, glänzenden Haare, die kleinen, glänzenden, von einem gelblichen Hof umgebenen Augen, die kurzen Arme und Beine waren noch nichts, verglichen mit der scharfen, näselnden Fistelstimme, mit der er sich arrogant an die ihn Umstehenden wandte. Was immer er auch sagte, alle bogen sich vor Lachen.«

Graf Galeazzo Ciano: eine schillernde Figur, die durchaus tragische Züge hatte. Der Zögling toskanischer Aristokraten im diplomatischen Dienst trat 1930 als Parteiaktivist in den Vordergrund, als er Mussolinis Tochter Edda heiratete. Ciano wurde zunächst Pressesprecher der Regierung. In dieser Zeit verwendete er sich auch für seinen alten Freund Malaparte. Er gestattete dem einstigen Weggenossen, unter dem Pseudonym »Candido« weiterschreiben zu dürfen, obwohl Malaparte inzwischen schon als Feind des Faschismus galt und in die Verbannung geschickt worden war.

Nach einem kurzen Intermezzo als Unterstaatssekretär und Minister für Volkskultur wurde Ciano 1936 zum Außenminister bestellt. Mussolini verschaffte seinen Angehörigen gern politische Ämter. Bei der Entmachtung seines Schwiegervaters war Ciano nur noch Botschafter beim Heiligen Stuhl. Er war in Ungnade gefallen, weil er die politischen und außenpolitischen Ziele des Faschismus nicht mehr teilte und dies auch öffentlich bekundete.

Wer allerdings glaubte, mit Mussolinis Absetzung würden »Freiheit und Frieden« erreicht sein, sah sich schon nach kurzer Zeit getäuscht. Turin wie auch die anderen großen Städte des Nordens wurde am 10. September 1943 von deutschen Truppen besetzt.

Die Gestapo erließ Haftbefehl gegen Giovanni Agnelli und Vittorio Valletta. Er wurde allerdings nie vollstreckt. FIAT unterstand ab sofort der Befehlsgewalt des Reiches. Gleichzeitig erging der Befehl an die Firmenleitung, nur noch die deutsche Wehrmacht zu beliefern. Daran änderte sich auch nichts durch die Ausrufung der Republik von Salò und die Gründung der neuen Republikanischen Faschistischen Partei.

Mussolini fühlte sich vom Kapital des Nordens verraten und verkauft. Das Manifest der neuen republikanischen Sozialbewegung sah daher, an altes revolutionäres Gedankengut anknüpfend, ausdrücklich vor, die Macht des Großkapitals auszuhebeln. So wurde in dem Manifest im einzelnen festgeschrieben, daß alle Privatbetriebe mit mehr als 50 Beschäftigten zu »sozialisieren« seien. Wiederholt wurden Giovanni Agnelli und die FIAT-Führung vom Duce angehalten, der neuen Partei beizutreten. Agnelli lehnte dies jedoch ab und ignorierte alle Hinweise auf mögliche Folgen.

So begann die insgesamt 600 Tage währende deutsche Besetzung FIATs. Doch schon im August, als Badoglio um Schadensbegrenzung bemüht war, hatten die Arbeiter, die unter dem Eindruck erneuter alliierter Bombenangriffe die Wiedereinsetzung der alten gewerkschaftlichen Organisationsstrukturen verlangten, in der FIAT-Motorenherstellung ihre Arbeit niedergelegt. Es kam zu Zwischenfällen, bei denen die Polizei auf streikende Arbeiter schoß. Sieben Arbeiter wurden verletzt. Wieder einmal breitete sich der Streik auch auf andere Betriebe aus.

Badoglio, der in erster Linie darauf bedacht war, die

Linie des Königs zu vertreten, schenkte den linken Antifaschisten wenig Beachtung; überall, wo der antifaschistische Widerstand, formell im Comitato di liberazione nazionale (Nationales Befreiungskomitee) organisiert und hauptsächlich von linken Kräften bestimmt war, geriet diese Haltung zu einem folgenschweren Fehler. Dabei zogen besonders die Kommunisten die Fäden der Resistenza – sowohl, was ihre selbstlose Courage, als auch was ihren Todesmut anging.

Giovanni Agnelli selbst, der unter erheblichen gesundheitlichen Problemen litt, versuchte vermittelnd einzugreifen. (Doch der eigentliche Macher während der Zeit der deutschen Besetzung war Vittorio Valletta. Er und die anderen FIAT-Direktoren führten die Geschäfte mit allen Tricks und Raffinessen, um den Konzern halbwegs unbeschadet über die Runden zu bringen. Dabei erschien vielen Vallettas Rolle zwielichtig. Er arrangierte sich beispielsweise einmal mit den deutschen Besetzern, ein anderes Mal mit der Mussolini-Regierung und dann wieder mit den Partisanen. Valletta verhandelte mit jedem und machte sich damit nicht viele Freunde.)

Das parteienübergreifende Befreiungskomitee organisierte nicht nur den Widerstand gegen Faschisten und deutsche Besatzer, sondern zielte zugleich sowohl auf eine politisch-administrative als auch auf eine sozialökonomische Erneuerung des Landes ab.

Noch mehr sollten Giovanni Agnellis Interventionen zum Drahtseilakt werden, als die deutsche Besetzung, flankiert von einigen marionettenhaften Vertretern der neuen faschistischen Republik von Salò, unausweichlich wurde; zwischen den verschiedenen Interessen schwankend erwiesen sich Verhandlungen selbst für den krisenerprobten Senator Giovanni Agnelli, der mittlerweile von allen politischen Verpflichtungen zurückgetreten war, als überaus schwierig: Für die Widerstandskämpfer war er ein Kollaborateur der deutschen Besatzer, für die Deutschen ein gewiefter, kapitalorientierter Patriot, der nie aufhörte, die Badoglio-Regierung im Süden Italiens zu unterstützen.

Dem Widerstand gegen die deutsche Besatzung schien wenig Erfolg beschieden; den Deutschen unterstand die direkte Kontrolle der Fabriken, denen eine strenge Arbeitsdisziplin auferlegt wurde; das deutsche Heereskommando, das die Produktion vor Ort von eigenen Technikern überwachen ließ, bestimmte auch, was und wieviel produziert wurde. Sank die Produktion unter ein vorgegebenes Mindestsoll, drohten die deutschen Besatzer erfolgreich mit der Demontage von Fabrikanlagen und der Deportation von Arbeitern nach Deutschland. SS-General Otto Zimmermann wurde für diese Drohungen, die er bei Streiks immer wieder aussprach, berühmt. Hitler seinerseits soll in Berlin nicht um Vorschläge verlegen gewesen sein, wie der Streikwelle erfolgreich hätte begegnet werden können. So empfahl er etwa, die Streikenden vor ein Kriegsgericht zu stellen oder zur Abschreckung wahllos Menschen verhaften zu lassen, um sie dann in deutsche Arbeitslager zu verschleppen.

Im Juni 1944 hatten die Pläne, zumindest die Flugzeugproduktion von FIAT nach Deutschland zu verlagern, konkrete Form angenommen. Zu sehr war die Produktion durch Streiks, Engpässe bei der Rohstofflieferung und Bombenangriffe in Verzug geraten. »Dezentralisierung« hieß die geplante Aktion. Doch die FIAT-Führung knüpfte ihre Zustimmung an eine Liste eigentlich inakzeptabler Bedingungen. Daran scheiterte die Demontage. Die FIAT-Leitung hatte nämlich durchaus ein Mitspracherecht, denn die Deutschen legten Wert darauf, nicht als Besatzer, sondern vielmehr als Exklusivabnehmer verstanden zu werden.

Valletta verständigte sich mit General Hans Leyers, dem Abgesandten des deutschen Wirtschaftsministeriums in Italien, zunächst auf eine Verlagerung der Produktion nach Gardesana am Gardasee. Dies bewog jedoch die Arbeiter, den Generalstreik auszurufen, und ehe die »Aktion X«, wie die geplante Demontage in den Geheimplänen genannt wurde, in Angriff genommen werden konnte, bombardierten die Alliierten während des Generalstreiks genau jene Fabrikanlagen, die hätten verlagert werden sollen. Die Freude der Arbeiter war groß.

In diesem grotesken Szenario, in dem die deutschen Besatzer Repressalien androhten, die Arbeiter organisiert streikten und Giovanni Agnelli sowohl die nationalen Belange als auch seine eigenen zu wahren suchte, agierte der junge Gianni Agnelli zwischen den Fronten. Er arbeitete der Aufstellung von Befreiungsverbänden zu; nach der Einnahme Roms durch die Alliierten am 4. Juni 1944 war er, wie bereits angedeutet, insbesondere für die Kontakte zwischen der »Südregierung« und den Alliierten zuständig.

Aber auch Valletta war gewissermaßen ein FIAT-

Kämpfer zwischen den Fronten. Bei seinem Bemühen, die Existenz des Unternehmens zu sichern, scheute er weder davor zurück, weiteren Kontakt mit den Alliierten aufrechtzuerhalten, noch tatkräftig das im Untergrund agierende, nationale Befreiungskomitee zu unterstützen; gleichzeitig war er allerdings darauf bedacht, daß die linken Kräfte im Cln nicht die Überhand gewannen.

Bezeichnend ist in diesem Zusammenhang eine Plakataktion in vielen Fabriken des Nordens, die mit tatkräftiger Unterstützung der Amerikaner auf die Beine gestellt wurde und in der der spätere König Umberto die Untertanen wissen ließ, wie demokratisch seine Gesinnung trotz allem sei. Darüber hinaus mußte Valletta der Drohung der Deutschen entgegenwirken, die keinen Zweifel daran ließen, daß sie bei einem eventuellen Abzug wichtige Fabrikanlagen sprengen würden, damit sie nicht in die Hände der Alliierten gerieten.

Vom nationalen Befreiungskomitee wurde Valletta als »Vaterlandsverräter« angeklagt, worauf die Todesstrafe stand. Die Deutschen andererseits verhafteten ihn wegen Sabotage, weil er große Mengen von Benzin vor den deutschen Truppen versteckt hatte.

Als ob das nicht ausreiche, gesellten sich zu Beginn des Jahres 1945 dazu noch die Pläne Mussolinis, die auch eine »Sozialisierung« von FIAT vorsahen. Der zahnlos gewordene Diktator hatte Agnelli und den Seinigen nicht verziehen, daß sie an seiner Absetzung durch den Gran Consiglio und an seiner Verhaftung beteiligt gewesen waren.

Der Piemont war Mussolini ohnehin suspekt. Für ihn,

der aus der ländlichen Romagna stammte, war der Piemont ein Hort der Monarchie, der Reaktion und des Bolschewismus. Valletta nahm jedoch die Entscheidung mit einem erstaunlichen Gleichmut auf, als wüßte er, daß die Befreiung des Landes nur noch eine Frage von Monaten war. Während sich anderswo die Arbeiter bei der vorgeschriebenen Abstimmung mit großer Mehrheit für die Sozialisierung aussprachen, enthielten sich bei FIAT 99,74 Prozent der Belegschaft der Stimme.

In der unmittelbaren Nachkriegszeit, aber auch später noch betrachteten die Amerikaner FIAT als Garant der demokratischen Stabilität des ganzen Landes. Und das wurde mit entsprechenden Finanzmitteln nachhaltig gewürdigt.

Vom Mut eines Löwen, den er immer wieder grotesk demonstiert hatte, war nichts mehr übrig. Heimlich hatte Benito Mussolini, als deutscher Soldat verkleidet, am 27. April 1945 mit seiner Geliebten Claretta Petacci über die Schweiz nach Spanien fliehen wollen. Das Franco-Regime hatte ihnen entsprechenden Schutz zugesichert.

Am 15. April hatte Mussolini erfahren, daß sich die deutschen Truppen auf italienischem Boden den Alliierten ergeben wollten. In Mailand hatten sie die Waffen bereits niedergelegt. Damit wurde ihm klar, daß er, wenn er seinen Kopf retten wollte, weder in Italien bleiben noch nach Deutschland fliehen konnte. Als Ausweg blieb ihm also nur die Flucht in das frankistische Spanien. Claretta Petacci war nicht bereit, mit ihrer Familie zusammen von Ghedi aus nach Spanien zu fliegen und sich dort in Sicherheit zu bringen. Sie wich Mussolini nicht von der Seite. Ihr Bruder Marcello, der auch auf dem Landweg über die Schweiz fliehen wollte und sich als spanischer Diplomat ausgab, wurde in der Nähe von Como mit falschen spanischen Papieren verhaftet.

In Dongo bei Como wurden Mussolini und seine blutjunge Geliebte von Partisanen erkannt und festgenommen. Er trug einen Geleitbrief bei sich, der ihm und Claretta Petacci unter falschem Namen die Flucht über die Schweiz nach Spanien hätte ermöglichen sollen. Das Dokument war vom spanischen Konsulat in Mailand ausgestellt worden und trug das Datum 14. September 1944. Es kamen allerdings sofort begründete Zweifel an der Echtheit des Dokuments auf, das man nach seiner Erschießung in Mussolinis Hosentasche fand.

Zusammen mit Mussolini wurden auch die Parteioberen Coppola, Calistri, Daquanno, Nudi, Romano, Gatti, Liverani, Zerbino, Mezzasoma, Bombacci, Barracu, Casalinuovo, Utimperghe, Pavolini und Porta von der 52. garibaldinischen Brigade verhaftet. Unmittelbar nachdem Mussolinis Gefangennahme bekannt geworden war, wurde im militärischen Oberkommando des Nationalen Befreiungskomitees in der Mailänder Via del Carmine der kommunistische Partisan Walter Audisio (Deckname »Valerio«) damit beauftragt, sich nach Dongo zu begeben und Mussolini hinzurichten. Das Nationale Befreiungskomitee wollte unter allen Umständen verhindern, daß Mussolini das Land teilen und für Unruhen sorgen könnte. Deshalb lautete Audisios Befehl, ihn »sofort und ohne Prozeß, ohne Theater, ohne historische Sprüche zu töten.« Denn: »Das Urteil ist vor langer Zeit vom italienischen Volk gefällt worden. Nun bleibt nichts anderes zu tun, als es zu vollstrecken.«

Eskortiert von einem Partisanenverband machte sich Audisio noch in der Nacht vom 27. April 1945 zusammen mit Aldo Lampredi auf den Weg nach Dongo, um den Befehl auszuführen.
    Alles mußte schnell gehen. Denn alle waren auf der Suche nach Mussolini: die Geheimdienste, die Verbindungsmissionen der Alliierten, die Stoßtrupps der amerikanischen Fünften Armee. Für das Nationale Befreiungskomitee war der Gefangene Mussolini ein Faustpfand, das man sich als »Entschädigung« für die vielen Opfer des Partisanenkampfes nicht nehmen lassen wollte. Walter Audisio war besorgt, daß seine Mission sabotiert werden könnte.
    In einem Eilverfahren wurden Mussolini und seine Begleiter von einem eigens einberufenen Kriegstribunal zum Tode verurteilt. Dem Kriegstribunal gehörten an die Partisanen »Oberst Valerio« (Walter Audisio), der auch den Vorsitz innehatte, »Guido« (Aldo Lampredi), »Pedro« (Piero Bellini Delle Stelle), der Kommandant der 52. Partisanenbrigade »Pietro Gatti« (Michele Moretti) sowie »Bill« (Lazzaro Urbano). Weil die Partisanen fürchteten, die Gefangenen könnten ihrer Verfügungsgewalt entrissen werden, wurden sie an verschiedenen Orten der Umgebung versteckt. Walter Audisio ließ die Gefangenen erst zur Exekution wieder zusammenführen. Benito Mussolini und Claretta Petacci befanden sich in

Bonzanigo, eine Dreiviertelstunde mit dem Auto von Dongo entfernt.

Audisio selbst holte Mussolini und Petacci ab. »Dieser Mann zitterte vor Angst«, notierte Audisio später in der Chronik der Ereignisse. Er hatte Mussolini erklärt, er sei gekommen, um ihn zu befreien. »Ich biete dir dafür ein Reich«, sagte Mussolini.

Die Gefangenen wurden am 28. April 1945 um 16.10 Uhr in Giulino di Mezzegra, etwa einen Kilometer von Bonzanigo entfernt, am Comer See erschossen. In der folgenden Nacht wurden die Leichen nach Mailand transportiert, um sie auf dem zentralen Piazzale Loreto zur Schau zu stellen. Auch die toten Leiber von Benito Mussolini und Clara Petacci wurden dort mit dem Kopf nach unten aufgehängt.

Die Menschen ließen ihre ganze Wut an ihnen aus. Ein Kameramann der amerikanischen Armee, ein gewisser Major Tamber, der den Vormarsch der Alliierten auf Zelluloid festhielt, filmte, wie die Feuerwehr anrückte, um die entstellten Leichen von Speichel und Urin zu säubern. Man hatte sie gegen 10 Uhr am Wetterdach einer Tankstelle am Piazzale Loreto aufgeknüpft. Sie wurden erst gegen 13 Uhr abgehängt, nachdem der damalige Erzbischof von Mailand interveniert hatte. Kardinal Ildefonso Schuster sorgte dafür, daß die Leichen in die städtische Leichenhalle geschafft wurden.

Die Obduktion von Benito Mussolinis Leichnam am Gerichtsmedizinischen Institut der Universität Mailand wurde von Professor Pierluigi Cova durchgeführt. Neben seinem Assistenten Mario Cattabeni war auch ein

Arzt des Nationalen Befreiungskomitees zugegen. Als Todesursache wurde offiziell Durchschuß des Aortabogens diagnostiziert, wenige Zentimeter vom Schlüsselbein entfernt.

Besondere Aufmerksamkeit richteten die Pathologen aber auf das Gehirn des Diktators. Überraschend war für sie, daß nichts auf eine Syphiliserkrankung Mussolinis hätte Rückschlüsse erlauben können. Bis zur Obduktion hatte es nämlich zahlreiche entsprechende Spekulationen gegeben. Er sollte sich die Krankheit angeblich in seinen früheren Agitatorenjahren in der Schweiz zugezogen haben. Seine cholerische Art hatten auch viele auf diese Geschlechtskrankheit zurückgeführt. Wäre der Befund also positiv ausgefallen, hätte das Urteil der Geschichte unterschwellig mildernde Umstände für seine wahnwitzigen politischen Aktionen gelten lassen können. Doch bei der Obduktion erhärtete sich dieser Verdacht nicht. Ebensowenig bestätigte sich, daß Mussolini, wie allgemein angenommen wurde, an einem Magengeschwür litt. Professor Covas Zusammenfassung des Obduktionsberichtes lautete lapidar: »Der Lauf der Geschichte, wie er von Mussolini bestimmt worden ist, ist das persönliche Werk Mussolinis. Mildernde Umstände medizinischer Natur können nicht geltend gemacht werden.«

Am 26. April 1945 hatten die deutschen Truppen Turin verlassen, ohne die Drohung der angekündigten Sprengung wichtiger Fabrikhallen der FIAT-Werke wahrzumachen.

Tagelang hatte sich zuvor die gesamte Stadt gegen die deutschen Besatzer und die Faschisten aufgelehnt.

Ein Alptraum schien zu Ende.

Giovanni Agnelli lebte mit seiner Frau zurückgezogen in seinem Haus in Villar Perosa. Er war mittlerweile ein einsamer Mann.

»Das Ende seines Lebens war sehr trist«, erinnert sich Enkel Gianni.

Die Zerstörung Turins und des Umlandes war verheerend. In Villar Perosa hatten sich die Menschen in den Gärten notdürftig Luftschutzbunker errichtet, um die Bombenangriffe zu überleben. Nun mußte alles wieder aufgebaut werden.

Zu diesem Zeitpunkt war die künftige familiäre Rangordnung bei den Agnellis längst festgelegt. »Gianni ist der Chef der Familie, und das in erster Linie, weil er im Alter von 23 Jahren von unserem Großvater dazu ernannt worden ist«, sagt Susanna Agnelli.

Akribische Trümmerarbeit

Die Anklagepunkte gegen die FIAT-Führung waren schwerwiegend. Das Turiner Komitee für die *epurazione*, Säuberung, das vom Nationalen Befreiungskomitee eingesetzt worden war, um mit den Kollaborateuren der deutschen Besatzungstruppen und den Faschisten aufzuräumen, hatte Giovanni Agnelli, seinen Geschäftsführer Valletta und den Vizepräsidenten Camerana bereits am 23. März 1945 in vier Punkten für schuldig gesprochen.

Die Anschuldigungen lauteten: Teilnahme am politischen Leben des Faschismus, demzufolge Aufwertung des Regimes; aktive Parteinahme für die Faschisten; Begehen von verbotenen Handlungen, die der Faschismus vorsah, sowie erhebliche Vorteilsnahme aus der Unterstützung für die Faschisten. So ziemlich alle erdenklichen Vergehen wurden aufgelistet. Das vorläufige Urteil war daher unvermeidlich: »Die Beschlagnahme unrechtmäßig erworbener Güter sowie provisorische Beschlagnahme der gesamten Firmengruppe FIAT«.

Der Vorsitzende des piemontesischen Befreiungskomitees war ein alter Bekannter: Franco Antonicelli, Giannis früherer Nachhilfelehrer; jener eigenwillige Intellektuelle, der den anfänglich lustlosen »Kronprinzen« mit seinen Erzählungen von Amerika, der dortigen Gangsterwelt und der ungestümen Industrialisierung verwirrte, ihn aber auch für die Neue Welt begeistert hatte.

Giulio Andreotti, den Alcide De Gasperi in einer Bibliothek des Vatikans für die Politik gewonnen hatte, war als Unterstaatssekretär schon bald nach der Befreiung maßgeblich an der Verabschiedung eines Regierungsdekrets beteiligt, das nicht nur die »Säuberungskomitees« formell abschaffte, sondern auch die von ihnen ausgesprochenen Urteile revidierte. Giovanni Agnelli, wegen der Vergehen, die ihm vom Befreiungskomitee vorgeworfen wurden, formell seines Senatorentitels beraubt, war zunächst verhaftet, jedoch aufgrund seines schlechten Gesundheitszustandes umgehend wieder freigelassen worden. Ohnehin hatte er sich längst aus der Führung des FIAT-Konzerns zurückgezogen.

Als die alliierten Truppen am 4. Mai 1945 endlich in Turin einmarschierten, hatte Valletta die FIAT-Verwaltung längst in die Hände des Nationalen Befreiungskomitees übergeben.

Rückblende, 26. April 1945: Am Abend rückten die letzten deutschen Soldaten ab. Noch beim Abmarsch schossen sie vor dem Mirafiori-Werk auf einen Partisan und verletzten ihn tödlich. Am selben Tag kam noch ein anderer bei den letzten Gefechten in Mirafiori ums Leben. Die beiden Leichname wurden im Werk aufgebahrt.

Ehe Valletta das Werk verließ, bestand er darauf, den erschossenen Partisanen die letzte Ehre zu erweisen. Um ein Haar hätte ihm diese Geste das Leben gekostet, denn einige Arbeiter, Mitglieder des Cln, wollten Valletta standrechtlich erschießen. Der Militärkommandeur der Alliierten und Egidio Sulotto, technischer Zeichner und kommunistischer Anführer des Cln, konnten dies im allerletzten Moment verhindern. Valletta machte sich in diesem Augenblick nichts vor. Sein Schicksal, aber auch das von FIAT schien unabwendbar besiegelt. Der unaufhaltsame Aufstieg von FIAT, der einherging mit Mussolinis Vormarsch, würde als Chronik des Unrechts und der Vergehen gegen die Menschlichkeit interpretiert werden.

Ehe das »Säuberungsverfahren« begann, wurde der FIAT-Konzern einer kommissarischen Verwaltung unterstellt, einem Quartett, das den Parteienproporz widerspiegelte. Die vier vom Cln eingesetzten Kommissare waren Gaudenzio Bono, Arnaldo Fogagnolo, Aurelio Peccei sowie Battista Santhià; mit Ausnahme des letzteren hatten sie sich alle als FIAT-Angestellte die Sporen verdient.

Letztlich war die kommissarische Verwaltung zum Scheitern verurteilt, weil sie in Finanzdingen keine Verfügungsgewalt hatte.

Der »Säuberungsprozeß« gegen die FIAT-Führung erregte in der Öffentlichkeit großes Aufsehen. Während das Verfahren lief, in dem sich die Manager gegen schwerwiegende Vorwürfe verteidigen mußten, wurde Vallettas Verhalten zunehmend als weniger schwerwiegend beurteilt. Vallettas angebliche Vergehen wurden in ihrer Härte abgeschwächt und anders interpretiert. Es ginge nicht an, so die Argumentation, daß man einen

FIAT-Angestellten, der erst 1939 zum Geschäftsführer ernannt worden war, auf die gleiche Stufe stellte mit Agnelli und Camerana. Einen klugen Schachzug tat derweil Giovanni Agnelli, der sich Vallettas neue Position zunutze zu machen versuchte.

Bei der Versammlung der Holding (IFI), über die die Familie Agnelli FIAT kontrollierte, trat er am 4. Mai dafür ein, Vittorio Valletta mit Sondervollmachten auszustatten. Es ging um alles oder nichts. Zugleich wurde Valletta von der Alliierten-Regierung sukzessive rehabilitiert. Man ließ den örtlichen Cln beispielsweise wissen, daß man dem früheren FIAT-Geschäftsführer mit einem »wichtigen Regierungsauftrag« betrauen wolle, weshalb eine umgehende Klärung der Vorwürfe gegen Valletta dringend erforderlich sei.

Wie andernorts auch betrieben die Amerikaner eine Politik der Restauration. Nachdem die gemeinsamen Feinde Mussolini und Hitler schadlos gemacht worden waren, mußte man an die Zukunft denken, und das hieß, unter allen Umständen den Vormarsch der Kommunisten zu stoppen.

Daß die Angelegenheit schnell über die Bühne gehen mußte, lag auch daran, daß einige versprengte Kommunisten die Verstaatlichung von FIAT forderten. Der Schrecken bei den Aktionären war groß.

Erst Palmiro Togliatti, ausgerechnet jener KPI-Führer, der später den »italienischen Weg zum Sozialismus« begründen sollte, überzeugte seine Genossen davon, daß Vallettas Fall losgelöst von den anderen betrachtet werden müsse; sicher war dieser Vorstoß auch von der taktischen Überlegung geleitet, mit Aushängeschildern des Kapitalismus, wie Valletta einer war, zu zeitlich begrenzten Vereinbarungen zu gelangen, um im politischen Kampf bestehen zu können. Einfluß auf den Gang der Dinge nahmen in diesem Zusammenhang jedoch sicherlich auch kursierende Gerüchte, wonach der amerikanische Automobilhersteller Chrysler FIAT zu übernehmen bereit war.

Im August legte Giovanni Agnelli der Alta Corte di Giustizia, einer Art Berufungsgericht, ein Memorandum vor, in dem er die Vorwürfe des Nationalen Befreiungskomitees zu entkräften suchte. Doch statt zu den einzelnen Punkten Stellung zu beziehen, strich er vor allem seine Verdienste als Unternehmer hervor; beispielsweise brachte er vor, daß er selbst dem Cln im Widerstand finanzielle Unterstützung habe zukommen lassen, und das in den letzten Jahren kontinuierlich. Vom schwerwiegenden Vorwurf der Kollaboration mit den deutschen Besatzern war er übrigens zwischenzeitlich freigesprochen worden.

Giovanni Agnelli suchte krampfhaft nach Zeugen, die das Komitee von seiner Unschuld hätten überzeugen können. Auf besondere Nachsicht schien er allerdings nicht zu stoßen. Gianni Agnelli sagte später, sein Großvater sei während der deutschen Besatzung bestrebt gewesen, sowohl die Maschinen als auch die Arbeiter vor der Deportation zu retten – an erster Stelle aber betonte Gianni, hätten immer die Menschen gestanden.

Im Herbst 1945 begann Valletta wieder die Fäden bei FIAT zu ziehen. Es war nur noch eine Frage der Zeit, bis er die Präsidentschaft übernahm.

Giovanni Agnelli war vom Leben und von den Wirren der letzten Jahre gezeichnet; die Ungewißheit, was aus seinem »Lebenswerk« werden würde, zermürbte ihn, abgesehen von seinen physischen Gebrechen, wohl am meisten. Fast täglich strich Giovanni Agnelli um das Werksgelände herum, zu dem ihm plötzlich der Zutritt verwehrt war, und stieß in seinem piemontesischen Dialekt immer wieder den gleichen melancholischen Stoßseufzer aus: »Und dabei habe *ich* dieses Werk zu dem gemacht, was es heute ist.«

Die höchste Instanz hatte die Sanktionen des örtlichen Befreiungskomitees weitgehend bestätigt, abgesehen von der vorgeschlagenen Aberkennung des Senatorentitels. Davon erfuhr Giovanni Agnelli, als er bereits an den Rollstuhl gefesselt war. Zwei Wochen zuvor hatte er sich bei einem Sturz die Schulter gebrochen.

Der Unfall war typisch für den eigenwilligen alten Herrn. Giovanni Agnelli konnte keine Hausangestellten um sich haben. Wie an jedem Morgen war er gegen halb sechs aufgestanden. Als er das Fenster öffnen wollte, stürzte er und verletzte sich. Er mußte in Gips liegen und zog sich bald eine Lungenentzündung zu.

Am Abend des 16. Dezembers 1945 verstarb Giovanni Agnelli 79jährig in seinem Turiner Haus in der Ungewißheit über die künftigen Geschicke seines Unternehmens; er, der sich häufig von seinem Fahrer auf die umliegenden Hügel fahren ließ, um von dort aus sein einzigartiges Lebenswerk wehmütig zu betrachten, stand nun als Verlierer da.

Unmittelbar nach seinem Tod traf die Nachricht vom Freispruch durch das »Säuberungskomitee« ein.

Mit dem Tod seines Großvaters wurde Gianni Agnelli plötzlich zum Familienoberhaupt. Wie es die Familienhierarchie verlangte, führte er allein den kleinen Trauerzug an, gefolgt in Reih' und Glied von seinen Geschwistern, Vettern und Cousinen. In einer nüchternen und gefaßten Atmosphäre wurde Giovanni Agnelli am 19. Dezember in Villar Perosa zu Grabe getragen. Es waren nur wenige Dutzend Menschen, die sich dem Trauerzug von Turin, vorbei an dem teilweise zerstörten Mirafiori-Werk, hinauf nach Villar Perosa anschlossen.

»Trauerfeiern werden zu Ehren der Mächtigen abgehalten«, sagt Gianni Agnelli. In diesem Fall war die kleine Trauergemeinde ein Indiz dafür, daß der Tote zum bedeutungslosen Relikt der Vergangenheit geworden war.

Erst als sich herumsprach, daß Henry Ford ein Beileidstelegramm geschickt hatte, kamen Giovanni Agnellis Arbeiter, hauptsächlich die aus der Kugellagerfabrik in Villar Perosa, scharenweise an sein Grab und erwiesen ihm die letzte Ehre.

Schon drei Wochen zuvor hatte sich die Familie Agnelli am Familiengrab einfinden müssen, wo bereits Edoardo Agnelli begraben war. Man hatte Virginia beerdigt.

Sie war am 21. November 1945 in der Nähe von Pisa, erst fünfundvierzigjährig, bei einem Autounfall ums Leben gekommen. Sie war auf dem Weg von Rom nach Forte dei Marmi, wo sich eine ihrer Töchter aufhielt. In Prato, nicht weit von ihrem alten Urlaubsdomizil, wo die Familie einst gemeinsam unbeschwerte Ferientage verbracht hatte, hielt sich auch Curzio Malaparte auf. Bei Pineta di Migliarino ereignete sich dann der tödliche

Unfall. Virginia erlitt beim Aufprall gegen einen Lastwagen einen Genickbruch. Der Fahrer kam mit leichten Verletzungen davon. In der Presse wurde der Unfall zu einem höchst mysteriösen Ereignis aufgebauscht.

Die Polizei stellte jedoch in ihrem Unfallprotokoll fest, daß Virginias Chauffeur einen verhängnisvollen Fahrfehler begangen und den Unfall verursacht hatte. Obwohl Virginia wußte, daß sein Reaktionsvermögen in fortgeschrittenem Alter nicht mehr das beste war, hielt sie ihrem Fahrer die Treue. Dies wurde ihr schließlich zum Verhängnis.

Um als alleiniger Nachlaßverwalter eines Familienvermögens, das damals auf rund eine Milliarde Dollar geschätzt wurde, zu bestehen und sofort in die Pflicht genommen zu werden, war Gianni noch zu jung und unerfahren. Im Gewirr der politischen Spielchen und Intrigen um die politische Macht im Lande, die weiterhin vom Piemont ausging, bedurfte es eines ausgekochten Fuchses, wie Valletta einer war. Doch die Frage, wer von beiden die Präsidentschaft von FIAT übernehmen sollte, stellte sich zunächst einmal gar nicht. Denn noch wurde FIAT kommissarisch verwaltet.

Der »Familienrat« fällte gleichwohl im Januar 1946 eine wichtige Entscheidung, die ihm viele Sympathien einbrachte: Er sprach sich dafür aus, sowohl FIAT als auch die RIV-Werke in Villar Perosa wieder aufzubauen, die bei den Bombenangriffen zerstört worden waren. Der Familienrat beschloß darüber hinaus, Valletta für sein künftiges Vorgehen das volle Vertrauen auszusprechen – ganz im Sinne des Großvaters.

Gianni Agnelli wußte jene Kräfte auf seiner Seite, die sich aktiv für eine Wiederherstellung der alten Verhältnisse einsetzten, die restaurativen Kräfte in Politik, Vatikan und in der amerikanischen Finanzwelt. Am 26. Januar 1946 hatte die italienische Arbeitgebervereinigung die Auflösung aller »Räte« verlangt, die nach dem Zusammenbruch des Faschismus Verwaltung und Kontrolle der Turiner Betriebe übernommen hatten. Die alte Rangordnung, Ausdruck der jeweiligen Besitzverhältnisse, sollte wieder eingeführt werden.

Gianni hallten wohl noch die Worte seines Großvaters in den Ohren, der unter den Enkeln die richtige Wahl getroffen hatte, als er ihn zu seinem rechtmäßigen Nachfolger bestimmte. Gianni hätte das Zeug dazu, in seine Fußstapfen zu treten, offenbarte ihm der um sein Erbe besorgte Großvater, auch wenn er noch nicht wüßte, wie es um seine beruflichen Wünsche bestellt sei. Gleichwohl empfahl Giovanni Agnelli dem Enkel, zunächst das Leben voll auszukosten und sich ruhig seinen Launen hinzugeben. Der Augenblick, an dem er die Ärmel hochkrempeln und zupacken müßte, würde unweigerlich kommen. Er sollte recht behalten.

Vor der Wirtschaftskommission des Cln, das nun in seiner Gänze für eine demokratische Normalisierung der FIAT-Werke eintrat und Valletta bat, die Verantwortung für den Konzern wieder voll zu übernehmen, spielte dieser sein ganzes Können aus. Er bestand darauf, daß mit ihm die gesamte alte Firmenleitung wieder in ihre Ämter berufen würde. Denn ohne sie sah er sich nicht in der Lage, die schwierigen Aufgaben meistern zu können, die auf ihm zukamen. Er wußte, daß das Komitee eigentlich gar keine andere Wahl hatte.

Am 7. Februar 1946 wurde ein Regierungsdekret erlassen, an dem unter anderem auch der damalige Unterstaatssekretär des Ministerpräsidenten, Giulio Andreotti, beteiligt war und das weitere Säuberungsaktionen wegen Vergehen, die während des Faschismus begangen worden waren, strengstens untersagte. Auch die Kommunisten stimmten diesem Dekret zu. Gleichzeitig wurde eine Revision aller bisherigen Sanktionen angeordnet. Dies war der Beginn der Restauration Italiens.

Am 21. März 1946 kehrte Valletta an seinen alten Arbeitsplatz zurück. Völlige Normalität kehrte im Juli 1946 ein, als der reguläre Verwaltungsrat formell den Präsidenten bestimmte. Zwischen Valletta und dem 25jährigen Gianni Agnelli wurde folgender Dialog überliefert, der vor der Ernennung des neuen FIAT-Präsidenten stattfand:

Valletta: »Es gibt zwei Möglichkeiten: Entweder Sie werden Präsident, oder ich mache es.«

Agnelli: »Machen Sie es, Herr Professor!«

Es ist viel über die Hintergründe gerätselt worden, die Gianni Agnelli zu dieser Entscheidung veranlaßt haben mochten und darüber, ob sie aus freien Stücken gefällt worden ist. Sie wurde es. Das neue Familienoberhaupt der Agnellis hatte volles Vertrauen zu jenem loyalen Mitarbeiter, der FIAT aus so mancher heiklen Situation herausführen sollte. Ebenso sicher war er sich allerdings, daß auch seine Stunde unweigerlich kommen würde.

Valletta wurde Präsident und Geschäftsführer in einer Person, Gianni sein Vize. Selbstverständlich wies Valletta immer wieder darauf hin, daß diese Position von einem Agnelli ausgefüllt werden müsse. Doch er wolle sich dieser schwierigen Aufgabe stellen, bis Gianni soweit sei.

Jahre später erweckte gerade Valletta den Eindruck, er wolle Gianni Agnelli von den Schaltstellen in der Konzernetage fernhalten. Über die Gründe ist viel spekuliert worden, und man ist nie zu einer abschließenden Antwort gelangt.

Für Gianni konnte das ausschweifende Leben damit beginnen. Der Hingabe an seine Hobbys, an schöne Frauen und an den Sport stand nichts mehr im Wege.

Italien war zwischenzeitlich zu einer Republik geworden.

König Viktor Emanuel III. hatte am 9. Mai 1946 zugunsten seines Sohnes Umberto II. abgedankt und sich ins ägyptische Exil nach Alexandrien begeben, nachdem seine erhebliche Mitschuld an der Katastrophe des Faschismus bekannt geworden war. Es war der letzte Versuch des Königs, das anstehende Referendum über das Schicksal der Monarchie zu seinen Gunsten zu beeinflussen.

Versuche, die wirkliche Rolle des Savoyenkönigs zwischen und in den zwei Weltkriegen aufzuklären, blieben bislang nur Stückwerk. War Viktor Emanuel III. letztendlich nur bestrebt, seine Macht durch die Wirren der Geschichte zu retten? Begünstigte er vielleicht die Gewalt der Straße oder gar Mussolinis faschistische

Schlägertrupps? Historisch fundiert wird seine Regierungszeit wohl nie aufgearbeitet werden können. Denn in sein ägyptisches Exil nahm Viktor Emanuel III. auch 60 Kisten mit wichtigen Dokumenten mit, die über seine wahre Rolle während des Faschismus und des zweiten Weltkriegs hätten Aufschluß geben können.

Diese wohlbedachte Informationssperre herrscht bis in unsere Tage. Viktor Emanuels Sohn Umberto II. hatte zwar verfügt, daß die Dokumentenkisten nach seinem Tod italienischen Archiven zugeführt werden sollten, doch am Ende kamen nur 13 der 60 Kisten ins Staatsarchiv nach Rom zurück. Die anderen Dokumente sind weiterhin unter Verschluß.

In dem Referendum am 2. Juni 1946, bei dem sich die Italiener zwischen der alten Monarchie und der neuen Republik zu entscheiden hatten, votierte eine knappe Mehrheit von 12 717 923 gegen 10 719 285 Stimmen für die Republik. Die Monarchisten fühlten sich betrogen und meinten, die Ergebnisse des Referendums seien manipuliert worden. König Viktor Emanuel III. wurde indessen angelastet, dem Größenwahn des faschistischen Mussolini anfangs Vorschub geleistet und ihn später untätig hingenommen zu haben. Und tatsächlich: In den Faschisten hatte der Monarch die einzige Kraft gesehen, der er zutraute, mit den Wirren eines sich rasant vollziehenden gesellschaftlichen Prozesses fertig zu werden. Gehandelt hatte der Savoyen-König erst, als die militärische Situation an den jeweiligen Fronten hoffnungslos schien und die Amerikaner bereits auf Sizilien gelandet waren.

Kaum schienen die Greuel des Weltkriegs vergessen, erging sich das Land schon wieder in einem politischen Gezänk zwischen zwei unversöhnlichen Blöcken, das sowohl politische als auch soziale Spaltungen verursachte, unter deren Schatten die gesamte Erste Republik stand.

Währenddessen begann die amerikanische Wirtschafts- und Wiederaufbauhilfe zu greifen. Zwischen 1945 und 1947 hatte Italien bereits 1,2 Milliarden Dollar erhalten. Im Rahmen des Marshallplans, der für 16 europäische Länder Wiederaufbauhilfe in Höhe von insgesamt 17 Milliarden Dollar vorsah, erhielt Italien weitere Unterstützung.

Die amerikanischen Aufbauhilfen sollten auch die Parlamentswahl von 1948 beeinflussen. Die Gefahr, daß das Land in die Hände der Kommunisten fallen könnte, wurde als groß erachtet; die Propagandamaschinerie lief von allen Seiten auf Hochtouren.

Schicksalswahl

Die Errichtung eines demokratischen Italiens erwies sich schwieriger als der Wiederaufbau des zerstörten Landes.

Kaum wurde der antifaschistische Kampf, der führend zwar von den Kommunisten organisiert wurde, an dem aber auch Sozialisten und Christdemokraten beteiligt waren, für beendet erklärt, trat der ideologische Zwist zwischen den Parteien wieder offen zutage.

Der krasse Gegensatz von Kommunisten und Christdemokraten sollte die politische Nachkriegsgeschichte Italiens entscheidend prägen und blockieren. Aber warum gab es in diesem Land eigentlich eine derart starke kommunistische Bewegung? Bei der ersten Wahl zur verfassungsgebenden Versammlung hatten die Sozialisten noch leicht vor den Kommunisten gelegen, und die Democrazia cristiana war mit 35,18 Prozent der Stimmen als stärkste politische Kraft aus ihr hervorgegangen.

Der Generalsekretär der Christdemokraten war ein Mann aus dem Trentino, der vordem die Belange seiner Region im Tiroler Landtag vertreten hatte: Alcide De Gasperi. De Gasperi wurde zum Ministerpräsidenten der ersten Nachkriegsregierung gewählt, an der auch die Kommunisten beteiligt waren. Justizminister war der stalintreue Kommunist Palmiro Togliatti. Zu seinen ersten Amtshandlungen gehörte die Ausrufung einer Generalamnestie für politische Gefangene und Kriegsverbrecher.

Um den Vormarsch der italienischen Kommunisten zu stoppen, setzte das amerikanische State Departement voll auf den katholischen Trentiner De Gasperi. Im Januar 1947 wurde er wie ein großer Staatsmann im Weißen Haus empfangen, und Präsident Truman stellte dem Land großzügige Hilfe in Aussicht, falls das Land dem drohenden Kommunismus eine Absage erteilte. Doch wider Erwarten mahnte De Gasperi, nichts zu überstürzen, und empfahl der amerikanischen Regierung, mit ihren antikommunistischen Aktivitäten nur im Hintergrund zu operieren. Denn weder war die neue republikanische Verfassung Italiens verabschiedet noch ein Friedensvertrag mit den Alliierten unterschrieben worden. Dieser wurde erst am 1. Februar 1947 ratifiziert. Bis zu diesem Zeitpunkt unterhielten die Christdemokraten ein Zweckbündnis mit den Kommunisten und den Sozialisten, das jedoch bereits die ersten Risse zeigte.

Die ersten Parlamentswahlen wurden auf den 18. April 1948 terminiert. Das Szenario, das die christdemokratische Wahlpropaganda für den Fall eines Sieges der Volksfrontkoalition entworfen hatte, glich einem Schreckgespenst; Washington, ließ man die italienische Regierung und die anderen Parteien wissen, würde die Hilfen aus dem amerikanischen Marshallplan unter diesen Umständen sofort unterbinden.

Tatsächlich lautete ein Passus im Marshallplan, daß die amerikanische Regierung die »Hilfen unterbinden kann, wenn sich die Voraussetzungen für die Gewährung der Hilfen ändern und die Hilfen nicht mehr im Einklang mit den amerikanischen Interessen stehen«. Außerdem wurde bekannt, daß die USA sämtliche strategisch wichtigen Stellungen im Mittelmeer besetzen würden; und so mancher Christdemokrat mochte nicht ausdrücklich ausschließen, daß die Amerikaner in diesem Fall sogar die Autonomiebewegungen in Sizilien und Sardinien unterstützen würden. Die Trumandoktrin, die auf eine Eindämmung der stalinistischen Sowjetunion abzielte, fand nun rigide Anwendung.

Über die Kominform, die die alte Organisationsstruktur des Komintern abgelöst hatte, rief das Zentralkomitee der KPdSU die italienischen Genossen zur Räson. Sie sollten mit ihrer Politik der taktischen Kompromisse aufhören und zu ihren »kommunistischen Positionen« zurückfinden.

Während sich die innenpolitische Lage immer mehr zuspitzte, rückte der Wahltag näher. Die Sicherheitskräfte wurden in den Alarmzustand versetzt. Auf Sizilien fielen Bauern und Gewerkschafter Attentaten zum Opfer. Die öffentliche Stimmung verschlechterte sich, je näher der Wahltermin rückte.

An diesem Wahltag, so schrieben die meisten Zeitungen der Welt, entscheide sich das Schicksal Europas. Einige Wochen zuvor hatten die Kommunisten in der Tschechoslowakei die Macht ergriffen und das Land zu einem Satellitenstaat der Sowjetunion gemacht. Die Gefahr, daß auch Italien in die Fänge Stalins geraten würde, war groß, falls der Fronte democratico popolare der Kommunisten und Sozialisten die Wahlen gewinnen würden. Alcide De Gasperi, der Generalsekretär der Democrazia cristiana, wurde in der Wahlpropaganda als einziger herausgestellt, der die rote Gefahr bannen könne. De Gasperi selbst bezeichnete Togliatti als »Teufel mit dem Pferdefuß«.

Doch allein auf sich gestellt hätten es die Christdemokraten nicht schaffen können. Sie verbündeten sich daher mit den Liberalen, den Sozialdemokraten und den Republikanern.

Die Verfassungsgebende Versammlung hatte am 22. Dezember 1947 nach 18 Monaten und 170 Sitzungen die Verfassung der ersten italienischen Republik verabschiedet, die am 27. Dezember schließlich im römischen Palazzo Giustiniani vom provisorischen Staatspräsidenten unterzeichnet wurde.

Doch schnell war es um diese »nationale Eintracht« wieder geschehen. Plötzlich standen sich das linke und rechte Lager unversöhnlich gegenüber.

Unnachgiebiger Verfechter des linken Fronte democratico popolare war indessen nicht Palmiro Togliatti, sondern der Generalsekretär der Sozialisten, Pietro Nenni. Einige seiner Parteifreunde wie Riccardo Lombardi, Lelio Basso und der spätere Staatspräsident Sandro Pertini sprachen sich zwar für ein Zusammengehen von Kommunisten und Sozialisten aus, reklamierten aber für die Sozialisten eine größere Unabhängigkeit. Pietro Nenni begründete diese Haltung Jahre später gegenüber dem Journalisten Antonio Gambino mit den Worten: »Die Entscheidung beruhte vielleicht darauf, daß sich bei mir so nachhaltig die Erfahrungen mit der französischen Volksfront festgesetzt hatten; ich war davon überzeugt, daß uns ein derartiger Zusammenschluß der Linken auch in Italien zum Erfolg geführt hätte.« Obwohl ebenfalls als Zusammenschluß von linken Kräften und Bewegungen organisiert, war in der italienischen Volksfront treibende Kraft die KPI; nicht zuletzt, weil sie über die besseren Organisationsstrukturen verfügte. Insgesamt zählte sie 2 283 000 Parteimitglieder.

Obwohl die Christdemokraten nicht über Parteiorganisation und geschulten Parteiapparat verfügten, hatten sie etwas, was dieses Manko aufwog: Sie konnten sich der Unterstützung der Kirche und des Vatikans gewiß sein. Papst Pius XII., zu dem De Gasperi ein besonderes Verhältnis hatte, betrieb aktive Wahlwerbung für die Christdemokraten. Ihm zur Seite standen zwei Kardinäle, die den Wahlkampf zu einem Glaubenskrieg erhöhten. Es waren der Erzbischof von Mailand mit dem schönen Namen Ildebrando Schuster sowie der Erzbischof von Genua, Giuseppe Siri. Kardinal Siri war es auch, der einen 8-Punkte-Plan aufstellte, der sich unter dem Motto zusammenfassen ließ: »Für die Volksfront zu stimmen, ist eine Todsünde!« Darin rief er die Gläubigen auf, unbedingt zur Wahl zu gehen und nur jenen Parteien die Stimme zu geben, die »ausreichend Gewähr geben, daß die Rechte Gottes, der Kirche und der Menschen respektiert werden«. Das war Wahlwerbung pur für die Democrazia cristiana.

Parallel dazu trat ein Phänomen auf, das allgemein als göttliches Zeichen interpretiert wurde: Die Madonnenstatuen im Land begannen urplötzlich, Tränen zu vergießen. Den Anfang machte die Heilige Jungfrau der Wallfahrtsstätte Santa Maria degli Angeli in Assisi. Kurze Zeit später erschien eine weinende Madonna einer Gruppe von Bauern in Rocco San Felice bei Neapel, dann in Sant' Angelo dei Lombardi, in Pian San Lazzaro in der Nähe von Ancona; die Madonna von Lourdes erschien hingegen nahe dem piemontesischen Cuneo, in Garfagna, in Valdottavo und in Cagliari auf Sardinien. Eine wahre Madonnenflut, die sich kaum einer erklären konnte. Doch damit nicht genug. Plötzlich schalteten sich auch die Christus- und Heiligenbilder ein; sie verströmten entweder Blut oder gaben Töne von sich, als würden sie angesichts des drohenden Wahlsiegs der Kommunisten Stoßseufzer gen Himmel schicken. Aber schließlich hatte Kardinal Schuster erklärt, daß der Kampf des »infernalischen Drachen« gegen Christus und seine Kirche in die heiße Phase eingetreten sei.

Um dem konzertierten katholischen Aktivismus den Wind aus den Segeln zu nehmen, gab die KPI-Führung wichtige Tips an die Basis heraus. Einerseits wurde die Crème de la crème aus Kultur und öffentlichem Leben mobilisiert, damit sie sich gegen die katholischen Kirchenhierarchien stemmten. Die neue Garde aus Literatur, Malerei und Film tat sich jedoch schwer, gegen den in Italien beinahe zum Erbgut gehörenden Gehorsam gegenüber der Autorität der Kirche. Andererseits wurden die KPI-Genossen in den Ortsgruppen aufgefordert, nicht zuviel Wert auf die roten Fahnen mit Hammer und Sichel zu legen. Statt dessen sollten sie in der Wahlpropaganda mehr auf das bärtige Gesicht des

Giuseppe Garibaldi setzen, um die nationale Kontinuität und Eigenständigkeit zu betonen.

Die Wahlpropaganda der Volksfront stieß in den ländlichen Gebieten, aber vor allem im Mezzogiorno auf Ablehnung, obwohl gerade dort noch halbfeudalistische Systeme herrschten. Die Hälfte aller Ländereien befand sich in den Händen von nur 520 Großgrundbesitzern, denen mehr als fünf Millionen Kleinbauern gegenüberstanden.

Vergeblich versuchte auch der Sozialistenführer Pietro Nenni, der im Vergleich zu KPI-Generalsekretär Palmiro Togliatti sogar noch kompromißloser wirkte, gegen die Wahlpropaganda der Christdemokraten und ihrer Verbündeten anzutreten. Nenni wurde nicht müde, auf Wahlkundgebungen zu wiederholen: »Diese Wahlschlacht erfolgt nicht für oder gegen Christus, für oder gegen Amerika, für oder gegen Rußland. Diese Wahlen werden für die Selbstverwaltungsräte, für die Verstaatlichung der großen Industriekomplexe, für Reformen, für die Frage des unterentwickelten Südens, für all die Probleme, die die bürgerliche Klasse ein halbes Jahrhundert ignoriert hat, abgehalten ...«

Wenn Nenni für die Verstaatlichung großer Industriekomplexe plädierte, meinte er in erster Linie FIAT. Die wohlhabenden Industriellenfamilien in Turin, aber auch in Mailand, Como und Varese bereiteten deshalb die Flucht in die Schweiz vor – für den Fall, daß die Volksfront als Sieger aus den Wahlen hervorgehen würde. Das nötige Geld hatten sie bereits in die Schweiz geschafft, wo sie auch ihre heutzutage sprichwörtlichen Villen gemietet hatten.

Für den Ernstfall vorbeugen wollte auch der damalige christdemokratische Innenminister Mario Scelba. Kurz vor der Wahl trat er mit einem gewissen »Plan K«, einem Umsturzplan, an die Öffentlichkeit, mit dem die italienischen Kommunisten, unterstützt von ihren sowjetischen Genossen, angeblich die Macht im Lande an sich reißen wollten. Gleichzeitig machten Gerüchte die Runde, wonach die Verhaftung von Führungspersönlichkeiten der Volksfrontbewegung bevorstand. Weder die hohen Parteifunktionäre noch die Regional- und Provinzsekretäre übernachteten während dieser Zeit zu Hause. Die Gefahr, von rechten Putschisten verhaftet zu werden, war so konkret, daß sogar falsche Pässe und erhebliche Geldsummen bereitlagen, die es ermöglichen sollten, halbwegs unbehelligt das Land zu verlassen.

Scelba schwang sich zugleich als Oberaufseher der Wahlen auf. Insidern war bekannt, daß der resolute Christdemokrat auch organisationsmäßig vorgebeugt hatte. Scelba wußte, daß er nicht blind auf alle Präfekte des Landes bauen konnte, und deshalb hatte er für jede Provinz einen »Parallelpräfekten« ernannt, auf den er sich im Notfall verlassen konnte. Falls zudem die Verbindung zum Innenministerium unterbrochen worden wäre, sollten diese »Präfekten« nach einem zuvor aufgestellten geheimen Plan vorgehen.

Das Wetter wollte am 18. April 1948 offenbar nicht mitspielen. Von Alcide De Gasperi erzählt man sich, daß er am frühen Morgen des Wahltages von seiner römischen Wohnung in der Nähe des Vatikans aus den Blick gen Peterskirche geschickt habe und dabei um göttlichen

Beistand flehte, damit die Sonne scheinen und die Wähler in Scharen zu den Urnen führen möge: »O Herr, Du weißt, wieviel wir gelitten haben. Ich habe in diesen letzten 20 Tagen sechs Kilogramm verloren, indem ich hierhin und dorthin auf der Halbinsel unterwegs war. Und Du verläßt uns jetzt und läßt es regnen.«

Schon damals waren die Italiener sehr anfällig gegen Niederschläge, die sich mit Sicherheit negativ auf die Wahlbeteiligung ausgewirkt hätten. Doch obwohl der Himmel mit Wolken verhangen war, blieb der Regen aus. De Gasperis Gebet war erhört worden: Die Democrazia cristiana trug mit 48,5 Prozent der Stimmen einen glänzenden Sieg davon und verfügte im Parlament nunmehr über die absolute Mehrheit.

Die Volksfront hingegen erzielte mit 31 Prozent ein niederschmetterndes Ergebnis. Angesichts der hohen Erwartungen war das Resultat ein Debakel, wie der Sozialistenführer Pietro Nenni in seinem Tagebuch resignierend eingestand. Er schrieb: »Ich höre kein Radio, telefoniere nicht nach Mailand, gehe früh zu Bett, und das mit der Vorahnung, daß sich unsere Hoffnungen nicht bewahrheitet haben; wir laufen jetzt Gefahr, ein Italien in schwarzer Kutte zu bekommen, nachdem wir eines im Schwarzhemd gehabt haben. Es gibt keinen Zweifel: Wir sind geschlagen.«

Der KPI-Generalsekretär Palmiro Togliatti versuchte der Niederlage dennoch positive Seiten abzugewinnen. »Es war das beste Ergebnis, das wir erreichen konnten«, sagte Togliatti.

Das demokratische Nachkriegsitalien konnte sich nach dem Beginn des Wiederaufbaus nun dem angenehmen Wohlstand und süßen Konsum hingeben, die die fünfziger und sechziger Jahre prägen sollten.

Das »kapitalistische System« war rehabilitiert worden – nebst der Macht der großen Industriekonzerne. Der FIAT 500 Topolino kostete 720 000 Lire, und das mausähnliche Gefährt sollte zum Traum vieler Italiener werden. Die große Mehrheit aber mußte sich zunächst mit dem Fahrrad begnügen.

Die Langeweile,
der Sport und die Frauen

Ein eitler Lebenskünstler? Protagonist der Verschwendungssucht? Der frivole Liebhaber? Drei Wesenszüge ein und desselben Mannes, der sich, von zermürbender Langeweile geplagt, in schnellebige Abenteuer stürzt, mit denen er versucht, die Erfahrung des wirklichen Lebens zu kompensieren? Ein Mann, der sich zeitweise an materiellen Surrogaten berauscht, nach deren Genuß der Abgrund noch tiefer droht?

Gianni Agnelli liebte das Leben.

Sex, Geld, Partys, aber keine Ambitionen: So ließe sich der Alltag des Gianni Agnelli resümieren, in den er sich unmittelbar nach dem Krieg kopfüber stürzte. Dabei läßt sich nicht leugnen, daß diese Zerstreuungssucht auch als Zeichen der Entfremdung interpretiert werden kann: Entfremdung von der Normalität des Alltags, der auch FIAT hieß. Eine große Zeitung schrieb über Gianni Agnelli: »Er hat vom Großvater das Geld und den Namen geerbt, aber nicht das Talent.« Aus heutiger Sicht stellt Gianni Agnelli diesem wenig schmeichelhaften Urteil entgegen: »Ich habe von meinem Großvater sicherlich unendlich viele Privilegien erhalten, daran gibt es keinen Zweifel; er vererbte mir allerdings auch viel Verantwortung.«

Gianni Agnelli, dem gern ein Hauch von Verwegenheit angedichtet wird, spricht gleichwohl mit einer gewissen Melancholie, wenn er über jene Zeit befragt wird. Ohne Umschweife bezeichnet er sie als die schönste seines Lebens.

In jenem Lebensabschnitt war er Meister des Müßiggangs, ein Draufgänger, Frauenheld und Partylöwe, der seine Zeit zwischen Sportplätzen, Spielkasinos und seiner Yacht aufteilte. In diesen relativ sorglosen fünfziger Jahren, als er gern mit dem zukünftigen amerikanischen Präsidenten John F. Kennedy Segeltörns unternahm, trug er sich sogar mit dem Gedanken, es mit den Amerikanern im hochbeachteten America's Cup, der inoffiziellen Weltmeisterschaft der Hochseesegler, aufzunehmen. Doch John F. Kennedy riet dem begeisterten Segelfreak ab. Das knifflige Reglement wäre damals eine unüberwindbare Hürde gewesen. Agnelli mußte sich dreinschicken.

Formell fungierte Gianni Agnelli unmittelbar nach dem Krieg zwar als Vizepräsident der Unternehmensgruppe, doch in Wahrheit war ihm die Präsidentschaft des firmeneigenen Fußballklubs Juventus Turin viel wichtiger. Für Sport hatte sich Gianni Agnelli schon immer besonders interessiert. Beim Sport war dieses gewisse Gefühl der Langeweile wie weggeblasen. Das Geschäftliche beschäftigte ihn nur im Vorbeigehen.

Valletta nahm ihm diesbezüglich väterlich voller Aufopferung jede Sorge ab. Es waren die Jahre zwischen 1948 und 1953, bis zu seiner Heirat mit Marella di Caracciolo also, in denen er sich aufs gründlichste austobte. (Der Großvater hatte ihm gewissermaßen einen zeitlich befristeten Freibrief erteilt.) Und aus der Konvention auszubrechen, darin war Gianni Agnelli von Kind an geübt. Oder war es letztendlich nur der verzweifelte Versuch, der Langeweile zu entfliehen? Gianni Agnelli schien auf der Suche nach sich selbst und den wahren Dingen des Lebens zu sein.

Die Playboys des internationalen Jet-sets, die echten und die selbsternannten, deren amouröse Abenteuer die Gazetten der Welt füllten, gaben sich nach den Kriegswirren in Sankt Moritz oder New York, in Paris oder an der Côte d'Azur ein regelmäßiges Stelldichein.

Zu dieser Zeit war daheim auf dem Apennin die größte Völkerwanderung der modernen Zeit im Gange, ausgelöst zum Teil auch durch FIAT. Millionen von Männern, Frauen und Kindern verließen in diesen Jahren des beginnenden Wirtschaftswunders den unterentwickelten Süden Italiens. Mindestens anderthalb Millionen Menschen kehrten den süditalienischen Regionen Kampanien, Kalabrien, Sizilien, Apulien oder Lukanien den Rücken, um sich im »industriellen Dreieck« des Nordens mit den Eckpunkten Mailand, Turin und Genua Arbeit zu suchen. Menschenmassen versuchten Hunger und Armut dadurch zu entrinnen, daß sie mit geschnürten Koffern und Kartons gen Norden zogen, wo der italienische Staat und der amerikanische Marshallplan die Industrialisierung förderten.

Der amerikanische Staatspräsident Harry Truman hatte ein entsprechendes Gesetz am 3. April 1948 unterzeichnet. Das deklarierte Ziel des Plans bestand darin, jenen Ländern politisch und wirtschaftlich unter die Arme zu greifen, die vom Kommunismus bedroht waren. Was Italien anging, gab es bei der amerikanischen

Regierung sogar geheime Interventionspläne für den Fall, daß die italienischen Kommunisten legal an die Macht kommen würden.

Zur gleichen Zeit wurde eine schwarze Liste erstellt, auf der die 40 »gefährlichsten« kommunistischen Aktivisten notiert waren. Unter ihnen befanden sich auch Palmiro Togliatti und der spätere KPI-Generalsekretär Enrico Berlinguer. Auf die Gefahr hin, einen Bürgerkrieg vom Zaune zu brechen, zog man sogar in Erwägung, die KPI von der italienischen Regierung verbieten zu lassen. Zu groß waren nach Ansicht amerikanischer Regierungsstellen die Risiken, die von einem kommunistischen Wahlsieg auch für die Nachbarstaaten ausgehen könnten. Im April 1948, kurz vor der Parlamentswahl am 18. April, hatten in einigen italienischen Häfen amerikanische Kriegsschiffe angelegt. Zeitgleich traf im Hafen Pozzuoli in der Nähe von Neapel eine Waffenlieferung ein. Die Waffen waren angeblich für den »Plan X« bestimmt. Er wäre in Kraft getreten, wenn die Linke einen Wahlsieg davongetragen hätte. Dies war jedoch nicht der Fall.

Während auch die Kirche den Vormarsch der Kommunisten durch allerlei pastorale Maßnahmen einzudämmen versuchte, etwa indem sie allerorten Marienstatuen zum Symbol des antikommunistischen Kampfes erhob oder der vatikanische Santo Uffizio katholischen Wählern der KPI und allen, die deren Gedankengut auch nur verbreiteten, mit Exkommunizierung drohte, war die vorwiegend agrarorientierte Gesellschaft andererseits nicht mehr in der Lage, die explodierende Bevölkerung zu ernähren. Paradox mag aus heutiger Sicht erscheinen, daß die Regierung diesen Exodus biblischen Ausmaßes unterstützte und die ohnehin gegebenen Diskrepanzen zwischen dem reichen Norden und dem armen Süden damit noch zusätzlich verstärkte. In den Köpfen der Politiker war das Land geteilt, wie es jahrhundertelang gewesen war: Während der karstige, vom Apennin durchzogene Süden zum »Garten Europas« gemacht werden sollte, in dem sich Touristen aus aller Herren Länder tummeln sollten, erkor man den Norden zum idealen Industriestandort mit räumlicher Nähe zu Mitteleuropa, ohne die Widersprüche und kulturell-soziologischen Unterschiede zu beachten. Im Norden, am Ziel der Menschenwanderung, wo später in aller Eile Trabantenstädte aus dem Boden gestampft wurden, gab es zunächst weder Wohnungen noch Schulen. Eine Entwurzelung mit Folgen.

An Assimilierung war kaum zu denken. Die Arbeiter, die aus dem Süden nach Turin strömten, blieben zunächst, was sie waren: Kampaner, Sizilianer, Kalabreser, Sarden oder Apulier. Aus der verträumten ersten Hauptstadt des neuen italienischen Königreiches, in der der Nationalgedanke aufgeflackert war, wurde zu Beginn der sechziger Jahre schnell eine Millionenstadt. Das planlose Wachstum, ohne entsprechende Bebauungspläne und von Bauspekulanten bestimmt, ließ moderne Gettos ohne Infrastruktur entstehen, die zum idealen Nährboden für den Terrorismus werden sollten. Turin, die Heimat der exakten Wissenschaften und der politischen Ideenbildung, in der man für Spielereien mit Worten und Farben nichts übrig hatte, wurde durch ihre unkontrollierte Verstädterung zum bevorzugten Agitationsfeld.

Die italienische Sozialgeschichte hätte eine andere Wendung nehmen können, wäre dieser Fehler von vornherein vermieden worden.

Zwischen 1950 und 1960, so errechneten Soziologen, haben rund 15 Millionen Italiener ihren Wohnsitz verlegt, vornehmlich vom unterentwickelten Süden in die Industriezentren des Nordens. Diese Zahl entsprach damals einem Drittel der Gesamtbevölkerung. Turin zählte 1950 eine halbe Million Einwohner. Innerhalb von zehn Jahren wuchs die Stadt um weitere 700 000 Menschen auf 1,2 Millionen an.

Der Name Agnelli und das riesige Vermögen, das ihm der Großvater vermacht hatte, verschafften Gianni schnell Einlaß in die erlauchte »Gesellschaft«, die sich am liebsten mit schillernden Persönlichkeiten aus der Glamourwelt des Films und der Aristokratie umgab.

Apropos Geld. Der Großvater hatte dafür gesorgt, daß das Erbteil des neuen Familienoberhaupts, in dessen Verantwortung es lag, den Agnelli-Reichtum zu wahren und zu mehren, größer ausfiel als das seiner Geschwister, Cousinen und Vettern: zunächst doppelt so groß. Später, als Gianni die Präsidentschaft der Familienholding IFI (Istituto Finanziario Italianio) übernahm, verdreifachte sich der ihm zustehende Anteil. Noch heute bestimmt die IFI, die der Großvater 1927 ins Leben gerufen hatte, über ein ausgeklügeltes Verschachtelungssystem die Geschicke des Konzerns. *Cassaforte di famiglia*, Familiensafe der Agnellis: So nennt man salopp die unentwirrbare Holding.

Oft feierte Gianni Agnelli mit seinen Freunden, unter

denen sich beispielsweise international bekannte Namen wie Alì Khan, André Dubonnet oder Stavros Niarchos, aber auch die Italiener Renzo D'Avanzo, Tonino Nunziante sowie Ascanio Branca befanden, auf seiner Yacht oder in der familieneigenen 28-Zimmer-Villa in Beaulieu.

Gianni Agnelli gefiel sich in der Rolle des gönnerhaften Zampanos. Doch auch in diesem Ambiente geriet man schnell unter Druck, und zwar beweisen zu müssen, wie raffiniert man die Verführungskünste beherrschte. Der Erfolg des polyglotten Frauenhelden wurde an der Anzahl »seiner« Frauen abgelesen, aber auch an den Schlagzeilen der Klatschspalten. Und wenn es um das weiblich-obskure Objekt der Begierde ging, ließ Gianni Agnelli, der eine gewisse Schüchternheit nach Ansicht von Freunden nie ganz ablegen konnte, Taten statt Worte sprechen. Während sich viele seiner Kumpane in endlosen Gesprächen *über* Frauen ausließen, sprach er *mit* den Frauen, was zahlreichen Legenden zufolge schon ausreichte, um sie in seinen Bann zu ziehen. Gianni Agnelli, der Unwiderstehliche, heißt eines der vielen Klischees, das er selbst immer wieder genährt hat.

Auf die Zahl »seiner« Frauen angesprochen, übte sich Agnelli stets in Diskretion. Die Chroniken der Zeit vermerken lediglich herausragende Namen wie Rita Hayworth, Linda Christian, Danielle Darrieux, später Anita Eckberg, um nur die schillerndsten aufzuzählen.

Ein beliebter Treffpunkt dieser ausgelassenen Gesellschaft war das Rom der *dolce vita*, des süßen Lebens.

Mit Gianni Agnellis Ansehen war es außerhalb von Bett, Partys und Spieltischen jedoch nicht weit her, zu-

.r. 1297-1921
                                       LA-D 7-4450
LSA Jur-BP 012
P. 1922 - 2385)bearb. von Stephan Buchholz ...
                                       LA-D 7-4450
LSA Jur-BP 012

atrecht in der Zwischenprüfung : 350 Multiple-choice-
ıngen zur Vorbereitung u. Wissenskontrolle / Udo Korn-
. Schuenemann. - Heidelberg : Müller, Juristischer Verl. -
haft : Uni-Taschenbücher ; 1376 : Rechts-, Wirtschafts- u.

b. Aufl. 1985   LA-D 7-6917
b. Aufl. 1990   LA-D 7-9724

nationales Privatrecht : auf der Grundlage des Werkes von
aus: Die Grundbegriffe des Internationalen Privatrechts /
 - Tübingen : Mohr
                                       LA-D 7-9619
. Aufl. 1994   LA-D 7-12308
 Aufl. 1997   LA-D 7-15323
SA Jur-BJ 004

nationales Privatrecht / von Karl-Heinz Kunz. - Koeln
tudienreihe Wahlfach ; Bd. 8)
                                       LA-D 7-4987
Aufl. 1988   LA-D 7-8326
Aufl. 1993   LA-D 7-11445

Tom/Co.

0621 - 120 96-0

Q4 20

mal er zunächst alle Tugenden vermissen ließ, die seinen Großvater berühmt gemacht hatten: Sittenstrenge, Fleiß, Interesse an den Wirtschaftsproblemen des Landes.

Einen Einschnitt in dieses bis dahin sorglose Leben brachte ein Unfall, dessen Ursache – indirekt zumindest – auch eine Frau war. Am 21. August 1952, gegen 4.10 Uhr, war der 31jährige Gianni Agnelli auf der Nationalstraße 98 in Richtung Montecarlo mit seinem blauen FIAT (oder war es doch ein Ferrari?) in einem Tunnel mit einem Lancia-Kleinlaster zusammengestoßen.

Er war dabei, die 17jährige Anne-Marie d'Estainville nach einem rauschenden Ball nach Hause zu fahren. Es hieß, Gianni Agnelli sei außer sich gewesen, weil ihm kurz zuvor Pamela Churchill, mit der er seit 1948 mit vielen Hochs und Tiefs liiert war, wegen der jungen Rivalin eine Eifersuchtsszene gemacht hatte.

Mit der attraktiven temperamentvollen Exfrau des Sohnes von Winston Churchill Randolph, von dem sie seit sieben Jahren geschieden war, verbrachte Gianni eine anstrengende, sicherlich aber auch prägende Zeit. Gianni Agnelli hatte ihr eine Wohnung in Paris überlassen, die zu einem Schickeriasalon der französischen Hauptstadt wurde. Eine Besiegelung des eigentlich ungleichen Verhältnisses schien bis dato eher eine Frage der Zeit zu sein. Die Gazetten sprachen von Pamela vielfach als der »Verlobten« Agnellis.

Doch auch ohne besondere emotionale Anspannung war Gianni Agnelli für seinen aggressiven Fahrstil bekannt. Während die junge Begleiterin mit Schrammen und blauen Flecken und die Insassen des Lasters mit kleinen Kopfverletzungen davonkamen, wurde Gianni Agnelli schwer verletzt und war bewußtlos: Das rechte Bein war eingequetscht und an sieben Stellen gebrochen. Sein Kinn war ebenfalls gebrochen. Nur mühsam konnte Gianni Agnelli aus dem Autowrack befreit werden. Umgehend wurde er mit einer Ambulanz nach Cannes gebracht, wo die Ärzte den illustren Patienten mit dem Nötigsten versorgten. Man wartete zunächst ab, doch schon bald wurde eine schnell fortschreitende Infektion diagnostiziert. Die einzige Lösung, sein Leben zu retten, schien in einer Amputation zu bestehen. Wieder bei Bewußtsein, lehnte er dies allerdings strikt ab. Nur dem Engagement seiner Schwester Susanna verdankte er seine spätere Unversehrtheit. Sie hatte ihm während des Krieges schon einmal geholfen, als sie bei seiner Knöcheloperation assistierte. Auch damals machte ihm eine Infektion lange Zeit zu schaffen. Nun beschloß sie, ihren Bruder von Cannes nach Florenz verlegen zu lassen. Das Unternehmen, das auch leicht hätte schiefgehen können, glückte. Gianni Agnelli mußte sein Bein neun Monate stillhalten, konnte es aber behalten. Es war zwar etwas steif, doch nach mehreren Operationen konnte er mit einer Schiene sogar wieder Ski fahren.

Am 29. November 1953 vollzog sich eine weitere Zäsur in Gianni Agnellis Leben. In aller Stille, nur im engsten Freundes- und Familienkreis heiratete er die schöne neapolitanische Fürstin Marella Caracciolo di Castagneto in Osthofen bei Straßburg. Dieser Ort wurde ge-

Die FIAT-Gründung am 1. Juli 1899

FIAT-Mitbegründer Giovanni Agnelli

Clara Boselli, Giovanni Agnellis Ehefrau

Gianni Agnelli und Geschwister in Villar Perosa

Das erste Fließband in der alten FIAT-Fabrik

FIAT-Werkstatt (*rechts oben*)

Arbeiterinnen im Rüstungsbereich von FIAT, 1917 (*rechts unten*)

Teststrecke auf dem Lingotto-Gebäude, 1926

24. Oktober 1934: Mussolini besucht FIAT anläßlich des zehnjährigen Jubiläums seiner Machtergreifung

Giovanni Agnelli mit König Viktor Emanuel III.

Giovanni Agnelli auf Amerika-Reise, 1934

Giovanni Agnelli mit Enkel Gianni in Sestriere, 1940

Gianni Agnelli während seiner Militärzeit im 2. Weltkrieg

Bombardierung des Lingotto durch die Alliierten am 29. März 1944

Gianni Agnelli und Vittorio Valletta bei der Präsentation des FIAT 500, 1959

Vittorio Valletta, Gaudenzio Bono, Gianni Agnelli, Umberto Agnelli am Flughafen Turin, 1965

Vittorio Valletta und Gianni Agnelli mit dem sowjetischen Minister für Automobilbau am 4. Mai 1966 in Turin (*rechts oben*)

Gianni Agnelli auf China-Reise (*rechts unten*)

Signor Fiat heute (Foto: Ullstein Bilderdienst)

wählt, weil der Vater der schwangeren Braut, Fürst Filippo Caracciolo di Castagneto, zu dieser Zeit das Amt des Generalsekretärs im Europarat innehatte.

Kennengelernt hatte Gianni Marella über seine jüngeren Schwestern Cristiana und Maria Sole. Die mondäne Welt, die sich bis dahin um ihn versammelt hatte, war enttäuscht, daß der reichste Junggeselle des Landes in einer schlichten Zeremonie außerhalb Italiens sein Jawort gab.

Auch Marella verkörperte gewissermaßen eine gelungene Mischung aus einem neapolitanischen, dekadenten aristokratischen Zweig väterlicherseits und einer amerikanischen Mutter, deren Ahnenreihe jedoch keinen aristokratischen Strang aufweisen konnte. Die Familie ihrer Mutter stammte aus Illinois. Die distinguierte Braut, die sich bis dahin als Fotografin für die Zeitschrift *Vogue* verdingt hatte und die später zu den verführerischsten und elegantesten Frauen der Welt gezählt wurde, hatte bereits an seinem Krankenbett Händchen gehalten. Truman Capote nannte sie den »italienischen Schwan« – aufgrund ihrer Schönheit und des außergewöhnlich langen Halses wegen. Vielleicht lag ihr Reiz aber auch an dem Hauch von Melancholie, den ihre Gestalt ausstrahlte. Sie war darüber hinaus ein Ausbund an Bescheidenheit. Dezent hielt sie sich stets im Hintergrund, auch später, als ihr Mann seine alten Eskapaden wieder aufnahm. Sie nahm in gewissem Sinne die Rolle des menschlichen und natürlichen Gewissens des rastlosen Gianni Agnelli ein, bei dem sich nur selten Gefühle zu regen schienen.

Marella als Giannis Anker in der Wirklichkeit, der er

sich zu diesem Zeitpunkt immer wieder zu entziehen schien? Sicherlich.

Die Ehe mit ihm sei aber auch ihrerseits ein Nehmen gewesen, bestätigte die stets zu Gianni Agnelli aufschauende Gattin. So hat sie freimütig zugegeben, daß Gianni ihr eine gewisse Lust am Leben, die sie bis dahin nicht gekannt hatte, nähergebracht habe. Gleichzeitig schenkte sie ihrem Mann erstaunliche Nachsicht gegenüber seinen außerehelichen Fluchtversuchen.

Nach der Trauung geht das Brautpaar in Le Havre an Bord der Queen Elizabeth, die Kurs auf New York nimmt.

Valletta pflegte bis zu dem Zeitpunkt, an dem er sich zum Rücktritt entschloß, eine feste Gewohnheit: Einmal in der Woche fuhr er nach Rom, um dort nach dem Rechten zu sehen. Jeden Dienstag abend nahm er den Nachtzug von Turin in die Hauptstadt, in der er seine politischen Kontakte knüpfte und pflegte. Immer wieder Mittwoch abends bestieg er dann nach einem Tag ausgiebiger Gespräche und Besuche in den Ministerien den Nachtzug in umgekehrter Richtung, um sich am folgenden Morgen wieder seiner Arbeit bei FIAT zu widmen.

Einen besonderen Draht hatte Valletta zum Sozialdemokraten und späteren Staatspräsidenten Giuseppe Saragat. Doch von Opportunismus gegenüber der Politik konnte bei Valletta nicht die Rede sein; vielmehr war er es, der die Leitlinien für die Politik vorgab. Er gehörte zu jener Sorte von Industriekapitänen, die Regierungsparteien für ihre Belange benutzten. In Rom erzählt man sich, daß Valletta vielen Politikern eine Standpauke gehalten und ihnen gedroht habe, um dafür Sorge zu tragen, daß zu treffende Entscheidungen im Interesse von FIAT ausfielen.

Wenn von Valletta die Rede ist, fällt im gleichen Atemzug auch der Name Enrico Matteis. Der einstige Präsident der staatlichen Energieholding ENI, der auf mysteriöse Art und Weise bei einem Flugzeugabsturz ums Leben kam, sprach von den politischen Parteien als Taxis, die man nach geleisteten Diensten bezahlte, um sich ihrer danach ebenso mühelos wie schnell wieder zu entledigen.

Über seinen Absturz am 27. Oktober 1962 schrieb die *New York Times* am 2. November: »Manchmal zeitigt der Tod eines einzelnen Mannes Wirkung auf die gesamte Welt. So ist es vielleicht auch im Fall von Enrico Mattei, der vor einigen Tagen bei einem Flugzeugabsturz ums Leben kam.«

Tatsächlich reichte Matteis Einflußbereich von der italienischen Innenpolitik über das Gleichgewicht der Mächte im kalten Krieg und indirekt über die NATO bis hin zu den neutralen afrikanischen und asiatischen Staaten. Fest steht, daß Matteis Unternehmenspolitik kurz vor seinem Tod als »stark antiamerikanisch und anti-NATO« verurteilt wurde. Mattei selbst sah seine Ideen als »neutralistisch« an. Heftig kritisiert wurde er von den Amerikanern, als er 1960 mit Moskau einen Vertrag über die Lieferung von Erdöl abschloß. Mattei hatte dabei Erdöl um 20 Prozent billiger eingekauft, als es auf dem Weltmarkt gehandelt wurde. Indirekt habe er, so der Vorwurf, damit eine Annäherung Italiens an die Sowjetunion befördert.

Die Umstände, die zu Matteis Tod führten, sind bis heute nicht definitiv geklärt. Einer, der vermutlich mehr über die Ursachen des Flugzeugabsturzes weiß, als er bisher zugeben mochte, war der politisch unverwüstliche Christdemokrat Amintore Fanfani. Auf einem Partisanentreffen in Salsomaggiore kam Fanfani, der während der Kubakrise als Ministerpräsident und Außenminister amtierte, unverhofft darauf zu sprechen, wie die Bologneser Tageszeitung *Il Resto del Carlino* am 26. Oktober 1986 berichtete. In diesem Zusammenhang sprach er fast 24 Jahre nach Matteis Tod ausdrücklich von einem »Abschuß«. Fanfani: »Wer weiß, vielleicht war der Abschuß des Flugzeugs von Enrico Mattei vor mehr als zwanzig Jahren der erste terroristische Akt in unserem Land; der Anfang einer Plage, die uns verfolgt.«

Valletta und Mattei gelten bis heute als zwei Vertreter einer inzwischen ausgestorbenen unabhängigen, sehr kompetenten Managerzunft.

Valletta etwa griff bei FIAT hart durch, wenn sich Beschäftigte zu offensichtlich als KP-Aktivisten betätigten. Am 1. Januar 1952 wurde beispielsweise der Leiter der Sozialdienste von FIAT, Battista Santhià, entlassen, weil er der kommunistischen Partei angehörte. Anderen Arbeitern wurden Prämien versprochen, wenn sie sich nicht an Streiks beteiligten.

Im Juli 1952 wurde der leitende Angestellte Codecà von Unbekannten ermordet, und der damalige Innenminister warf der KPI vor, moralisch für seinen Tod verantwortlich zu sein.

Mit Repressalien versuchte Valletta, den Einfluß der

1949 gegründeten Gewerkschaft CGIL zurückzudrängen, in der zwar auch Sozialisten vertreten waren, die aber hauptsächlich von Kommunisten beherrscht wurde. »Pace e Libertà«, Frieden und Freiheit, hieß beispielsweise eine Bewegung, die von Edgardo Sogno und Luigi Cavallo angeführt und von FIAT mitfinanziert wurde. Sie sollte den Einfluß der Gewerkschaft CGIL und der KPI in den Fabriken des Nordens zurückdrängen.

Am Ende eines jeden mittwöchentlichen Arbeitstages in Rom, kurz vor seiner Rückfahrt nach Turin, suchte Valletta Gianni Agnelli in seiner Suite im Grand Hotel auf, um ihn über den Verlauf seiner Gespräche zu informieren. Es war genaugenommen Schulungsarbeit, in der Hoffnung, ein gewisses Interesse für die nüchterne Materie beim lebensfreudigen Padrone zu wecken. Doch bei aller Geduld muß Valletta immer mehr zu der Überzeugung gekommen sein, daß es eigentlich nur Zeitverschwendung war. Vittorio Valletta, die Verkörperung eines puritanischen Lebensstils, ein Asket der Arbeit, hatte vom Kronprinzen und Lebemann keine allzu hohe Meinung. Und Gianni Agnelli seinerseits hielt ohnehin wenig davon, bei den Parteipolitikern in Rom mühselige Überzeugungsarbeit zu leisten. Es war sein Grundsatz, nicht allzuviel auf die Wünsche und Absichten der Regierungsparteien zu geben. Allein der Gedanke daran, wie sorglos Gianni Agnelli die Kugellager-Fabrik RIV in Villar Perosa verwaltete, die der Großvater ihm allein überschrieben hatte, ließ Valletta erschaudern und an seinen Fähigkeiten zweifeln, einmal in seine Fußstapfen zu treten.

Gianni Agnelli sah zunächst keine Veranlassung, sich über das Unternehmen den Kopf zu zerbrechen. Valletta besorgte alles, Valletta stellte die Weichen (er hatte in der Nachkriegszeit auf die Produktion von Kleinwagen gesetzt und Erfolg damit gehabt), Valletta knüpfte die politischen Kontakte im Inland. Auf Valletta konnte sich Gianni Agnelli jederzeit verlassen. Unter seiner Ägide hatte die Automobilproduktion einen gewaltigen Boom erfahren. 1950 hatte die Produktion noch 50 000 Autos betragen, 1966, bei seinem Abgang, waren es 1,7 Millionen.

Auf ausländischem Parkett allerdings, besonders in Amerika, mußte der sprachgewandte Gianni Agnelli vermittelnd eingreifen und Valletta zuarbeiten. Er begleitete Valletta bei seinen Reisen in die USA. Gianni Agnelli hatte einen besonderen Draht zu John F. Kennedy, mit dem er bereits befreundet war, als dieser noch davon träumte, einmal Präsident der Vereinigten Staaten zu werden. Agnelli und John F. Kennedy, die Ähnlichkeiten in puncto Lebensstil, Neigung für das schwache Geschlecht nicht verhehlen konnten, hatten sich an der Côte d'Azur kennengelernt. Den Anfang gemacht hatten Gianni Agnelli und Jackie Kennedy. Er hatte sie zu einem Yachtausflug eingeladen.

Doch Geschäfte sollen zwischen Agnelli und Kennedy angeblich nie zur Sprache gekommen sein. Selbst im April 1962 nicht, als Valletta zu Gast im Weißen Haus war, um die Zustimmung für ein Geschäft mit der Sowjetunion einzuholen. Auf einer Amerikareise soll Valletta einmal vollauf entsetzt gewesen sein, als Gianni dem aufopferungsbereiten FIAT-Präsidenten deutlich zu verstehen gab, daß er dem intensiven Aktenstudium im Flugzeug eine Mahlzeit und ein Nickerchen vorziehe. Als es darum ging, der US-Regierung die FIAT-Pläne für die Autofabrik im russischen Togliattigrad vorzulegen, zog es Gianni also vor, dem Treffen fernzubleiben.

In der Zeit des kalten Krieges war ein derartiger Technologietransfer, wie ihn FIAT vorhatte, von erheblicher Bedeutung, da eine militärische Nutzung der Anlagen nicht ausgeschlossen war. Valletta erhielt Kennedys Zustimmung für das Geschäft. Valletta beruhigte den amerikanischen Präsidenten bei dieser Gelegenheit auch im Hinblick auf eine mögliche Regierungsbeteiligung der Sozialisten, die in den Augen des State Departement für den Zusammenhalt der NATO eine mittlere Katastrophe gewesen wäre.

Unter dem christdemokratischen Ministerpräsidenten Aldo Moro wurde im Dezember 1963 gegen den Willen der konservativ eingestellten Wirtschaft des amerikanischen Außenministeriums und des NATO-Oberbefehlshabers die erste Mittelinksregierung gebildet. Verteidigungsminister Giulio Andreotti, von jeher Hauptansprechpartner der Amerikaner in der Regierung (von 1948 bis 1992 saß Andreotti ausnahmslos in jeder Regierung – anfangs als Unterstaatssekretär, später abwechselnd mal als Minister, mal als Ministerpräsident), hatte alle Hände voll zu tun, die Emissäre der amerikanischen Regierung zu beruhigen. Mit Kennedys Ermordung in Dallas wurde auch die Beteiligung der Sozialisten an der Regierung anders bewertet. Italien war plötzlich zu einem Schwachpunkt an der Südflanke der NATO geworden. Ein Risikofaktor für das atlantische Bündnis.

Zerstreuung brachte Gianni Agnelli der Fußballklub Juventus, dessen Präsidentschaft er 1947 übernommen hatte. In die Welt des Sports hatte ihn einst sein Großvater eingeführt, damit der Enkel fürs Leben lerne. Unter der Ägide seines Vaters Edoardo hatte der FIAT-Klub zwischen 1930 und 1935 Fußballgeschichte geschrieben. Fünf Jahre in Folge hatte er den nationalen Meistertitel errungen.

Später gab Gianni Agnelli auch seinem Sohn Edoardo den Rat mit auf den Weg, sich seine Sporen erst einmal bei Juve zu verdienen, bevor er seine Nachfolge antrat. Er wurde auch mit Pauken und Trompeten in den Medien eingeführt, doch Edoardo konnte oder wollte die Fußballpassion seiner Vorfahren nicht teilen, er scheiterte schon bald – auch was die Nachfolge seines Vaters an der Konzernspitze anging.

Gianni Agnelli jedenfalls fand großen Gefallen daran, kostspielige Spielereinkäufe zu ersinnen und sie zu tätigen, über Spielweise und Mannschaftsaufstellungen zu debattieren oder sich einfach mit den Gladiatoren des runden Leders zu umgeben, für die er als Junge Schule und sogar Mädchen hatte stehen lassen. Es war ein genüßliches Spektakel mitanzusehen, wie Gianni Agnelli von der Spielweise seiner Mannschaft so sehr eingenommen wurde, daß er förmlich mitlitt. Juventus, die »alte Dame«, war von jeher etwas Besonderes. Der Klub begründete jenes Phänomen, das viele nur in Italien für möglich halten: die große Zahl eingefleischter Fans – quer durch die Gesellschaft, einerlei, ob Intellektueller oder Arbeiter, Linker oder Rechter, Kapitalist oder Gewerkschafter, Norditaliener oder Süditaliener.

Alle sehen sich darin vereint, für Juve zu schwärmen. Juve ist gewissermaßen eine Religion über dem jeweiligen ideologischen oder sozialen Standpunkt im Alltag. Die Passion für Juve verband Gianni Agnelli auch mit dem früheren KPI-Generalsekretär Palmiro Togliatti und dem kommunistischen Gewerkschaftssekretär der CGIL, Luciano Lama. Etliche Male fieberten der Hauptvertreter des Großkapitals (Gianni Agnelli) und sein Widerpart in der Politik, der Generalsekretär der größten KP der westlichen Welt (Palmiro Togliatti) nebeneinander im Stadion mit ihrer Mannschaft mit. Viel partei- oder wirtschaftspolitisches Kalkül war dabei natürlich auch im Spiel. Der untersetzte ligurische KP-Führer mit der Nickelbrille war bekannt dafür, sich nicht nur als großer Sportfan den Massen zu präsentieren, sondern auch als Mann der Künste, der die Persönlichkeiten des Kulturlebens um sich scharte. Auch Malaparte gehörte zu Togliattis Kreisen, aber erst, als sich sein Tod abzeichnete.

Der Roman *La pelle* (Die Haut) hatte Malaparte in den beginnenden fünfziger Jahren weltberühmt gemacht. Doch noch immer war er als unsicherer Kantonist verschrien und wurde gemieden. In Italien stieß der Roman, der den Einzug der Alliierten in Neapel und den gnadenlosen Selbsterhaltungstrieb seiner Bewohner schildert, auf große Ablehnung.

Mit seinem Haus, das er sich auf einem wilden Felsvorsprung an der Ostküste Capris hatte errichten lassen und in dem er zurückgezogen lebte, hatte er seiner Eitelkeit ein Denkmal gesetzt. »Casa come me«, Haus wie ich, nannte er die karge und zugleich verspielte Inszenierung verschiedener architektonischer Elemente. Malaparte träumte in dieser Zeit davon, eine Reise in die einzige »Zivilisation« zu unternehmen, die ihn noch faszinierte: nach China. Die Chefredakteurin der kommunistischen Zeitschrift *Vie Nuove*, Maria Antonietta Macciocchi, war es, die Malaparte half, sich diesen Wunsch zu erfüllen. Sie setzte sich bei der chinesischen Botschaft dafür ein, daß er ein Visum erhielt.

Ende Oktober 1956 machte er sich via Sowjetunion nach China auf. Die Reportagen, die der von so viel Farbenpracht und Gerüchen verzauberte Malaparte mit großer Inbrunst schrieb, landeten jedoch in der Schublade der Chefredakteurin und wurden zum Teil nie veröffentlicht. Denn die Redaktion rebellierte gegen den »Faschisten« Malaparte. Eine Handvoll angesehener Intellektueller und Literaten wie Italo Calvino, Alberto Moravia, Natalia Ginzburg und Piero Gobetti hatten sich in einem offenen Brief an Togliatti überraschenderweise auf die Seite der Redaktion geschlagen. Togliatti verbot Antonietta Macciocchi daraufhin die Veröffentlichung. Aus China schrieb Malaparte der zögernden Chefredakteurin: »Ich an Ihrer Stelle würde nicht so lange mit der Veröffentlichung meiner Artikel warten ...« Sie wurde jedoch auch dann nicht nachgeholt, als Malaparte mittlerweile an Lungenkrebs erkrankt wieder heimkehrte.

Sein Todeskampf in den letzten Lebensmonaten geriet gleichwohl zu einem Rummel sondergleichen, und sein Krankenzimmer wurde zu einer vielbesuchten Audienzhalle. Die Größen aus Politik, Gesellschaft, Kultur und Religion gaben sich die Klinke in die Hand. Neben dem christdemokratischen Parteiführer Amintore Fanfani machte ihm auch der KPI-Generalsekretär Togliatti seine Aufwartung.

Malaparte starb am 19. Juli 1957 in Rom. Er hatte es sich nicht nehmen lassen, seine Extravaganz auch noch angesichts des Todes auszuleben, und vermachte chinesischen Schriftstellern seine Villa auf Capri. Doch Malapartes Erben wandten sich an Giulio Andreotti. Die Volksrepublik China war damals vom italienischen Staat nicht anerkannt, doch erst 1975 wurde Malapartes Capreser Domizil endgültig seinen Verwandten zugesprochen.

Es war eine seltsame Zeit: die Zeit, in der sich die einen vor dem Gespenst des Kommunismus fürchteten und die anderen die Revolution herbeizureden versuchten. Togliatti hätte den Funken der Revolution 1948 beinahe unfreiwillig entzündet, nachdem er sich bis dahin als gewiefter Taktiker betätigt hatte. Josef Stalin hatte mit Staunen und Bewunderung mitangesehen, daß Togliatti bei den Wahlen auf 30 Prozent der Stimmen gekommen war und sich bis zum 1. Juli 1946 an der Regierung des Christdemokraten Alcide De Gasperi beteiligte. Es war eine Vorwegnahme des später berühmten, aber nie verwirklichten »historischen Kompromisses«.

Rom, 14. Juli 1948: Mittags um halb zwölf verließ Palmiro Togliatti in Begleitung seiner Mitarbeiterin Nilde Jotti den Montecitorio-Palast, den Sitz der Abgeordnetenkammer. Nachdem Togliatti das Parlamentsgebäude hinter sich gelassen hatte und in die enge Via della Missione getreten war, schoß der junge Rechtsextreme Antonio Pallante mit einem Revolver auf den KPI-Generalsekretär und traf ihn dreimal lebensgefährlich.

Während der Attentäter sofort von den Carabinieri unschädlich gemacht und verhaftet wurde, wurde Togliatti zunächst in der Ambulanz des Parlaments notdürftig behandelt und umgehend ins römische Policlinico gebracht, wo er operiert wurde. Er überlebte das Attentat.

Noch am gleichen Nachmittag wurde landesweit der Generalstreik ausgerufen. Vielerorts kam es zu gewalttätigen Auseinandersetzungen zwischen Demonstranten und Polizeikräften. Kaum war die Nachricht vom Attentat bei FIAT bekannt geworden, drangen drei bewaffnete Arbeiter bis zu Vallettas Büro vor, der gerade mit dem Amerikaner Oscar Cox verhandelte, und teilten der Firmenleitung spontan mit, daß das Unternehmen soeben in den Generalstreik getreten sei – als Reaktion auf das Attentat auf den KPI-Generalsekretär. Für viele Parteifunktionäre war das Attentat auf Togliatti, der noch vom Krankenbett aus die Genossen zu Ruhe und überlegtem Handeln ermahnte, eine Provokation; die Führung der KPI begab sich in die sowjetische Botschaft in Rom, um weitere Order zu erbitten. Dort wurden die italienischen Genossen, die bereit waren, die Revolution auszurufen, zum Stillhalten gemahnt, als sei das Ganze ein abgekartetes Spiel.

Das Attentat auf Togliatti hätte der Auslöser für Unruhen sein sollen, die dem damaligen konservativen Innenminister Mario Scelba eine Handhabe liefern sollten, um unter den linken Kräften reinen Tisch zu machen. Scelba war es übrigens auch, der Giannis Schwester Clara observieren ließ.

Zwei Tage nach dem Attentat auf Togliatti beschuldigte der Innenminister die Kommunisten des Aufstands. Viele von ihnen waren noch bewaffnet; sie hatten nämlich ihre Waffen aus dem antifaschistischen Widerstand nicht abgeliefert und kramten sie nun wieder heraus. Die Bilanz der Unruhen: sieben Tote und 120 Verletzte auf der Seite der Polizei sowie sieben Tote und 86 Verletzte bei den Demonstranten.

Valletta war während des drei Tage währenden Streiks gewissermaßen Geisel der Fabrikbesetzer. Vor dem Gelände waren Polizeihundertschaften aufmarschiert, die zum Eingreifen bereit waren. Gianni Agnelli selbst telefonierte mit dem Innenminister, um zu verhindern, daß er seinen Truppen den Befehl erteilte, das Fabrikgelände zu stürmen. Ein kluger Schachzug, wie sich im nachhinein herausstellte. Schließlich war Togliatti die Symbolfigur des kommunistisch-gewerkschaftlichen Kampfes und genoß auch in Turin große Sympathien. Erst im März hatte er auf der großen Piazza San Carlo vor 120 000 Anhängern gesprochen und in erster Linie kritisiert, daß sich der damalige Ministerpräsident Alcide De Gasperi beim wirtschaftlichen Aufbau Italiens nur an den USA orientiere.

Bewegung kam allerdings auch in die KPI. Am 13. Juni 1956, kurz nach Stalins Tod, hatte Togliatti der von Alberto Carrocci und Alberto Moravia herausgegebenen Literaturzeitschrift *Nuovi Argomenti* ein Interview gegeben. In seinen Antworten auf »Neun Fragen über den Stalinismus«, die eine zaghafte Abrechnung mit Stalin und dem von ihm propagierten Weg des Sozialismus darstellten, versuchte Togliatti den »italienischen Weg zum Sozialismus« zu verdeutlichen.

Das Interview zeitigte nachhaltige Wirkung. Togliatti mußte sich sogar vor dem Zentralkomitee der KPdSU dafür rechtfertigen. Dem Genossen und einstigen Mitstreiter Stalins nahmen die Moskauer Funktionäre übel, daß er in bezug auf das Mutterland des Kommunismus von einer »bürokratischen Degeneration«, aber auch von »allgemeinen Fehlern« gesprochen hatte.

Eine KPI-Delegation mußte sich daraufhin nach Moskau aufmachen, um bei Chruschtschow und anderen ZK-Mitgliedern jene Wogen zu glätten, die in den Augen der Kritiker das »Vertrauen der Arbeiterklasse in die Überlegenheit des sozialistischen Gesellschaftsmodells erschüttert« hatten.

Gianni Agnellis anfängliche Begeisterung bei Juventus Turin in die Fußstapfen des Vaters treten zu können, legte sich schon recht bald. Formell verzichtete er 1955 auf die Präsidentschaft des Fußballklubs, obwohl er auch in den Jahrzehnten danach in den wichtigsten Vereinsfragen immer eingebunden blieb. Denn noch heute gilt Gianni Agnelli, der den Fußballklub in den Konzern hat integrieren lassen, als Eigner und Drahtzieher der Geschicke des italienischen Rekordmeisters. An Giannis Stelle wurde sein jüngerer Bruder Umberto zum neuen Präsidenten von Juventus gewählt.

Die Zeit der fünfziger und beginnenden sechziger Jahre war für Gianni Agnelli nicht von besonderen Erfolgen gekennzeichnet. In der zweiten Reihe auszuharren, oft aufgrund seines Namens als Frühstücksdirektor verhöhnt zu werden, mußte für das Selbstbewußtsein Gianni Agnellis demütigend sein. Doch bei Juventus hatte er gelernt, daß man nicht über alles und jeden Bescheid wissen muß, um eine Gruppe erfolgreich zu führen, sondern daß es ausreichte, sich mit kompetenten Mitarbeitern zu umgeben, die einem vieles abnahmen.

Das Oberhaupt der Familie

Gianni Agnellis Position innerhalb der Familie gleicht der eines Patriarchen, der durch seine diskrete, aber eigentlich allgegenwärtig anmutende Präsenz besticht, obwohl viele Familienmitglieder über das halbe Land verstreut sind.

Zum Familienoberhaupt ernannt wurde Gianni Agnelli nach dem ausdrücklichen Willen des Großvaters – einem alten genealogischen Prinzip folgend. Aber es gelang ihm auch, Oberhaupt zu bleiben.

Die Familienmitglieder sehen sich nicht oft. Dennoch ist Gianni immer präsent im Leben seiner Geschwister, Vettern und Cousinen. Er besitzt eine unstillbare Neugierde, wie es sich für ein Familienoberhaupt gehört. Gianni Agnelli sucht häufig den telefonischen Kontakt. Insbesondere seine Schwester ruft er beinahe täglich an, und die Gespräche drehen sich häufig um die ganz alltäglichen Dinge des Lebens.

Was bedeutet für einen Agnelli die Familie? »Obwohl sie sich nur selten sehen«, sagt Graf Giovanni Nuvoletti, der die erstgeborene Clara Agnelli in zweiter Ehe heiratete, »halten sie so sehr zusammen, daß sie sich bei Familientreffen unwillkürlich abschotten und man als Außenstehender keinen Zugang zu ihnen erhält.« Der Familiensinn der Agnellis scheint ungebrochen.

Die Familie Agnelli ist aber auch eine Interessengemeinschaft. Sie hält die Mehrheit an der Finanzholding IFI, durch die die Geschicke des FIAT-Konzerns bestimmt werden. Doch vielfach wird mit »Agnelli« nicht jener Stamm bezeichnet, der auf die Schwester Edoardo Agnellis, also Gianni Agnellis Tante, zurückgeht: nämlich Aniceta Agnelli, die Carlo Nasi heiratete, aber in jungen Jahren an Kindbettfieber verstarb. Aus dieser Ehe gingen fünf Kinder hervor. Das Erbe von Giovanni Agnelli hätte in zwölf Teile (entsprechend der Anzahl der Enkelkinder) geteilt werden müssen. Gianni Agnellis Vater Edoardo bestand allerdings nach dem Tod der Schwester darauf, daß das Erbvermögen des Giovanni Agnelli zunächst in zwei gleiche Teile geteilt wurde. Juristisch denkbar wäre auch gewesen, durch die Zahl der Enkel zu teilen. Dabei hätten Edoardo Agnellis Abkömmlinge erheblich besser dagestanden.

Mittlerweile zählt übrigens der genealogische Baum der Agnelli-Familie 136 Äste. Und Gianni Agnellis Kunststück bestand in den letzten Jahren darin, die »Familie« unternehmerisch im FIAT-Konzern auf eine gemeinsame Linie einzuschwören. Ein Unikum im postmodernen Kapitalismus Europas.

Clara Agnelli, die Erstgeborene, Jahrgang 1920, die schon in jungen Jahren den um 18 Jahre älteren Fürsten Tassilo von Fürstenberg heiratete, ist einer der familiären Eckpunkte. Aus ihrer ersten Ehe gingen drei Kinder hervor: Ira, Egon und Sebastien. Unmittelbar nach der Heirat bat übrigens Tassilo von Fürstenberg um eine Anstellung bei FIAT. Doch Giovanni Agnelli winkte nur ab und sagte: »Er ist ein Fürst? Dann soll er auch den Fürsten spielen.« Tassilo von Fürstenberg war der erste

»Blaublütige«, der in die Familie Agnelli einheiratete. Eine wahre Flut von Aristokraten sollte ihm folgen.

In Venedig, wo Clara Agnelli wohnte, kam es dann zur »fatalen Begegnung« mit dem Grafen Giovanni Nuvoletti. Die Liaison wurde im prüden Nachkriegsitalien zu einem Staatsakt ersten Ranges hochgespielt, der auch die Geheimdienste beschäftigte.

Die schillerndste unter den Agnelli-Schwestern war seit jeher Susanna, die für die Familie noch immer »Suni« heißt. Geleitet von ihrer widerspenstigen Art, sich nicht auf den Familienlorbeeren auszuruhen, machte sie allerlei berufliche Erfahrungen und verdiente sich sowohl als Journalistin und Schriftstellerin wie auch als republikanische Bürgermeisterin der toskanischen Enklave Argentario und Staatssekretärin im Außenministerium wichtige und eigene Meriten. Nicht zuletzt natürlich als Außenministerin.

Im zweiten Weltkrieg wurde Susanna Agnelli gegen den ausdrücklichen Willen ihres Großvaters Sanitätshelferin. Die 1923 Geborene heiratete Urbano Rattazzi und gebar ihm sechs Kinder: Ilaria, Samaritana, Cristiano, Delfina, Lupo und Priscilla. Die Ehe ging trotz des Kindersegens in die Brüche.

Daß Susanna Agnelli keinen Standesdünkel kennt, belegt auch der Umstand, daß sie für eine Zeitschrift der Regenbogenpresse die Kummerecke für die Leser verantwortete und hier allerlei Ratschläge über Liebe, Familie und Beruf gab. Sie beantwortet die Leserbriefe mit dem Understatement, über das nur ein Mitglied des Agnelli-Clans so unverfälscht verfügt. Den Gipfel ihrer politischen Karriere erreichte sie, als sie unter dem parteilosen Ministerpräsidenten Lamberto Dini im Januar 1995 Außenministerin wurde. Auf der Suche nach einer überparteilichen Persönlichkeit hatte Staatspräsident Oscar Luigi Scalfaro zunächst Gianni Agnelli ein wichtiges Regierungsamt angetragen. Doch Gianni Agnelli lehnte dankend ab. Statt seiner sprang seine Lieblingsschwester Susanna in die politische Bresche. Gianni Agnelli reichte sein Senatorenamt auf Lebenszeit, das er aufgrund seiner Verdienste auf dem Gebiet der Wirtschaft zuerkannt bekommen hatte, voll und ganz aus.

Um das Dreigestirn Clara, Gianni und Susanna gesellen sich Maria Sole, Cristiana und Umberto. Maria Sole, die 1925 geboren wurde, heiratete in erster Ehe den umbrischen Grafen Ranieri Campello della Spina, mit dem sie vier Kinder hatte (Virginia, Argenta, Cinzia, Bernardino) und der 1959 verstarb. In zweiter Ehe heiratete Maria Sole den Grafen Pio Teodorani Fabbri und bekam mit ihm den Sohn Edoardo.

Cristiana, Jahrgang 1927, heiratete Brando Brandolini d'Adda, einen Abkömmling der gleichnamigen venetianischen Grafenfamilie und bekam vier Kinder: Tiberio, Leonello, Nuno und Brandino. Der Jüngste, der 1934 geboren und nach dem italienischen Thronfolger Umberto genannt wurde, heiratete in erster Ehe Antonella Bechi Piaggio. Ihr einziges Kind ist Giovanni Agnelli (III., könnte man hinzufügen). Er ist es auch, der langfristig in die Fußstapfen seines Onkels Gianni Agnelli treten und die Präsidentschaft des Konzerns übernehmen dürfte.

In zweiter Ehe heiratete Umberto die Cousine von Gianni Agnellis Ehefrau Marella, Allegra Caracciolo di Castagneto. Aus dieser Ehe gingen zwei Kinder, Andrea und Anna, hervor.

Giorgio Agnelli, 1929 geboren, verstarb 1965 in der Schweiz. Über seine irdische Existenz und die Umstände seines Todes wurde von der Familie diskret der Mantel des Schweigens gelegt.

Die Schwestern überließen das FIAT-Feld freiwillig den männlichen Stammhaltern Gianni und Umberto. Susanna Agnelli über die Gründe: »Es lag wohl an der Zeit. Es geziemte sich damals für eine Frau nicht, sich um das Unternehmen zu kümmern.«

Während Gianni Agnelli mittlerweile 33,32 Prozent der Familienholding IFI besitzt, verfügt sein Bruder Umberto nur über 9,40 Prozent des Aktienpakets, obwohl auch Umberto zeitlebens für FIAT arbeitete.

Doch schließlich hat Gianni Agnelli wie kaum ein anderes Familienmitglied immer wieder erhebliche Teile seines Eigenkapitals aufs Spiel gesetzt – und letztendlich auch gewonnen.

Differenzen innerhalb der Familie wurden schon immer diskret ausgetragen. In der Regel drang nichts über Finanzquerelen und Familiengezänk, das sicherlich auch bei den Agnellis vorkam, an die Öffentlichkeit. Die Reihen wurden fest geschlossen – nach einer ungeschriebenen Order.

Innerhalb der Familie hat sich mit den Jahren eine Art »familiärer Heeresstab« herausgebildet, dem sämtliche Entscheidungsgewalt übertragen wurde. Und der Kommandeur dieses engsten Familienrats ist zweifellos Gianni Agnelli. Um schwierige Entscheidungen zu treffen, bedarf es allerdings keiner langen Sitzungen. Vieles wird bei den zeitweise täglichen Telefonaten gewissermaßen nebenbei besprochen. Den Großfamiliensegen etwas schief hängen lassen, kann nur die Festsetzung der jährlichen Dividenden auf die Stamm- und Vorzugsaktien. Fallen sie zu niedrig aus, sollen die jeweiligen Familienmitglieder schon mal ein bißchen die Fasson verlieren.

Die Frage der Nachfolge an der Spitze des Konzerns schien jahrelang nur eine leidige Pflichtübung zu sein, da Gianni Agnelli seit den frühen achtziger Jahren immer wieder seinen Bruder Umberto als Nachfolger für die FIAT-Präsidentschaft ins Gespräch brachte. Die Verjüngung der FIAT-Chefetage war gewissermaßen vorprogrammiert. Gleichzeitig betätigte sich Geschäftsführer Cesare Romiti in der Öffentlichkeit als großer Geschichtenerzähler, der sich und Gianni Agnelli als unschlagbares Gespann bezeichnet. Romiti gab durch die Blume zu verstehen, falls Gianni Agnelli als FIAT-Präsident zurücktreten würde, müsse auch er seinen »Prätorianerdienst« quittieren, obwohl gerade Romiti, um zwei Jahre jünger als Gianni Agnelli, der Vertreter des Bankinstituts Mediobanca bei FIAT ist.

Wenn die Oberhäupter abtreten, verliert die Familie ihre Identifikationsfiguren. Alles droht zu verschwimmen, an Charakter zu verlieren.

Den Agnellis wird es nicht anders ergehen.

Der diskrete Charme der Präsidentschaft

Das Blatt ist verblichen. Der Jahrgang 1966 ist in grünes Leder gebunden, einige Seiten sind eingerissen. Die Ereignisse, in großen Lettern akribisch notiert, sind verstummt. Seltsam mutet die geringe Menge verwertbarer Nachrichten an, die die renommierteste Zeitung des Landes über ein Vorkommnis verbreitete, dem man durchaus »historische Tragweite« bescheinigen kann. In der Rubrik »Wirtschaft« berichtete der *Corriere della Sera*, die einflußreichste Zeitung des Landes, lapidar über etwas im Grunde Ungeheuerliches. Valletta und Agnelli hatten fieberhaft daran gearbeitet. Es wird sie enttäuscht haben, daß ihnen seitens der Presse, die im Land zählte, so wenig Aufmerksamkeit und Anerkennung zuteil wurden.

Rom, 6. Mai 1966: Gianni Agnelli und Vittorio Valletta suchten den italienischen Außenhandelsminister Tolloy auf, um ihm das vorgeschlagene Vertragswerk mit der Sowjetunion zu präsentieren. Das Vertragsvolumen betrug 200 Milliarden Lire. FIAT, das Unternehmen zählte mittlerweile 137 000 Beschäftigte, drängte auf den unterentwickelten sowjetischen Markt, der eine unstillbare Gier nach Automobilen hatte. Nach langen, zähen Verhandlungen hatten Vittorio Valletta und Gianni Agnelli das Rennen gemacht.

Erst Palmiro Togliatti und später auch Luigi Longo hatten entscheidend mitgeholfen, die Kontakte zum sowjetischen Industrieministerium zu knüpfen. Es bedurfte allerdings neben vieler klärender Gespräche mit den jeweiligen Geschäftspartnern auch mühsamer Überzeugungsarbeit bei den Vertretern der italienischen und auch der amerikanischen Regierung. Der Vertragsabschluß bedeutete dann den Startschuß, im sowjetischen Togliattigrad ein Autobomilwerk zu bauen, das 2 000 Wagen pro Tag herstellen konnte.

Der Name Togliattigrad war eine Hommage an den am 21. August 1964 während eines Staatsbesuches in Jalta verstorbenen KPI-Generalsekretär. Über die Motive, die Togliatti im heißen August des Jahres 1964 via Skandinavien in die Sowjetunion führten, ist viel spekuliert worden. Es hieß, Palmiro Togliatti habe sich mit Leonid Breschnew und anderen ZK-Mitgliedern getroffen, um den Sturz Nikita Chruschtschows vorzubereiten. Togliattis Lebensgefährtin und spätere kommunistische Parlamentspräsidentin Nilde Jotti hat jedoch immer wieder bestritten, daß sich Togliatti an derartigen Umsturzplänen beteiligt hätte.

Am Abend des 14. August 1964 erlitt Togliatti einen Schlaganfall und verstarb sieben Tage später. Das Memorandum, das Togliatti über den Ausgang seiner Gespräche mit den sowjetischen KPdSU-Führern verfaßte, wurde kurz darauf veröffentlicht, um sämtlichen Verschwörungsgerüchten und anderen Spekulationen den Boden zu entziehen.

Wie ungeheuerlich der Vertrag zwischen Moskau und FIAT für die westliche Welt war, läßt sich daran ablesen, daß die Regierungen über seinen genauen Wortlaut informiert werden wollten.

Die amerikanische Regierung, die die Sowjetunion als »Hort des Bösen« militärisch und wirtschaftlich zu isolieren bemüht war, mußte nun zusehen, wie ein Konzern eines NATO-Mitgliedstaates, der überdies in der westlichen Verteidigungsstrategie ein neuralgischer Punkt war, diese Isolation unterminierte und mit der Sowjetunion Geschäfte machte.

Der *Corriere della Sera* vermeldete lapidar auch die Stellungnahme der damaligen Moro-Regierung: »Wir waren über die Pläne von FIAT informiert, ein Automobilwerk an die Sowjetunion zu verkaufen. Die Politik der USA erhebt seit Jahren keine Einwände gegen den Verkauf von Konsumgütern beziehungsweise Maschinen für die Verarbeitungsindustrie an die UdSSR.« Ministerpräsident Aldo Moro war bemüht, die Bedeutung des Vertrags herunterzuspielen. Aber eine militärische Nutzung dieses Technologietransfers war nicht ausgeschlossen. Im Gegenteil: Sie war geradezu vorprogrammiert. Gleichzeitig machte sich die FIAT-Führung nichts vor. Sie wußte, wenn nicht sie den Zuschlag erhalten würden, würden sich andere westliche Automobilfabrikanten anbieten. Und die sowjetische Führung ihrerseits hoffte wohl, mit dem Deal die italienischen KP-Genossen auf ihrem demokratischen Weg in die Regierungsverantwortung zu unterstützen. Und Tolloy, der damalige Außenhandelsminister von Moros Neuauflage der Mittelinksregierung, fand für alle lobende Worte, während sich Gianni Agnelli im Hintergrund hielt und von den Chronisten kaum wahrgenommen wurde.

Fast gänzlich ignoriert wurde auch der Umstand, daß Valletta im Vergleich zu den fünfziger Jahren eine komplette Kehrtwendung gemacht hatte, was den Handel mit der Sowjetunion anging. Denn FIAT geriet auf dem amerikanischen Markt immer mehr ins Hintertreffen. Der deklarierte Antikommunist Vittorio Valletta wurde so aus der Not zum »Kommunistenfreund«, was den Außenhandel betraf. FIAT-intern machte Valletta allerdings so gut wie keine Konzessionen an die kommunistischen Arbeiter, wenn diese etwa Lohn- oder soziale Forderungen aufstellten.

Gianni Agnellis Beziehungen zu den ehemaligen Ostblockstaaten sind auch heute noch hervorragend. Er bediente sich dieser Kanäle zum Beispiel, um Topfußballer wie Zibi Boniek oder Aleksandr Zavarow für Juventus zu engagieren. Und er ist heute noch stolz darauf, daß sein Großvater bereits in den dreißiger Jahren eine Kugellagerfabrik in der Sowjetunion gebaut hatte.

Unter Vallettas strengem Regiment erzielte die FIAT-Gruppe ungeahnte Wachstums- und Gewinnraten. Und er hat sich auch wie kaum ein anderer um die Sozialleistungen des Unternehmens verdient gemacht: Er ließ beispielsweise Ferienheime ausbauen, Kindergärten und Fortbildungsprogramme einrichten.

Valletta organisierte auch regelmäßige Wallfahrten nach Lourdes für die Belegschaft, an denen sich sowohl er als auch die Familie Agnelli beteiligten.

Andererseits fand er nichts dabei, Hunderte von Arbeitern zu entlassen, weil sie als militante Kommunisten aktiv waren. Der Begriff des *vallettismo* ist heute gleichbedeutend damit, die eigene Macht ohne Rücksicht auf Untergebene und Politiker auszuüben.

Valletta leitete das Unternehmen nach dem Führerprinzip. Eifrige kommunistische Aktivisten setzte er vorsorglich in marginalen Produktionsbereichen ein und isolierte sie so von den »arbeitswilligen Massen«. Schon wer sich im Betrieb beim Lesen der kommunistischen Parteizeitung *l'Unità* ertappen ließ, erzählen FIAT-Arbeiter, war suspekt und wurde mit besonderer »Aufmerksamkeit« bedacht.

Das Unternehmen expandierte, und Vallettas Macht war auch in der Politik immens. Es hieß, er hätte immer ein Wörtchen mitzureden gehabt, wenn es darum ging, die Regierung zu bilden, Minister oder den Ministerpräsidenten zu ernennen. Valletta konnte Karrieren zerstören oder ebnen. Kurzum: Er galt von Kriegsende bis Mitte der sechziger Jahre als der Sonnenkönig der italienischen Industrie, obwohl er genaugenommen nur ein leitender Angestellter des FIAT-Konzerns war.

Valletta war mittlerweile 82 Jahre alt und sein Entschluß, die FIAT-Präsidentschaft niederzulegen, stand seit geraumer Zeit ebenso fest wie sein Nachfolger. Vallettas Wunschkandidat war Gaudenzio Bono, der sich in über vierzig Jahren vom einfachen Arbeiter zum Geschäftsführer hochgedient hatte. Valletta war überzeugt, daß Bono der richtige Mann war, um die Unternehmenspolitik in seinem Sinne weiterzuführen. Er schien alle Hoffnungen aufgegeben zu haben, daß Gianni sein süßes Lotterleben einmal zugunsten des harten Präsidentenjobs aufgeben könnte. Gianni Agnelli machte nun aber unmißverständlich klar (vielleicht ein bißchen zu spät), daß er auf jeden Fall das Versprechen einzulösen bereit war, das er seinem Großvater einst gegeben hatte.

Ein Agnelli war wieder Herr im Hause.

Verbürgt ist ein Zitat des damaligen sozialdemokratischen Staatspräsidenten Giuseppe Saragat, der dem neuen FIAT-Präsidenten nicht ohne eine gewisse Schadenfreude die Worte mit auf den Weg gab: »Auch Gianni Agnelli kann jetzt, da er Präsident von FIAT ist, nicht mehr jungen Mädchen den Hof machen.« Worauf Gianni Agnelli ironisch antwortete: »Dann muß ich eben sofort wieder zurücktreten.«

Präsident von FIAT zu sein war zu diesem Zeitpunkt gleichbedeutend mit einem Tanz auf dem Vulkan, wie sich später noch deutlicher herausstellen sollte.

Die innenpolitischen Unruhen, die besonders den Norden erfaßt hatten, breiteten sich auch in Turin aus, wo die Arbeiter aus dem Süden zum Teil ohne wichtige soziale Einrichtungen und Infrastruktur zu leben gezwungen waren.

Die ersten Vorboten der Unruhen waren bereits spürbar. Andererseits hatten gewisse Kreise signalisiert, daß sie politische Lösungsansätze, an denen auch die Sozialisten beteiligt sein sollten, nicht zu tolerieren bereit waren.

Der gewaltige Wirtschaftsboom der fünfziger Jahre,

der auch zu Beginn der sechziger noch anhielt, hatte viele Probleme einfach verwischt. Den linken Kräften gingen die Reformen jedoch nicht weit genug, während die Konservativen die Unterwanderung aller demokratischen Institutionen fürchteten.

Palmiro Togliatti hatte zu Moros Mittelinksregierung erklärt: »Der Handlungsrahmen muß heute weiter gesteckt sein. Wir brauchen eine Wende nach links; die gesamte Struktur unserer Gesellschaft steckt gegenwärtig in der Krise: Die Probleme der Wohnungen, der Schulen, der Stadtentwicklung, des Gesundheitssystems, der sozialen Sicherheit, der Renten, selbst des Familienlebens, da Hunderttausende von Frauen endlich in den Arbeitsprozeß integriert wurden, haben sich zugespitzt.«

Im Frühjahr und Sommer 1964 wurden als Reaktion auf den sich anbahnenden Linksruck die ersten Putschpläne ausgeheckt, bei denen der sizilianische Carabinierigeneral Giovanni De Lorenzo federführend sein sollte. De Lorenzo war zuvor Leiter des Geheimdienstes Sifar und hatte sich dadurch ausgezeichnet, daß er Abgeordnete, Senatoren, Parteifunktionäre, Gewerkschafter, Intellektuelle und Industrielle ausspionieren ließ und penibel Buch über die gewonnenen Erkenntnisse führte. 157 000 Dossiers, in denen insbesondere individuelle Schwächen notiert waren, ließ De Lorenzo anlegen. Sie sollten gegebenenfalls dazu dienen, die entsprechenden Persönlichkeiten zu erpressen.

De Lorenzos Putschoperationen sahen unter anderem die Besetzung der staatlichen Rundfunk- und Fernsehstation RAI sowie der staatlichen Telefongesellschaft vor.

Die Geheimbezeichnung für den Putsch lautete *piano solo*, »Alleinplan«. »Allein«, weil für den Putsch nur Carabinierieinheiten eingesetzt werden sollten. Insgesamt rund 20 000 Carabinieri waren dafür vorgesehen.

Der Plan hätte in Kraft treten sollen, sobald die Mittelinksregierung eine definitive Wende nach links vollzogen hätte. Dazu kam es jedoch nicht.

Staatspräsident war damals der sardische Christdemokrat Antonio Segni, der persönlich in die Putschpläne eingeweiht gewesen sein soll. Segni war 1962 mit den Stimmen der Neofaschisten und Monarchisten zum Staatspräsidenten gewählt worden. Später hieß es, durch die Putschpläne hätten die Sozialisten unter Pietro Nenni eingeschüchtert und davon abgebracht werden sollen, ein Bündnis mit den Kommunisten einzugehen. De Lorenzo wurde kurz darauf zum Kommandeur des Heeres befördert.

Erst Jahre später drangen die Putschpläne an die Öffentlichkeit. Das römische Nachrichtenmagazin *L'Espresso*, das sich im Besitz von Gianni Agnellis Schwager Carlo Caracciolo befand, brachte sie ans Tageslicht. (Die Verwandtschaft mit dem engagierten römischen Fürsten, dessen Zeitungen und Magazine sich in den folgenden Jahrzehnten gern auf die Seite der Linken schlugen, wird Gianni Agnelli übrigens wiederholt den Vorwurf einbringen, er sei der eigentliche Drahtzieher der »Kampagnen« gewesen.)

Die Regierung dementierte zunächst alles. General De Lorenzo klagte die verantwortlichen Redakteure Eugenio Scalfari und Lino Jannuzzi wegen Verleumdung an. Ein Gericht verurteilte die beiden schließlich, weil sie einen Artikel unter dem Titel veröffentlicht hatten: »Endlich die Wahrheit über das Sifar. 14. Juli 1964: Komplott im Quirinal. Segni und De Lorenzo bereiten einen Staatsstreich vor.«

Die Verurteilung des *Espresso*-Chefredakteurs Eugenio Scalfari hatte einen durchaus positiven Nebeneffekt. Eine parlamentarische Untersuchungskommission, die eingesetzt worden war, um dem öffentlichen Wunsch nach Aufklärung der ungeheuerlichen Beschuldigungen zu begegnen, kam später nicht umhin festzustellen, wenn auch etwas weniger spektakulär, daß es diesen Putschversuch tatsächlich gegeben hatte. Es war das erste Mal, daß eine parlamentarische Untersuchungskommission etwas Licht in die dunklen Machenschaften des Militärs hatte bringen können.

De Lorenzo, der sich 1962 in einem Geheimpapier mit dem amerikanischen Geheimdienst CIA verpflichtet hatte, Notstandsmaßnahmen zu planen, ohne die Regierung davon in Kenntnis zu setzen, wurde abgesetzt, und Staatspräsident Segni trat zurück. Offiziell erfolgte Segnis Rücktritt allerdings aus gesundheitlichen Gründen. (Der sardische Christdemokrat hatte tatsächlich zwischenzeitlich einen Schlaganfall erlitten.) Mit etwas Unerhörtem ist De Lorenzo dennoch in die Geschichte eingegangen: mit jenen 150 000 heiklen Dossiers über Politiker, Intellektuelle, Gewerkschafter und Industrielle, die unter seiner Führung angelegt und trotz gegenteiliger Behauptungen nie vernichtet wurden. Im Gegenteil, sie wurden als Druckmittel benutzt. Das Dossier über Gianni Agnelli soll übrigens besonders umfangreich gewesen sein. Im Besitz von Kopien dieser Akten war mit höchster Wahrscheinlichkeit auch Licio Gelli, der Großmeister der geheimen Freimaurerloge P2.

Eine weitere Folge der Affäre war, daß beim Geheimdienst Sifar eine halbherzige Säuberung stattfand und der gesamte Apparat am 18. November 1965 in Sid umbenannt wurde. In der Rückschau wurde zur Gewißheit, was auf den ersten Blick als Hirngespinst abgetan werden konnte: daß der Putschversuch eine Gesamtstrategie widerspiegelte, die darauf hinwirkte, die südliche NATO-Flanke unter strenge Kontrolle zu bringen. In Spanien saß Gaudillo Francisco Franco ebenso fest im Sattel wie Antonio de Oliveira Salazar in Portugal; in Griechenland putschten die Obristen am 21. April 1967, und Italien sollte sich dazugesellen, um der NATO Gefahren von der Mittelmeerflanke zu ersparen.

So unglaublich es auch klingen mag: Die KPI-Führung bemerkte nichts von den Putschplänen. Sie schien so sehr damit beschäftigt, den Hegemonieanspruch der KPdSU zurückzudrängen, daß sie die Putschpläne als Hirngespinste der Sozialisten und ihres Generalsekretärs Pietro Nenni abtat. »Nenni beschwört die Gefahr eines Rechtsputsches, um sein Nachgeben zu legitimieren, aber diese Gefahr besteht gar nicht«, kommentierte der spätere KPI-Generalsekretär Luigi Longo.

Gianni Agnelli geriet in die Schußlinie der Kritik. Ihm wurde zur Last gelegt, in aller Offenheit mit der Mittellinksregierung zu sympathisieren. Valletta selbst hatte sich bereits 1962 für eine Mittellinksregierung ausgesprochen. Zu Gianni Agnellis suspektem Lebenswandel gesellte sich nun gewissermaßen erschwerend eine politische Unzuverlässigkeit hinzu. Offen wurde gar gemutmaßt, sein Handeln sei vom Gedankengut des Mitbegründers der KPI Antonio Gramsci beeinflußt, und Gianni Agnelli tat nicht viel, um diesem Eindruck entgegenzuwirken. Dabei blieb vielfach im dunklen, ob es sich dabei um die Koketterie eines aufgeklärten Kapitalisten handelte oder um zweckrationales Denken, dessen Sinn darin bestand, die stark politisierten FIAT-Arbeiter nicht vor den Kopf zu stoßen.

Agnelli schien jedenfalls mehr denn je davon überzeugt, daß die gespannte soziale Lage nur durch einen breiten gesellschaftlichen Konsens – vor allem zwischen Arbeitern und Arbeitgebern – überwunden werden konnte. Von anderen Arbeitgebern wurde ihm das Streben nach einem Dialog allerdings als Schwäche ausgelegt.

Gleichwohl übernimmt Gianni Agnelli in den »goldenen Jahren« das Ruder. Die Lotterjahre sind für ihn damit endgültig vorüber. Ein 12- bis 14-Stundenarbeitstag wird nunmehr zur Regel. Abwechslung gönnt er sich nur beim Sport: beim Segeln auf seiner Yacht, die immer zum Auslaufen bereit ist, oder beim Skifahren und beim Fußball.

Die Kassen des Konzerns quillten indessen förmlich über. Die Liquidität, die im Wirtschaftsboom der Nachkriegszeit angehäuft wurde, war ein anständiges Ruhepolster. Viele Jahre hatte das Unternehmen davon profitiert, daß die Lohnkosten erheblich unter denen der europäischen und amerikanischen Konkurrenten lagen. Langsam begann sich dies allerdings zu ändern. Die starre Organisations- und Produktionsstruktur offenbarte zudem die ersten Unzulänglichkeiten. Eine Umstrukturierung, die den modernen Anforderungen entsprach, schien deshalb dringend geboten.

Amerikanische Unternehmensberatungsfirmen wurden beauftragt, um die Schwachstellen im Produktionssystem herauszufinden. Im Gewirr der vielen Konzernbeteiligungen war nämlich kaum mehr auszumachen, was Profit abwarf und wo Verluste geschrieben wurden. Entscheidungen strikt von oben nach unten zu treffen und weiterzugeben, erwies sich zudem nicht nur als antiquiert, sondern hemmte auch die Kreativität der Unternehmensführung. Es ging auch das Gerücht um, daß die alte Garde, die zum Teil noch unter Giannis Großvater, aber vor allem unter Valletta »gedient« hatte, den neuen Präsidenten »eingekesselt« hätte, um ihn unschädlich zu machen. Gianni Agnelli reagierte darauf, indem er die Altersobergrenze für leitende Angestellte im Statut festschreiben ließ – um sie am Ende selbst zu überschreiten. Doch was ihm zunehmend zu schaffen machte, war eine um sich greifende Politisierung der Arbeiterschaft.

1968 ging als das Jahr der Studentenrevolte in die Geschichte ein, 1969 wurde das Jahr der Revolte im Blaumann.

Der politische Kampf hatte in Mailand, Genua und Turin wie ein Lauffeuer von den Hörsälen auf die Werkshallen von Alfa Romeo, Pirelli und FIAT übergegriffen.

Zwischen September und Dezember 1969, im sogenannten »heißen Herbst«, artikulierten fast fünf Millionen Arbeiter vorwiegend aus Industrie, Landwirtschaft und Transportwesen mit Gewalt und Massenstreiks ihren Unmut. Die Aktiven waren in der Regel jung, stammten aus dem Mezzogiorno, verfügten über eine mittlere Bildung und arbeiteten am Fließband. Diese Männer waren die treibende Kraft bei den Streiks und unterhöhlten sogar die Macht der Einheitsgewerkschaften, indem sie allerorts Basiskomitees ins Leben riefen.

Hauptschauplatz der Ereignisse war das riesige Mirafiori-Werk in Turin. Eine Produktionsstadt in der Stadt. Turin und FIAT wurden in dieser Zeit durch Streiks fast völlig lahmgelegt, und es kam zum offenen Schlagabtausch zwischen der Firmenleitung und den Arbeitern.

Als ein Zeichen der Hilflosigkeit angesichts der schwerwiegenden Probleme, die einer Lösung harrten, konnte die Tatsache gewertet werden, daß Gianni Agnelli am 6. Dezember 1966, zum 100. Geburtstag seines Großvaters, die »Giovanni-Agnelli-Stiftung« ins Leben rief. Erklärtes Ziel der Stiftung war die Herausbildung einer industriellen Kultur in einer Gesellschaft, die allem sogenannten Modernen mit Mißtrauen begegnete. Die Institution hatte den Anschein einer Wiedergutmachung für soziale und ökonomische Fehlentwicklungen, über die man bis dahin einfach hinweggegangen war. Es heißt, Gianni Agnelli habe sich an der Kennedy-Stiftung orientiert, die in den USA großes Ansehen genoß. Den Vorsitz übernahm nach Vallettas Tod Gianni Agnelli selbst. Doch real bewirkte die Stiftung wenig – auch aufgrund der geringen Finanzmittel, die ihr zur Verfügung standen. Selbst die eifrigen Direktoren der Stiftung vermochten dagegen wenig auszurichten.

Auf internationalem Parkett gab sich Gianni Agnelli als »Realkapitalist« und widersprach offen jenen politischen Leitlinien, die insbesondere den kommunistischen Ostblockstaaten durch einen Technologietransfer- und Handelsboykott den Hahn abdrehen wollten.

Wenn es um Geschäfte ging, kannte er weder ideologische Barrieren noch ethische Bedenken. FIAT verkaufte Autos an Sowjetrussen und Polen, aber auch in die dritte Welt. Die Binnenmärkte natürlich nicht zu vergessen.

Im machiavellistischen Unternehmertum heiligt der Profit den Verkauf – unabhängig davon, wohin er getätigt wird.

Allen Bedenken hält Gianni Agnelli immer entgegen, daß ihm schließlich die Verantwortung für rund 250 000 Beschäftigte und ihre Familien obliegt.

Sozialutopische Wirren
und die Reaktion

Der Herbst des Jahres 1969 heißt noch heute der »heiße Herbst« und weckt in den Köpfen der Menschen seltsame Erinnerungen an eine Aufbruchzeit, die längst der Ernüchterung gewichen ist.

Was später in die Gewerkschaftsgeschichte einging, begann, als wieder einmal der Tarifvertrag ausgelaufen war und die Arbeitgeber keine Anstalten unternahmen, einen neuen auszuhandeln. Insgesamt traten 32 Tarifverträge außer Kraft, und unter den Arbeitern breitete sich viel Unmut aus, der sich auch in gewalttätigen Aktionen in und um die Betriebe entlud. Die Arbeiterschaft, die zum Teil nicht einmal gewerkschaftlich organisiert war, bekundete eine noch nie dagewesene Einigkeit.

Die Arbeiterschaft hatte unvermittelt an Selbstbewußtsein gewonnen und demonstrierte diese neue Macht auch offen. Dieses Selbstbewußtsein ging so weit, daß sogar die Macht der etablierten Gewerkschaften in Frage gestellt wurde. Überall wurden Basiskomitees ins Leben gerufen, die den Einheitsgewerkschaften ihren Alleinvertretungsanspruch streitig machten – zum Teil durch militante Ausschreitungen. Eine neue Ära, in der die »entfremdete Arbeit« aktiv überwunden werden konnte, schien plötzlich zum Greifen nahe.

War 1968 das Jahr der Studentenunruhen, so standen

1969 die Arbeitskämpfe im Vordergrund. In Turin, Mailand und Genua wurde der politische Kampf aus den Hörsälen vor die Werkstore von FIAT, Pirelli, Alfa Romeo, Sit-Siemens und Magneti-Marelli verlegt. Das Zusammengehen von Arbeitern und Studenten, in anderen Ländern Europas als glühendes Ideal propagandistisch beschworen, schien in Italien Wirklichkeit zu werden. Alle Voraussetzungen für den erfolgreichen »revolutionären kommunistischen Kampf« schienen gegeben.

Für FIAT brach zur gleichen Zeit ein Jahrzehnt an, in dem nur rote Zahlen geschrieben wurden und das Überleben der gesamten Konzerngruppe auf dem Spiel stand.

Die italienischen Arbeiter zählten bis dahin zu den schlechtest bezahlten Europas. Unmut und Unzufriedenheit waren groß. Weder Arbeitgeber noch die Einheitsgewerkschaften, die sich von Basiskomitees zunehmend ihrer Legitimation beraubt sahen, hätten die Unruhen vorhersagen können. Am Ende des Jahres 1969 registrierte das statistische Zentralamt in Rom, daß über 7,5 Millionen Arbeiter in Streiks die Arbeit niedergelegt und einen Ausfall von insgesamt mehr als 300 Millionen Arbeitsstunden verursacht hatten.

Die in dieser Form unerwartete Protestwelle der Arbeiter machte klar, daß der Primat der Politik zu bröckeln begann. Die Aufbruchstimmung hatte aber auch andere Konsequenzen.

Die Utopie, das Leben im Industriezeitalter von unten gleichberechtigt mitbestimmen und aktiv gestalten und verbessern zu können, hatte kulturelle, soziologische, aber auch die Unterschiede zwischen Nord und Süd verwischt. Sich ihrer Basis beraubt fühlten sich dabei nicht nur die etablierten politischen Parteien, sondern auch die Gewerkschaften, denen schließlich nichts anderes übrig blieb, als die Bindungen zu »ihren« jeweiligen politischen Parteien zu lockern. Es war plötzlich von der Einheit der Arbeiter die Rede und nicht mehr von der der Gewerkschaften. Kleinste organisatorische Einheiten waren die Comitati di base unitari, die einheitlichen Basiskomitees, die sich vielfach als Widerpart zu den Betriebsräten verstanden. Streiks wurden nun nicht mehr ausgerufen, um Verbesserung der Arbeitsbedingungen und Lohnzuwächse zu erreichen, sondern auch für bessere Wohnverhältnisse und andere sogenannte qualitative Forderungen.

Die Streikwelle begann mit einem Aufstand, zu dem die einflußreiche Metallarbeitergewerkschaft aufgerufen hatte. Im Piemont und insbesondere in Turin, wo die Metallarbeiter eine ihrer Hochburgen hatten, wurden die Streiks zunehmend erbittert geführt. Die Metallarbeiter streikten auch in Turin nicht allein für mehr Geld und eine Verkürzung der Wochenarbeitszeit, sondern auch für bessere Renten und vor allem für menschenwürdige Wohnungen.

Bevorzugter Agitationsort der Arbeiter war FIAT, wo es an berechtigten Gründen für den Protest nicht fehlte. Im Oktober eskalierten die Auseinandersetzungen zwischen Arbeitern und Firmenleitung, als kurzerhand 122 FIAT-Arbeiter wegen Gewaltanwendung am Arbeitsplatz angezeigt und fristlos entlassen wurden. Die Arbeiter gehörten zu den Rädelsführern einer militanten

Gruppe, die Abteilungsleiter verprügelt und deren Autos angezündet hatte, um sie einzuschüchtern. Die Gründe für die Entlassungen waren nicht von der Hand zu weisen. Doch plötzlich wurde die Massenkündigung von der Gewerkschaftsbewegung zum nationalen Präzidenzfall hochgespielt, an dem sich angeblich die »Willkür der Kapitalisten« ablesen ließ. Weitere Streiks bei FIAT waren die Folge, und die Eskalation schien unkalkulierbar zu werden.

Ende November wurde die FIAT-Führung in Gesprächen mit den Gewerkschaften und dem damaligen Arbeitsminister dazu gebracht, ihre Anzeigen zurückzuziehen und die Arbeiter wieder einzustellen.

Für Gianni Agnelli, der in seiner Eigenschaft als FIAT-Präsident die Delegation anführte, war dies eine Niederlage mit weitreichenden Folgen bis in die siebziger Jahre hinein. Er erinnert sich: »Der damalige Arbeitsminister sperrte sich solange gegen den Tarifvertrag der Metallarbeiter, bis ich mich nach einigen Stunden des Widerstandes einverstanden erklärte, die über hundert Arbeiter wieder einzustellen, die Gewalttätigkeiten begangen hatten. Ich stimmte also nach dieser Erpressung der Wiedereinstellung zu. Beschämend war dabei nicht so sehr, sich der Erpressung zu beugen, sondern nach Turin zurückzukehren und der Werksleitung der entsprechenden Fabriken mitzuteilen, daß ich nachgegeben hatte und daß sie die gewalttätigen Arbeiter wieder beschäftigen mußten. Das war der Beginn von annähernd zehn desaströsen Jahren voller Brutalität und Gewalt in der Fabrik, die erst nach über 3000 Tagen wieder zu einem Ende kamen.«

Vorgesetzte in der Fabrik krankenhausreif zu schlagen, ihre Autos anzuzünden, um sie einzuschüchtern, war eine erprobte Strategie militanter linksextremer Gruppen. Ihr Motto lautete: »Exemplarische Aktionen gegen einen, um Hunderte zu erziehen!« Das war gewissermaßen der Vorläufer des bewaffneten revolutionären Kampfes: Bewußtseinsveränderung bei den widerspenstigen Arbeitern zunächst durch physische Bedrohung und Einschüchterung von Individuen.

Schon 1968 hatte es einen deutlichen Absatzrückgang bei FIAT gegeben: schuld war in gewissem Sinne auch die erste große Konjunkturkrise dieses Jahres.

Gianni Agnelli, seit drei Jahren an der Konzernspitze, bekam einen ersten Vorgeschmack darauf, wie schwierig es war, den Konzern durch die Klippen von Politik, Wirtschaftskrise und zunehmender Politisierung der Beschäftigten zu manövrieren. Valletta hatte Gianni Agnelli 1966 einen wirtschaftlich gesunden Konzern übergeben, der über viele Rücklagen verfügte; schon drei Jahre später mußte der Konzern echte Gewinneinbrüche hinnehmen, die sich in den gesamten siebziger Jahren dramatisch fortsetzen sollten.

Die FIAT-Führung mußte also die 122 Arbeiter, die wegen Tätlichkeiten und Übergriffen am Arbeitsplatz entlassen worden waren, wieder einstellen. In den Medien interpretierten die betreffenden Arbeiter die Rücknahme der Entlassungen als »Sieg der proletarischen Solidarität gegenüber den Kapitalisten«. Die Fernsehnachrichten zeigten stolze, kampfbereite Arbeiter, die von einer neuen, besseren Zeit sprachen. Die Regierung hatte klein beigegeben und FIAT zur Rücknahme der Entlassungen gezwungen, um innenpolitischen Spannungen aufgrund weiterer Streiks vorzubeugen.

Seine Feuertaufe als Konzernchef hätte für Gianni Agnelli nicht traumatischer ausfallen können, aber das Schlimmste stand ihm noch bevor. Das Ansehen von FIAT und die Macht des Unternehmens waren auf dem Tiefpunkt angelangt. Ein schwieriges Jahrzehnt brach damit an, in dem das Überleben des Unternehmens ernsthaft in Frage gestellt war. Stets versuchte Gianni Agnelli, jenen sozialen Konsens zu bewirken, der für das Funktionieren des Konzerns unerläßlich war. Die schwierige Gratwanderung, zwischen den Gesetzen der Marktwirtschaft und den sozialen und politischen Begebenheiten vermitteln zu müssen, brachte FIAT viele Jahre lang beinahe in den Ruin.

Am 21. Dezember 1969 wurden sich Gewerkschaften und Arbeitgeber schließlich über einen neuen Tarifvertrag einig. Überraschend war dabei, daß die Forderungen der Gewerkschaften fast alle erfüllt wurden. Aus Angst, die innenpolitische Lage hätte eskalieren können, wurden die Arbeitgeber von der Regierung gewissermaßen zum Einlenken gezwungen. Und sie mußten tatsächlich weitreichende Zugeständnisse machen: gleiche Lohnerhöhungen für alle sowie eine einheitliche Herabsetzung der Wochenarbeitszeit auf 40 Stunden; den Metallarbeitern wurde zudem das Recht zugesprochen, Gewerkschaftsversammlungen im Betrieb abzuhalten, was weitreichende Folgen hatte. Die Macht der Gewerkschaften hatte ihren Zenit erreicht.

All diese erkämpften Rechte wurden Monate später im Statut der Arbeiter festgeschrieben und garantiert. Sie erwiesen sich jedoch nach Jahren teilweise als Hemmschuh für die industrielle Entwicklung, was dazu führte, daß sie wieder zurückgenommen wurden.

Zeitgleich betrat eine radikale politische Gruppierung die Szene, die offen den militanten Kampf gegen das »Großkapital« und seine Vertreter in den Parteien propagierte: die Roten Brigaden.

Dramatischer hätte die Öffentlichkeit über die Gründung der Roten Brigaden nicht informiert werden können.

Am 16. April 1970 wurde um 20.33 Uhr der Tonkanal des *Telegiornale*, der damals einzigen Nachrichtensendung der staatlichen Fernsehanstalt RAI, von einer anderen Frequenz überschnitten. »Achtung, Achtung, hier sprechen die GAP zu euch. Kommt nicht näher, es ist gefährlich!« mahnte eine unbekannte Stimme. (GAP hieß im zweiten Weltkrieg die hinter den feindlichen Linien operierende Partisanengruppe.) Und die Stimme weiter: »Es hat sich ein neuer Widerstand der Massen gebildet. Die Arbeiterrebellion gegen die Kapitalisten und den Staat der Kapitalisten hat begonnen, die Rebellion des Volkes und der Arbeiterklasse des Südens. Die Roten Brigaden wurden ins Leben gerufen, und die GAP haben sich neu gebildet. Der Weg der Reformen, der Weg der kommunistischen Revolution, der Weg der endgültigen Befreiung des Proletariats und der italienischen Arbeiter von der Unterdrückung und Ausbeutung durch das italienische und ausländische Kapital macht einen langen und harten Krieg erforderlich. Auf diesem Weg werden die Partisanenbrigaden, die Arbeiter und die Bauern sowie die revolutionären Studenten Seite an Seite marschieren – bis zum Sieg.« Dieses kämpferische Manifest, das so plötzlich über den Äther ging, war der Beginn eines Jahrzehnts, in dem der Terror von links und rechts das Land an den Rand eines Bürgerkriegs treiben würde. Das Tonsignal konnte allerdings nur in Genua, Mailand und Trient empfangen werden.

Viel ist seither über die Motive gerätselt worden, die zur Bildung der Roten Brigaden geführt haben. Franco Piperno, seinerzeit Anführer der linksextremen Potere operaio (Arbeitermacht), gab Jahre später aus der Rückschau zu Protokoll, daß gerade die Annäherung der kommunistischen Partei Enrico Berlinguers, der zur Überwindung der nationalen wirtschaftlichen, sozialen und politischen Krise des Landes plötzlich einen »historischen Kompromiß« mit der Democrazia cristiana vorschlug, die Initialzündung des italienischen Terrorismus gewesen sei. Wenngleich diese Version nur einen Teil der Wahrheit beinhaltet, ist nicht von der Hand zu weisen, daß sich die linke Opposition, die offen ein veraltetes, verkrustetes, korruptes System bekämpfte, das sich jeder Neuerung widersetzte, durch den konzilianten Kurs der KPI-Führung in ihren Aktionsräumen eingeschränkt fühlte.

Das Reformismusbegehren innerhalb der kommunistischen Partei reichte allerdings nicht aus, um die Ursachen des linksextremen Terrorismus ganz zu erklären. Es gab auch andere Motive, die zum Teil stärker ins Gewicht fielen: beispielsweise die Putschversuche, die im letzten Moment abgeblasen wurden; die unaufgeklärten Bombenattentate, bei denen viele Unschuldige ums Leben kamen und die Staatsorgane vielfach falsche Fährten legten, um die wahren Schuldigen zu schützen. Das erste große Bombenattentat dieser Art wurde auf die Banca Nazionale dell'Agrigoltura an der Mailänder Piazza Fontana verübt. Bei der Explosion einer 16-Kilo-Bombe kamen 16 Menschen ums Leben und 87 wurden verletzt.

Zeitgleich gingen weitere drei Bomben hoch, 16 Menschen wurden verletzt; eine vierte explodierte wie ein Wunder nicht. Allzu voreilig machten die Ermittlungsbehörden Anarchisten oder linksextreme Terroristen für die Attentate verantwortlich. Die rechtsextremen Kreise, zu denen auch erste Spuren führten, blieben in den Anfangsermittlungen weitgehend verschont. Das unumstößliche Faktum, wie sich Jahre später herausstellte, war, daß die Geheimdienste statt Spuren zu sichern Spuren verwischten und emsig falsche legten.

Eine neue sprachliche Wendung wurde mit dem Bombenattentat auf die Banca Nazionale dell'Agricoltura geboren: *strategia della tensione*. Strategie der Spannung. Sie bezeichnete einen »subversiven und reaktionären politischen Plan«, der nicht davor haltmachte, Bomben einzusetzen, um im Land zunächst Panik und dann den Willen nach Ruhe und Ordnung auszulösen; gewissermaßen die Vorbereitung für einen Staatsstreich beziehungsweise eine Notstandsgesetzgebung.

Die Krise auf dem Land und im Mezzogiorno speziell spitzte sich weiter zu, der Menschenstrom vom Land in die Stadt setzte sich unvermindert fort. Parallel zu dieser massenhaften industriellen Völkerwanderung von Süden nach Norden wurde die Fabrik zum wichtigsten Schauplatz, an dem neben wirtschaftlichen Aspekten insbesondere auch um politische Inhalte gerungen wurde. Die militante Agitation auf dem Werksgelände ist das prägende Merkmal dieses Kampfes. Andere sahen in diesem veränderten politischen Bewußtsein etwas wohlwollend den Anfang einer neuen Sozialkultur, die sich zum Teil mittels Gewalt den Weg ebnete.

Das politische Soziallabor des Landes verlagerten die militanten Kämpfer an die Fließbänder und an die Werkbänke des Automobilkonzerns. Die Arbeiterpraxis wurde bei der gesellschaftlichen Veränderung zum revolutionären Modell erhoben. Zentrum der Agitation wurden die FIAT-Werke.

Viele Studenten, die sich dem kommunistischen Kampf verschrieben hatten, verließen die Universitäten und nahmen den Kampf an der Seite der Arbeiter in den Fabriken auf. Aus der Versammlung der »Arbeiterstudenten« bei FIAT gingen schließlich die wichtigsten militanten Gruppierungen hervor: beispielsweise Lotta continua und ihr bewaffneter Arm Potere operaio. Zu den Anführern von Lotta continua zählen die Studenten Oreste Scalzone und Franco Piperno sowie ein Soziologieprofessor aus Padua: Toni Negri.

Zu den Anführern von Lotta continua gehörten Guido Viale, Adriano Sofri, Luigi Bobbio sowie Mauro Rostagno. Unter ihnen befand sich aber auch ein Sohn des christdemokratischen Politikers und mehrfachen Ministers Carlo Donat Cattin.

Während die linksextremen Gruppen begannen, sich für den bewaffneten Kampf zu formieren, schmiedete der rechte Heeresgeneral Junio Valerio Borghese Putschpläne, die er auch in die Tat umsetzte. Darüber hinaus fingen die einst fanatischen und nun frustrierten Mussolini-Anhänger und die ehedem aktiven antifaschistischen Widerstandskämpfer an, sich wieder zu bekriegen – über 35 Jahre nach dem Ende des zweiten Weltkriegs.

Am 7. Dezember 1970 war es soweit. Der Befehl zum Putsch, der im Geheimcode »Aktion Tora-Tora« hieß, wurde von Junio Valerio Borghese erteilt. Sie hieß so in Erinnerung an den japanischen Angriff auf Pearl Harbor, der am 7. Dezember 1941 erfolgt war.

Die parlamentarische Untersuchungskommission über Licio Gellis geheime Freimaurerloge P2 schloß in ihrem Abschlußbericht über ein Jahrzehnt später nicht aus, daß auch Gelli an diesem Putschversuch beteiligt war. Indizien, die derartige Rückschlüsse zuließen, waren aktenkundig geworden.

Das Jahr 1970 war insgesamt sehr instabil. Die Regierung unter dem Christdemokraten Mariano Rumor, deren Koalition aus Christdemokraten, Sozialisten und Republikaner er anführte, war nach nur drei Monaten Amtszeit zurückgetreten – wegen eines angekündigten Generalstreiks. Der amerikanische Staatspräsident Richard Nixon war zu einem Staatsbesuch in Rom, und das Scheidungsrecht hatte endlich Gesetzeskraft erlangt.

Man nannte den 64jährigen Römer, der keinen Hehl aus seinen Sympathien für die extreme Rechte machte, den »schwarzen Prinzen«. Im zweiten Weltkrieg war er wegen seiner Erfolge mit seinem U-Boot gegen die britische Mittelmeerflotte mit hohen Auszeichnungen bedacht, aber nach dem Krieg schließlich zu 12 Jahren Haft verurteilt worden, wobei ihm ein Großteil der Strafe allerdings erlassen wurde. Borghese war während der Repubblica di Salò mit unerbittlicher Härte gegen die heimischen Partisanen vorgegangen. 1952 war Borghese der neofaschistischen Partei Movimento sociale italiano beigetreten, der er allerdings schon bald wieder den Rücken drehte. Borghese war der Ansicht, daß sich die Nachfolgeorganisation der Duce-Partei zu sehr mit dem »Parlamentarismus« vermischt hätte. Einige Jahre später, 1968, gründete er deshalb seine eigene Partei, und zwar den Fronte nazionale, die Nationale Front, die sich der Unterstützung gewisser militärischer, politischer und wirtschaftlicher Kreise gewiß sein konnte. General Borghese lieferte indirekt auch den Beweis, daß bei einigen Privatunternehmern Gelder eingetrieben wurden, um damit mögliche militärische Aktionen gegen einen kommunistischen Aufstand zu finanzieren.

Die Operation »Tora-Tora« begann um 20.30 Uhr. Ihre Ziele waren zunächst das Innen- und Verteidigungsministerium, die Hörfunk- und Fernsehanstalt RAI sowie die Telefon- und Telegrafenzentrale. Um diese Zeit schüttete es in der italienischen Hauptstadt wie aus Eimern; ein Umstand, der vielleicht eine entscheidende Rolle spielte. Doch davon unbeirrt gab Borghese seinen Helfern im Sitz der Fronte nazionale in der Via Sant' Angeli Merici genaue Instruktionen. Im Hafen von Civitavecchia lagen etliche Schiffe vor Anker, mit denen linke Parlamentarier, Gewerkschafter und Journalisten auf die Insel Ponza und auf die Äolieninseln an der Nordküste Siziliens geschafft werden sollten. Damit die Säuberungsaktion auch in Sizilien reibungslos vonstatten gehen konnte, war zuvor der damalige Boß der sizilianischen Cosa Nostra, Luciano Liggio, um entsprechende Unterstützung gebeten worden. Als Gegenleistung erhielt er von den Putschisten das Versprechen einer Teilamnestie.

Die Einsatztruppe befand sich am Monte Sacro. Einem Kommando gelang es zur gleichen Zeit, sich mittels eines Komplizen Einlaß in das Waffenlager des Innenministeriums zu verschaffen. Hier brachte es 200 Maschinengewehre in seine Gewalt. In der Zwischenzeit bewegte sich eine Fahrzeugkolonne mit insgesamt 197 Forstpolizisten, ebenfalls dem Befehl von General Valerio Borghese unterstellt, in Richtung Sende- und Produktionszentrum der RAI in der Via Teulada. Sie unterstanden Oberst Luciano Berti. Doch bevor der Konvoi die RAI erreichte, kam der Befehl, wieder abzurücken und die gestohlenen Waffen wieder beim Innenministerium abzugeben. Die Fallschirmspringer wurden in die Kasernen zurückbeordert. Die Aktion »Tora-Tora« wurde abgeblasen.

Die genauen Gründe wurden nie aufgedeckt. Seltsam war, daß der abgeblasene Putschversuch im nachhinein von vielen Seiten zur Farce heruntergespielt wurde. Regierung und staatliche Stellen taten, als sei nichts geschehen.

Welche Rolle spielten aber die italienischen Geheimdienste? War es überhaupt glaubwürdig, wie man später versicherte, daß sie keinerlei Hinweise auf den bevorstehenden Putsch erhalten hatten? Und war das Ganze letztendlich vielleicht ein abgekartetes Manöver, um sämtliche Putschisten in Aktion treten zu lassen, um dann reinen Tisch zu machen, damit die Regierung im öffentlichen Ansehen gestärkt dastehen konnte? Man wollte angeblich durch den Putschversuch eine »starke und langlebige Regierung« erzwingen.

Fest steht, daß die geheime Putschorder die Mobilisierung aller »antikommunistischen Offiziere« vorsah; Offiziere, Unteroffiziere und Soldaten, auf die man sich blindlings verlassen konnte. Fest steht auch, daß zwischen den rechtsextremen Kreisen und dem Geheimdienst zuweilen innige Kontakte bestanden. Weitere Gerüchte sollten auch im nachhinein für Unruhe sorgen. Die Putschisten um Borghese, so gutinformierte Stimmen, sollten über einen amerikanischen Geheimagenten namens Edward Fendwich Kontakt zur CIA gehabt haben. Der zivile Geheimdienst SID wurde damals vom sizilianischen General Vito Miceli geleitet. Nachdem er die Strategieschule der NATO absolviert hatte, wurde er ins Oberkommando des Heeres versetzt. Miceli, den ein römisches Gericht vom Vorwurf der Beihilfe zum Staatsstreich später freisprach, gab jedoch immer vor, nichts von den Umsturzplänen gewußt zu haben.

Der Anführer des Putschs, General Borghese, setzte sich unterdessen ins Ausland ab. Haftbefehl gegen ihn erließ die römische Staatsanwaltschaft erst am 19. März 1971. In einem Interview mit dem Schweizer Fernsehen machte Borghese keinen Hehl daraus, wer seine eigentlichen Feinde waren: »Heute kämpfe ich gegen die Italiener, heute spreche ich schlecht von den Italienern, wenn ich sage, daß unsere gefährlichsten Feinde in Italien die Kommunisten, also Italiener sind. Und ich habe keine Scheu zuzugeben, daß sie Feinde sind und ich sehr zufrieden wäre, wenn ich sie vernichten könnte, weil wir damit unser Land von Feinden befreien würden, die mit uns zusammenleben und die eine ewige Gefahr darstellen.

Man kommt an einen Punkt, an dem man sich entscheiden und engagieren muß. Das heißt, daß man im Kampf die zugedachte Stellung einnehmen muß; und kämpfen heißt das letzte geben – bis zum Tod. Das sieht man natürlich anders, wenn man nicht kämpfen möchte. Ich bin kein Philosoph, ich bin kein Metaphysiker, ich bin ein Mann der Aktion, ein Mann des Kampfes. Seit 50 Jahren habe ich diese kämpferische Stellung inne und werde auf diesem Weg weitermachen.

Heute kämpfe ich mit der Nationalen Front, ich besetze eine Stellung an der Spitze dieser Bewegung, dieser Vereinigung von Italienern, die einen ganz bestimmten Kampfauftrag haben. Ich bin gegen das Chaos, gegen die Unordnung, gegen die Anti-Nation und gegen den Kommunismus.« Klarer hätte der »schwarze Fürst« sich und seine Geisteshaltung nicht beschreiben können. Für den Putschversuch wurden erst 14 Jahre später von einem Gericht Stefano Delle Chiaie, Begründer der rechtsextremen Gruppierung Avanguardia nazionale, und die ehemaligen Mitarbeiter der Geheimdienste, Sandro Saccucci und Amos Spiazzi, zu langjährigen Haftstrafen verurteilt. Im anschließenden Berufungsverfahren wurden sie jedoch wieder freigesprochen.

Die Fabrik als primärer Agitationsort

Die Arbeiter waren unvermittelt zum Motor der gesellschaftlichen Erneuerung geworden. Den Vorposten bildeten dabei insbesondere die Metallarbeiter, deren Gewerkschaftsvertretung ihrerseits bei den Einheitsgewerkschaften das Sagen hatten. Und sie hielten absolut nichts von einem Pakt zwischen konservativen und reformistischen Bestrebungen. Sie wollten »revolutionär« sein.

»Wir waren ein Grenzland zu den kommunistischen Ländern«, sagt der berühmte piemontesische Autodesigner Sergio Pininfarina, dessen Vater einst bei FIAT Karosserien entworfen hatte, »und daher war es sehr wichtig für Italien, daß hier ein gewisser sozialer Frieden herrschte, was allerdings von den jeweiligen Regierungen, die einander ablösten, mit weitreichenden Konzessionen teuer erkauft worden ist. Als Ergebnis ist herausgekommen, daß die italienischen Arbeiter geschütztere Lebensbedingungen bekamen, die sich auch auf die Lohnkosten ausgewirkt haben.« Leistungen, die zum Teil die Wettbewerbsfähigkeit der italienischen Industrie erheblich einschränkten.

»Soziale Instabilität, das chronische Phänomen des unentschuldigten Fernbleibens vom Arbeitsplatz sowie die Reduzierung der Produktionskapazitäten«, schrieb Gianni Agnelli am 15. Januar 1973 an die FIAT-Aktionäre, um ihnen die erwirtschafteten Verluste zu erklären, hätten dazu geführt, daß 1972 200 000 Autos weniger produziert worden seien. Seit 1971 war eine Umstrukturierung des Konzerns im Gange, die von einer amerikanischen Unternehmensberatungsfirma erarbeitet worden war. Denn jetzt, da die Absatz- und Produktionskrise spürbar wurde, kamen strukturelle Unzulänglichkeiten zutage, die in den Jahren des Booms verwischt worden waren. Ein behäbiger Verwaltungsapparat verschlang nicht nur unnötige Kosten, sondern boykottierte zum Teil auch (bewußt oder unbewußt) die Entscheidungslinien des Konzerns. Deshalb tat sofortige Abhilfe not. Doch der Abwärtstrend bei FIAT hielt weiter an.

Die Atmosphäre des Umbruchs, die in den Fabriken in Mailand, Genua und vor allem Turin gärte und brodelte, wollten natürlich viele militante Gruppen für ihre Zwecke nutzen. Aber eine neue Qualität gewann der militante Kampf dennoch erst 1973; in jenem Jahr, in dem die Ölkrise nicht nur die Fortschrittsträume einer gesamten Nachkriegsgeneration platzen ließ, sondern auch die Überlebenschancen des FIAT-Konzerns in Frage stellte.

Die Roten Brigaden begannen, zunächst noch relativ unbemerkt, ihre Attacke auf Staatsapparat und »Kapitalismus«. Bei den traditionellen Linken, insbesondere bei den Kommunisten sträubte man sich zunächst zu glauben, daß terroristische Methoden als Waffe im politischen Kampf eingesetzt werden könnten. Entführungen, wilde Flugblätter- und Plakataktionen betrachtete die traditionelle Linke in der Regel als Störaktionen von

Kräften, die den demokratischen Vormarsch der Linken um jeden Preis zu verhindern suchten.

Die erste »Strafaktion« der Roten Brigaden erfolgte in Mailand – am 3. März 1972. Das Ziel war der Mailänder Siemensmanager Idalgo Macchiarini. Das dreiköpfige Kommando war in Blaumänner gekleidet und maskiert. Es war Freitag abend gegen 19 Uhr, und der 42jährige Macchiarini hatte gerade sein Büro in der Piazza Zavattari verlassen, um zu seinem Auto in der Via Moisè Bianchi zu gelangen. Dort warteten seine Entführer in einem FIAT 750er Kombi. Der »Prozeß« dauerte eine halbe Stunde. Macchiarini wurde geschlagen, verhört und gedemütigt. Es sollte ein Exempel an ihm statuiert werden, das allen »anderen Neofaschisten im weißen Kragen eine Lehre sein sollte«.

Renato Curcio, Chefideologe der Roten Brigaden, und seine Ehefrau Margherita Cagol, beides Katholiken und Absolventen der soziologischen Fakultät von Trient, siedelten nach Turin um. In dieser Zeit erlangten die Roten Brigaden eine neue Organisationsstruktur, die schon bald mit extremen Gewaltaktionen von sich reden machte.

Die erste spektakuläre Aktion in Turin war die Entführung des christdemokratischen Gewerkschaftsführers Bruno Labate. Er wurde am Abend des 12. Februar 1973 von einem Kommando der Roten Brigaden verschleppt, und ihm wurde ein sogenannter Volksprozeß gemacht. Labate, den die Rotbrigadisten für die Beschäftigung von »Aktivisten der Reaktion« bei FIAT verantwortlich machten, wurde in eine Garage geschleppt und fünf Stunden lang verhört.

Am Ende des sogenannten Prozesses wurde Labate von den Rotbrigadisten geschoren und ohne Hosen am Werkstor eins der Mirafiori-Werke angekettet. An seinem Hals hing ein Schild, auf dem seine Gewerkschaft Cisnal als eine »faschistische Pseudogewerkschaft« definiert wurde, »die von den Arbeitgebern in den Fabriken ausgehalten wird, damit sie die Arbeiterklasse spaltet«.

Die Reihe der Entführungen riß nicht ab. Am 28. Juni war der Alfa-Romeo-Manager Michele Mincuzzi an der Reihe. Mincuzzi wurde in Arese bei Mailand entführt, verhört und ebenfalls am Werkstor angekettet. Die Aufschrift des Schildes an seinem Hals lautete: »Faschistischer Manager, dem von den Roten Brigaden der Prozeß gemacht wurde.«

Den vorläufigen Höhepunkt bildete jedoch die Entführung des FIAT Auto-Personalchefs Ettore Amerio. Er wurde gegen halb acht auf dem Weg zur Arbeit in der Turiner Innenstadt entführt. Es war der 10. Dezember 1973. Diesmal allerdings dauerte das Verhör durch die Roten Brigaden ganze acht Tage. Erst am 18. Dezember kam Amerio frei, und zwar mit der Begründung, er habe bei den Verhören zufriedenstellenden Willen zur Mitarbeit bekundet. Gegenstand der Verhöre, die, wie sich später herausstellte, von Renato Curcio persönlich geleitet wurden, waren die betriebsinterne Spionage, die Entlassungen von Arbeitern und die »Anstellung von Faschisten« sowie die »Konterrevolution« bei FIAT im allgemeinen. Nach Amerios Freilassung wurde ein Teil der geplanten Kurzarbeit wieder zurückgenommen.

Die Roten Brigaden verbuchten dies als positives Ergebnis ihrer Strafaktion.

Organisiert und ausgeführt wurde Amerios Entführung von der »Turiner Kolonne« der Roten Brigaden. Neben Renato Curcio und Mara Cagol gehörten der Zelle der Roten Brigaden, die 1971 in Turin vermutlich formell gegründet wurde, Maurizio Ferrari, Fabrizio Pelli sowie Alfredo Bonavita an. Sie alle wirkten im Untergrund, nachdem sie den Weg des bewaffneten Kampfes eingeschlagen hatten.

Bonavita, der nach seiner Verhaftung und Verurteilung dem bewaffneten Kampf der Roten Brigaden abschwor, gab an, daß er der KPI und der Gewerkschaft den Rücken gekehrt habe, »weil diese historischen Organisationen der Arbeiterbewegung den großen Massenkämpfen jener Jahre keinerlei Perspektive boten, die Macht zu ergreifen«.

Die Roten Brigaden wurden in Bonavitas Augen zur einzigen Gruppierung, die den »revolutionären Prozeß« hätte voranbringen können. Ein anderer Anführer der Roten Brigaden, Alberto Franceschini, meinte: »Es ist die einzige Möglichkeit, um aus der Nicht-Politik der KPI und der anderen offiziellen Linken herauszuführen, die einzige Möglichkeit, um die Stagnation durch die Parteienherrschaft zu durchbrechen.« Die Roten Brigaden definierten sich selbst als »Einheiten der bewaffneten Propaganda«.

Die Entführung Amerios hatte Sympathien bei engagierten Arbeitern geweckt. Sie versuchten Kontakt zu den Roten Brigaden aufzunehmen.

FIAT versuchte auf seine jahrzehntelang bewährte Art, die Macht der kommunistischen Arbeiter einzudämmen – indem das Unternehmen die Beschäftigten wieder verstärkt observieren ließ. Daß FIAT die eigenen Beschäftigten ausspionierte, wurde im August 1971 mehr oder weniger durch Zufall bekannt.

Den Stein ins Rollen brachte ein FIAT-Angestellter, ein gewisser Caterino Teresa, der ein Jahr zuvor entlassen worden war, weil er sich weigerte, eine Dienstreise nach Mailand mit dem Zug statt mit dem Auto zu unternehmen. »Befehlsverweigerung«, lautete der Kündigungsgrund. Nach der Entlassung verlangte der unbeugsame Angestellte neben der gesetzlich vorgeschriebenen Abfindung auch eine entsprechende Prämie und wandte sich daher an das zuständige Arbeitsgericht. Auf die Frage, warum er am besagten Tag dienstlich nach Mailand fahren sollte, antwortete Teresa freimütig: »Ich mußte meiner üblichen Arbeit nachgehen. Ich wurde 1953 als Spion bei FIAT angestellt.« Als Beweis für seine Aussagen lieferte er dem Richter auch einige Geheimakten, die über FIAT-Beschäftigte angelegt worden waren.

Die anschließende Durchsuchung der Verwaltungsräume von FIAT brachte das Geheimarchiv des Autounternehmens ans Tageslicht. Insgesamt 354 077 Dossiers, die Informationen über jeden einzelnen FIAT-Beschäftigten enthielten, wurden am 5. August 1971 von der Turiner Staatsanwaltschaft beschlagnahmt. Zusammengetragen worden waren die Dossiers von allerlei Informanten: Polizisten, Geheimdienstleuten, Gemeindeangestellten. Ihre Namen wurden kurze Zeit später nicht nur in Zeitungen veröffentlicht, sondern standen auch auf Plakaten, die in der ganzen Stadt geklebt wurden.

Die Überwachung der FIAT-Mitarbeiter ging bereits auf das Jahr 1917 zurück. Giovanni Agnelli hatte das System ausgetüftelt, und es war später von Valletta perfektioniert worden, als der Vormarsch der KPI im Nachkriegsitalien unaufhaltsam schien. Doch die Entdeckung der geheimen Mitarbeiterakten, die ständig aktualisiert wurden, fiel in eine denkbar ungünstige Zeit und hat das Feindbild des »ruchlosen Kapitalisten«, der seine Mitarbeiter gegen alle Regeln der Demokratie ausspioniert und observiert, zusätzlich genährt. Die vertrauensbildenden Maßnahmen, die auf einen Konsens zwischen den Sozialpartnern ausgerichtet waren, wurden mit der Entdeckung der Geheimdossiers mit einem Schlag hinfällig.

Allein zwischen 1967 und 1971 waren 150 000 Akten angelegt worden – mehr, als der militärische oder zivile Geheimdienst in den Spitzenzeiten je hatte vollbringen können. Durch die Durchleuchtung der Arbeiter beziehungsweise derer, die sich um eine Anstellung bewarben, waren insgesamt 60 000 Überprüfte abgelehnt oder entlassen worden.

Plötzlich erschien auch die Figur Gianni Agnelli in einem anderen Licht. Das Image des aufgeklärten Kapitalisten, der mit einer gewissen Koketterie mit linken Ideen den tatsächlichen Vormarsch der linken Kräfte zu unterhöhlen suchte, bekam deutliche Risse. Ein Beleg also, daß sich an der Kommunistenverfolgung der fünfziger Jahre durch Valletta auch mit Gianni Agnelli nichts geändert hat?

Gianni Agnelli, eiligst aus seinem Urlaub zurückgeholt, versuchte alles, um den Schaden so gering wie möglich zu halten. Als Erleichterung empfand er es, daß der Gerichtsort von Turin nach Neapel verlegt wurde. Aus »Gründen der öffentlichen Ordnung«, wie das Tribunal in der Begründung ausführte, müsse der Prozeß in Neapel und nicht in Turin abgehalten werden, was sich als taktisch kluger Schachzug erwies.

Zwei Jahre dauerten die Ermittlungen. Angeklagt wurde schließlich fast die gesamte FIAT-Führung. Doch sowohl der Präsident Gianni Agnelli als auch sein jüngerer Bruder Umberto, der Geschäftsführer war, wurden von einer Anklage verschont. 1978 kam es dann zur Verurteilung. Doch an dem ausgetüftelten Überwachungssystem der FIAT-Beschäftigten soll sich gleichwohl nicht viel geändert haben.

Der Mann, der Bewegung in die politische Landschaft der siebziger Jahre brachte, war eher klein und unscheinbar, gehörte einer angesehenen, selbstverständlich katholischen sardischen Adelsfamilie an, hatte sich seit frühester Jugend für die kommunistische Partei eingesetzt und gehörte schon mit jungen Jahren dem Zentralkomitee der Partei an. Er war kein flammender Redner. Die Agitation war nicht Enrico Berlinguers Welt. Er war eher ein kühner Stratege.

1944 war er bei der »Brotrevolte« verhaftet worden und entkam nur knapp der Todesstrafe. Damals regierte auch in Sardinien die Badoglio-Regierung. Die Anklage lautete: »Bewaffneter Widerstand gegen die Staatsgewalt, Zerstörung und Plünderung, unerlaubter Waffenbesitz und subversive Vereinigung und Propaganda.«

Als Generalsekretär der KPI wollte Berlinguer in die Praxis umsetzen, was er als »italienischen Weg« des Sozialismus bezeichnete, was aber dem amerikanischen State Departement ebenso wie der KPdSU ein Dorn im Auge war: die Ziele des Sozialismus auf dem Weg einer parlamentarischen Demokratie zu erreichen. Ein Paradoxon: Wichtigster Bündnispartner sollte ausgerechnet die Partei sein, die für eine Vielzahl von Missetaten und Skandalen verantwortlich war: die Democrazia cristiana. Unter der Formel »historischer Kompromiß« hatte Berlinguer seinen Königsweg aus der Krise gefunden und später sogar, wenn auch etwas halbherzig, öffentlich in Moskau seinen Dissens mit der Breschnewdoktrin bekundet. Kommunisten und Christdemokraten vereint in einer Regierung? Ein Sakrileg für beide Lager.

Am 13. März 1972 wurde Berlinguer auf dem XIII. Kongreß der KPI als Nachfolger von Luigi Longo zum Generalsekretär der KPI bestimmt. Im September 1973 begann Berlinguer mit dem ersten von insgesamt drei Artikeln in der Zeitschrift *Rinascita*, in dem er seine Vorstellungen vom Ausweg aus der politischen Krise skizzierte, seinen Marsch durch die Institutionen, der allerdings auf halbem Weg von Rotbrigadisten jäh unterbrochen wurde.

Seine Vorstellung, Kommunisten und Christdemokraten müßten zusammengehen, waren durch die Erfahrungen des Pinochet-Putsches in Chile bestärkt worden.

Er bezog seine Lehren teilweise aus der militärischen Niederschlagung der Volksfrontregierung Salvador Allendes. Doch auch die Befreiung Italiens vom Faschismus, die im Zusammengehen aller demokratischen Kräfte erfolgte, war für Berlinguer eine Erfahrung, aus der sich Grundsätze für die gegenwärtige politische Praxis ableiten ließen. Und alles drehte sich um den gesellschaftlichen Umbruch, den die Menschen hautnah empfanden, und die Erlangung des gesellschaftlichen Konsenses, den Veränderungsprozeß in Bahnen zu leiten. Es galt, Auswege aus der Krise zu finden, die die italienische Demokratie »blockiert« hatte.

Der Vormarsch der KPI, der sich in einem immer größer werdenden Stimmenanteil bei den Wahlen ausdrückte, schien nicht aufzuhalten. Sie war nahe dran, die bislang größte italienische Partei, die Democrazia cristiana, zu überflügeln. Während der Stimmenanteil der Christdemokraten abnahm und sich nur aufgrund der traditionellen Hochburgen im Mezzogiorno an der Macht halten konnte, stieg der Stimmenanteil der KPI, und zwar besonders im industrialisierten Norden.

Doch selbst bei einer eventuellen absoluten Mehrheit aller linken Kräfte sah es Berlinguer als illusorisch an, daß eine derartige Regierung langfristig überleben könne. Daher brachte er den Begriff der »demokratischen Alternative« ins Spiel, die das Zusammengehen von Kommunisten und Sozialisten mit Christdemokraten und anderen demokratischen Parteien vorsah. Berlinguers Begründung: »Die Schwere der Probleme des Landes, die stets latenten Drohungen mit reaktionären Abenteuern und die Notwendigkeit, dem Land endlich einen sicheren Weg der Wirtschaftsentwicklung, der sozialen Erneuerung und des demokratischen Fortschrittes zu ebnen, lassen es immer dringlicher werden, daß man zu dem gelangt, was man als neuen großen ›historischen Kompromiß‹ zwischen allen Kräften bezeichnet, die die große Mehrheit des italienischen Volkes repräsentieren.«

Die Sozialisten hingegen setzten sich für eine »Alternative der Linken« ein, die die Christdemokratie ausschloß.

Berlinguers Hauptansprechpartner in den Reihen der Democrazia cristiana war Aldo Moro. Doch dessen beabsichtigte Öffnung nach links war innerhalb seiner Partei zunächst nicht mehrheitsfähig; es sollte bis 1978 dauern, bis eine indirekte Regierungsbeteiligung der Kommunisten, von Moro vorangetrieben, erfolgen konnte. Die Einbeziehung der Kommunisten war von pragmatischen Motiven geleitet: Ohne sie war das Land unregierbar geworden; es gab keine andere Chance.

Gleichzeitig nahm die Polarisierung der politischen Kräfte Italiens eklatant zu. Während die KPI ihren Stimmenanteil vergrößerte, erlebte auch die neofaschistische MSI regen Zulauf. Der neapolitanische Christdemokrat Giovanni Leone, der Jahre später aufgrund seiner Verwicklung in die Lockheed-Bestechungsaffäre zurücktreten sollte, wurde am 23. Dezember 1971 mit den Stimmen der Neofaschisten zum Staatspräsidenten gewählt. Dies führte zu einer erneuten Regierungskrise.

Bei den Christdemokraten eckte Gianni Agnelli immer wieder an. Man hielt ihm wiederholt eine Äußerung vor, die er variiert bei allerlei Anlässen von sich gab und die als Kampfansage empfunden wurde. Agnelli, der eine Vorliebe für pointierte Statements hat, sagte gegenüber *Newsweek* an die Adresse der Christdemokraten: »Es geht nicht an, daß die Democrazia cristiana mit 38 Prozent der Stimmen 80 Prozent Macht besitzt.«

Gianni Agnelli zeigte wenig Bereitschaft, diplomatischer mit einer politischen Wirklichkeit umzugehen, die man getrost als ausweglos betrachten konnte. Doch ausgerechnet vom Wohlwollen jener Regierungen unter christdemokratischem Vorsitz, auf die man bei FIAT bekanntermaßen nicht viel gab, war der Konzern abhängig. Bei vielen Auseinandersetzungen zwischen FIAT und den Gewerkschaften mußte die Regierung vermittelnd eingreifen. Und FIAT akzeptierte ihre Intervention – aus Furcht, in Turin könne es sonst zu größeren Unruhen kommen.

Arbeitgeberpräsident
aus der Not heraus

1974 war ein Jahr der Wende. Während der rechtsextreme Terrorismus seinen vorläufigen Höhepunkt erfuhr, trat auch der Terrorismus der Roten Brigaden in eine neue Phase.

»Die Zeit ist gekommen, den Staat in seinen Grundfesten anzugreifen«, lautete die neue Losung der Roten Brigaden. Währenddessen schien FIAT nur zwei Möglichkeiten zu haben: entweder die Verstaatlichung beziehungsweise der Verkauf von unrentablen Produktionszweigen an den Staat oder die Veräußerung an ein ausländisches Unternehmen. Weder das eine noch das andere, befand Gianni Agnelli, kam für das Unternehmen in Frage. Unbegründet war die Furcht, der Koloß der italienischen Wirtschaft, dessen Präsident so despektierliche Äußerungen über das politische Establishment von sich gab, könne zu einem Staatsunternehmen werden, keineswegs. Die Inflation betrug nach der Ölkrise plötzlich über 19 Prozent. Die Regierung versuchte ihr mit restrikten Maßnahmen wie etwa staatlich verordneten Preisstops beizukommen.

Der Arbeitgeberverband, der sich bis dahin im gesellschaftlichen Leben unterrepräsentiert fühlte, betrachtete nur Gianni Agnelli als eine Autorität, die Vertrauen einflößen und den Weg aus der Krise weisen könnte. Gianni Agnelli selbst weigerte sich zunächst jedoch, an der Spitze der Arbeitgebervereinigung Nachfolger von Renato Lombardi zu werden. Es kam zu einem Patt zwischen Gianni Agnelli und dem Präsidenten des Chemieunternehmens mit staatlicher Beteiligung Montedison, Eugenio Cefis, gewissermaßen Repräsentant einer aufstrebenden »Staatsbourgeoisie« und Erfüllungsgehilfe Amintore Fanfanis, des Generalsekretärs der Christdemokraten.

Ohne sich dessen richtig bewußt zu werden, hatte die Familie Agnelli gewissermaßen die Rolle der Opposition gegenüber der Regierung angenommen. Sie suchte nämlich nach neuen Wegen aus der Krise, zuweilen in Zusammenarbeit mit den Gewerkschaften und Teilen der KPI. Zu seiner Zeit hatte schon Valletta den Gewerkschaftsbossen in Rom den Hof gemacht, war aber in den Fabriken mit eiserner Hand gegen militante Arbeiter vorgegangen.

Gianni Agnelli und damit auch FIAT konnten sich jedoch keinen Konfrontationskurs gegenüber dem politischen Establishment leisten; schon gar nicht in einer Zeit der Wirtschaftskrise, in der man auf Staatsaufträge angewiesen war. Zuweilen entstand innerhalb der FIAT- Führung auch der Eindruck, daß die Probleme, die aus der Energiekrise entstanden, zum Teil von der Regierung verschärft wurden, um den Konzern gefügig zu machen. Weil ein weiterer Konfrontationskurs gegenüber der Democrazia cristiana als schädlich erachtet worden war, sah sich Gianni Agnelli dann doch bewogen, den ihm angetragenen Vorsitz des Arbeitgeberverbands anzunehmen. Er war ihm einmütig angeboten worden, und die Regierung sah darin wohl eine Möglichkeit, Agnelli durch dieses Amt gewissermaßen derart einzubinden, daß er seine politische Widerspenstigkeit aufgab. Was überdies als störend empfunden wurde, war, daß die Mailänder Tageszeitung *Corriere della Sera*, die neben der Turiner *Stampa* zur FIAT-Gruppe gehörte, kein gutes Haar an der Regierung ließ.

Zeitungen, und das scheint eine italienische Eigenart zu sein, befinden sich im Besitz der größten Unternehmensgruppen des Landes, und man läßt sich ein meinungsbildendes Organ etwas kosten, denn viele operieren in den roten Zahlen. So entsteht der Eindruck, als seien diese Presseorgane Sprachrohr der jeweiligen Unternehmensgruppen. Daneben gab es das Nachrichtenmagazin *l'Espresso*, an dem Agnellis Schwager Carlo Caracciolo 48 Prozent der Anteile hielt und das ebenfalls hart mit der Regierung ins Gericht ging. Wenn er schon seinen Schwager nicht in die Schranken weisen könne, drohte der Christdemokrat Amintore Fanfani Gianni Agnelli, müsse er sich zumindest öffentlich von ihm distanzieren. Um keinen weiteren Anlaß zu liefern, beschloß Agnelli fortan getrennte Wege zu gehen. Die Geschäftsbeziehungen zu Carlo Caracciolo wurden sofort abgebrochen. FIAT selbst verkaufte die Beteiligungen am *Corriere della Sera*, der fortan vom Chemieunternehmen Montedison kontrolliert wurde.

Das Tauziehen um den Vorsitz im Arbeitgeberverband hatte sich über Monate hingezogen. Interne Intrigen- und Ränkespiele wurden angezettelt, um einen Vertreter der mittelständischen Betriebe an die Spitze zu hieven. Das wollten allerdings Vertreter der Großindustrie wie Leopoldo Pirelli verhindern.

Am 17. April 1974 wählte die Arbeitgebervereinigung schließlich Agnelli zum Präsidenten. Vergeblich hatte er versucht, statt seiner den venetianischen Finanz- und Steuerexperten Bruno Visentini für das Amt vorzuschlagen. Doch die nationale Arbeitgebervereinigung brachte den gewichtigen Einwand vor, Visentini sei kein Unternehmer. Der militante Kampf subversiver Gruppierungen ging unterdessen unvermindert weiter. Tags darauf hatten die Roten Brigaden mit der Entführung des Untersuchungsrichters Mario Sossi in Genua eine spektakuläre Aktion in die Tat umgesetzt. Sie waren in eine neue Phase des Stadtguerillakampfes getreten.

Der 42jährige Untersuchungsrichter Mario Sossi aus Genua wurde um 20.50 Uhr vor seinem Wohnhaus in der Via Forte dei Giuliani entführt. Ein fünf- oder sechsköpfiges Kommando, das vom Rote-Brigaden-Mitbegründer Alberto Franceschini angeführt wurde, zerrte Sossi mit Gewalt in einen Lieferwagen und fuhr davon. Sossi hatte gegen die militante linksextreme Gruppe XXII Oktober, die von Mario Rossi angeführt wurde und der Gruppe des Mailänder Verlegers Giangiacomo Feltrinelli nahestand, ermittelt und Anklage wegen Mordes und bewaffneten Überfalls erhoben. Rossi wurde daraufhin zu lebenslanger Haft verurteilt, seine Mittäter zu insgesamt 180 Jahren Gefängnis. Den Richterspruch kommentierten die Verurteilten mit dem Slogan: »Sossi, du Faschist, du bist der erste auf der Liste.« Er wurde als »Erfüllungsorgan der Konterrevolution« abgestempelt, weshalb ihm ein »Volkstribunal« den Prozeß machen würde.

Während die Verhöre weitergingen und die Öffentlichkeit in Kommuniqués auf dem laufenden gehalten wurde, zeigten sich die Entführer bereit, Sossi gegen Mario Rossi und die anderen militanten Genossen auszutauschen. Um den Druck in der Öffentlichkeit zu verstärken, drohten die Rotbrigadisten, den Entführten »hinzurichten«.

Doch die Justiz sowie die verantwortlichen Regierungsstellen zeigten sich zunächst unnachgiebig. Am 18. Mai stellten die Rotbrigadisten deshalb ein 48stündiges Ultimatum, das Wirkung zeitigte. Sie drohten mit der Erschießung der Geisel, wenn die acht Rotbrigadisten nicht umgehend freigelassen würden. Zwei Tage später ordnete das Berufungsgericht von Genua überraschend die vorläufige Freilassung der acht Verurteilten an.

Um dies zu verhindern, ließ indessen der damalige christdemokratische Innenminister Paolo Emilio Taviani das Genueser Marassi-Gefängnis, in dem die Rotbrigadisten einsaßen, von Militär umstellen, während der Generalstaatsanwalt, Francesco Coco, beim römischen Kassationshof Revision gegen die gerichtliche Verfügung einlegte. Deutlicher hätte die Konfrontation zwischen Justiz und Staatsapparat nicht demonstriert werden können. Später sollte Generalstaatsanwalt Coco für diese Entscheidung mit seinem Leben bezahlen.

Am 23. Mai kam Mario Sossi nach 35 Tagen überraschend wieder frei, ohne daß die Bedingungen für seine Freilassung erfüllt wurden. Die Rotbrigadisten brachten ihn an den Stadtrand von Mailand, von wo er zum Hauptbahnhof gelangte. Mit dem Zug erreichte er Genua.

Den auf exponierte Vertreter des Staates gerichteten Terror von links erwiderten die militanten Rechtsextremen derweil mit blindem Terror gegen Unbeteiligte. In Brescia ging am 28. Mai während einer Protestkundgebung der Gewerkschaften gegen »Attentate und faschistische Provokationen« auf der Piazza della Loggia eine Bombe hoch. Acht Menschen starben, und 94 wurden zum Teil schwer verletzt. Die Tatverdächtigen wurden verhaftet und abgeurteilt, doch in letzter Instanz wieder freigesprochen.

Zwei Monate später ereignete sich ein neues Attentat, das die Spannung im Lande erneut auf den Siedepunkt brachte. Diesmal allerdings war ein Zug das Ziel, und zwar der Italicus-Expreß, der zwischen Rom und München verkehrte.

Es war der 4. August 1974. Die Bombe explodierte in einem Tunnel auf dem Teilstück zwischen Florenz und Bologna. Wieder starben 12 unschuldige Menschen und 105 wurden verletzt. Und wieder wurden allerlei zwielichtige Manöver getätigt, um von den wahren Attentätern abzulenken. Das erste Ablenkungsmanöver zielte mittels falscher Zeugenaussagen darauf ab, das Attentat linksextremen Kräften zuzuschreiben. Überhaupt schien es, als seien die Ermittlungsbehörden seinerzeit mit aller Kraft bemüht gewesen, zu beweisen, daß Attentate und Gewalt nur von linksextremen Gruppierungen ausgeübt wurden. Angesichts dieser ungewollten Deckung wollten die Rechtsextremisten mit aller Macht aus der Anonymität heraustreten.

Auch das Italicus-Attentat ist bis heute unaufgeklärt geblieben. Daß diese Attentate das Werk rechtsextremer

Militanten waren, stand außer Frage. Der Vormarsch der KPI sollte mit allen, auch »unorthodoxen« Mitteln gestoppt werden. Das hatte ein Kongreß im römischen Hotel Parco dei Principi im Mai 1965 unter dem Titel »Der revolutionäre Krieg« bereits deutlich gemacht. Organisiert wurde die Veranstaltung von rechtsextremen Kräften, die sich von den Parteien abgewandt hatten. »Gegen die kommunistische Gefahr, die die Zivilisation des Westens bedroht«, sagte beispielsweise der Vortragende Edgardo Beltrametti, »sind die demokratischen Systeme hilflos; es tut daher not, die Konfrontation zu radikalisieren, indem man ein Instrument vorbereitet, das die Schaffung von ständigen Einsatztruppen zur Selbstverteidigung vorsieht, die ihrerseits nicht davor zurückschrecken, unorthodoxe Kampfbedingungen zu akzeptieren.«

Dieses forderte nichts anderes als die Schaffung paramilitärischer Verbände, die über Leichen gehen müßten. »Unorthodox« war im Grunde ein Euphemismus und umschrieb nichts anderes als Attentate und Überfälle, an denen sich vielfach auch Militärs beteiligen sollten. Doch einige militante Mitglieder rechtsextremer Gruppen, die den demokratischen Staat mit Gewalt und ohne Rücksicht auf unschuldige Menschen bekämpften, nahmen insbesondere daran Anstoß, daß einige Anführer zwar vorgaben, das System zu bekämpfen und das Erbe des nationalsozialistischen Deutschland anzutreten, andererseits aber weiterhin mit den Spitzen der Militärs verkehrten und bei den Geheimdiensten ein und aus gingen. Aber was für einen Sinn sollte es haben, daß sich Staatsorgane subversiver rechter Kräfte bedienten?

Die Antwort auf diese Frage lieferte jemand, der sich voller Stolz als einziger zu einem sinnlosen Bombenattentat bekannt hat, bei dem in Peteano nahe Görz 1972 drei Carabinieri ums Leben kamen. Wichtige Spuren, die auf Vincenzo Vinciguerra als Attentäter hätten schließen lassen können, hatten die Ermittlungsbehörden vorsorglich verschwinden lassen. Vinciguerra klagte sich so Jahre später selbst dieses Verbrechens an. Er sagte in einem Interview mit dem Fernsehjournalisten Sergio Zavoli: »Der Staat instrumentalisiert seine Gegner, er schafft die Bedingungen für einen Konflikt, destabilisiert so die öffentliche Ordnung, und zwar mit dem Ziel, die herrschende politische Ordnung zu stabilisieren.«

1974 herrschte in Italien Krieg zwischen links und rechts. Verstärkt wurde die Antihaltung, die sich in Gewalt gegen Staatsvertreter und unschuldige Menschen entlud, durch die Erfahrung, daß Teile des Staatsapparates in vielen Gewaltaktionen in irgendeiner Form involviert waren. Die Gewaltaktionen hießen im Volksmund *stragi*, Massaker. »Ein Ergebnis unserer Arbeit«, sagte Libero Gualtieri, der langjährige Vorsitzende der parlamentarischen Untersuchungskommission, die sich mit diesen unaufgeklärten Attentaten beschäftigte, »lautet, daß die Geheimdienste eingriffen, um die Spuren zu verwischen und falsche Fährten zu legen.« Die Terroristen bezeichneten die Bombenattentate auf unschuldige Menschen als *stragi di stato*, Massaker des Staates. Sie wurden auch als Legitimationsversuch für das Entstehen der Roten Brigaden angeführt. Ihrem Chefideologen Renato Curcio war es allerdings nicht lange vergönnt, die Fäden der Organisation in Freiheit zu ziehen. Zusammen mit dem Mitbegründer der Roten Brigaden, Alberto Franceschini, wurde er am 8. September 1974 vor dem Bahnhof des piemontesischen Pinerolo verhaftet – etwa 15 Kilometer von Villar Perosa entfernt. Eine Sondereinsatztruppe unter der Führung des Carabinierigenerals Carlo Alberto Dalla Chiesa hatte den Coup gelandet. Der V-Mann Silvano Girotto, der als Mittelsmann zwischen den verschiedenen linksextremen Gruppierungen in die Organisation eingeschleust worden war, machte die Verhaftung möglich.

Mit der Festnahme jenes schüchternen, aber zugleich äußerst sensiblen Anführers, der aus Ligurien nach Trient gekommen war, um zunächst Soziologie zu studieren, und der dann später davon beseelt schien, sein Studium mit gesellschaftlichem und politischem Engagement zu verbinden, waren die Roten Brigaden gewissermaßen kopflos geworden. Ohne ihren Kopf Renato Curcio wähnte man die Terrororganisation am Ende.

Der Arbeitgebervereinigung vorzustehen und gleichzeitig 70 000 FIAT-Arbeiter in Kurzarbeit zu schicken war eine Aufgabe, der sich Gianni Agnell kaum gewachsen fühlte. Im Oktober 1974 hatte ihn die schlechte Auftragslage zu dieser unpopulären Maßnahme gezwungen. Nach der Ölkrise hatte sich in der gesamten westlichen Welt das Verhältnis der Menschen zum Auto gewandelt, was dazu führte, daß ein Teil der FIAT-Produktion auf Halde landete. Die Autoproduktion, der traditionelle Grundpfeiler des Konzerns, stagnierte. Das Unternehmen schlidderte so in die roten Zahlen, auch weil parallel dazu in Arbeitskämpfen eine Erhöhung der Löhne und Gehälter sowie die Verkürzung der Arbeitszeit erreicht worden waren. Giannis jüngerer Bruder Umberto, der Geschäftsführer des Konzerns, hatte mehrmals Alarm geschlagen, FIAT könne durch das Zusammenkommen dieser Faktoren in den Ruin getrieben werden.

In einer Metropole wie Turin, in der eine gewisse industrielle Monokultur herrschte, solch eine große Zahl von Beschäftigten kurzarbeiten zu lassen, *mußte* Protestkundgebungen auslösen. Um die Kurzarbeit überhaupt genehmigt zu bekommen, hatte Agnelli an die Regierung herantreten müssen; sie entscheidet noch immer über die Kurzarbeiterkasse, in die alle Unternehmen des Landes einzahlen und die nach Bedarf in Anspruch genommen werden kann. Es ist allerdings wichtig, das Wohlwollen der Regierung zu haben. Doch zu dem Zeitpunkt, in der die Regierung über die Kurzarbeit entscheiden mußte, kam es zu einer neuerlichen Kabinettkrise.

Aldo Moro gelang es am 23. November jedoch, zusammen mit den Republikanern, die als Freunde FIATs galten, eine neue Minderheitsregierung zu bilden, die auch von Sozialisten und Sozialdemokraten unterstützt wurde. Ausgehandelt wurde die Kurzarbeit hauptsächlich mit dem Generalsekretär der mitgliederstärksten und den Kommunisten nahestehenden Gewerkschaft CGIL, Luciano Lama, der übrigens ein eingefleischter Fan des FIAT-Klubs Juventus war. Doch in seiner Eigenschaft als Arbeitgeberpräsident verständigte sich Gianni Agnelli mit den Einzelgewerkschaften auf ein Abkommen, das zunächst die Löhne vor der Inflation schützte, sich aber mit der Zeit als Katalysator des Geldwertverfalls erweisen sollte: die *scala mobile*, automatische Lohnangleichung.

Zugunsten des sozialen Friedens hatte Agnelli in diesem Abkommen Zugeständnisse gemacht, die insbesondere Klein- und Mittelbetrieben sehr zu schaffen machten, was auch Wirtschaftswissenschaftler kritisierten. Der FIAT-Präsident tat dies in dem Bewußtsein, gegen die zum Arbeitskampf bereiten Gewerkschaften nichts ausrichten zu können. Sein Einlenken entsprach der Resignation, daß die Gewerkschaften in langwierigen Streiks ohnehin ihre Ziele erreichen würden. Gianni Agnellis Verhandlungspartner waren neben Lama Giorgio Benvenuto (UIL) sowie Pierre Carniti (CISL). Zwischen dem »obersten nationalen Kapitalisten«, dem im Tagesgeschäft eine gewisse Fortüne fehlte, und den Gewerkschaftsvertretern, die das Kunststück fertigbrachten, eine stark politisierte Basis bei der Stange zu halten, entwickelte sich jedoch ein Verhältnis des gegenseitigen Respekts. »Der Zuwachs der Linken ist, wie ich meine, eine historische Wirklichkeit, der Rechnung getragen werden muß«, hielt Gianni Agnelli im Mai 1975 vor der Arbeitgebervereinigung in Mailand allen entgegen, die eine schärfere Gangart forderten.

Mit Gianni Agnellis Politik in der Arbeitgebervereinigung gingen insbesondere die Kleinunternehmer hart ins Gericht, die sich durch die automatische Lohnangleichung benachteiligt fühlten. Um der »Erniedrigung der Arbeitgeber« ein Ende zu bereiten, riefen einige Unternehmer zu Boykottmaßnahmen auf wie etwa Steuerboykott. Doch Agnelli, der in den Augen vieler Unternehmer nicht kämpferisch genug war, erteilte Vorhaben dieser Art eine entschiedene Absage: »Die einzige Waffe, die wir zur Verfügung haben, ist unsere Überzeugungskraft, die Überzeugung und die Rückeroberung unserer fundamentalen Rolle für die Entwicklung des Landes. Daher sage ich ›Nein‹ zum zivilen Ungehorsam, aber auch zum Investitionsstreik und zur Aussperrung in den Fabriken.«

Die Roten Brigaden dachten indes nicht daran, sich geschlagen zu geben. »Zu behaupten, daß FIAT ein Ziel der Roten Brigaden gewesen sei, ist ein Euphemismus«, sagte Gianni Agnelli später. Im November 1975 hatten die Roten Brigaden die Entführung Gianni Agnellis geplant. Warum dieser Plan nicht in die Praxis umgesetzt wurde, bleibt ein Rätsel. Observiert, um eine mögliche Entführung vorzubereiten, wurde auch Gianni Agnellis Bruder Umberto. Aus Sicherheitsgründen verlegte Gianni Agnelli in dieser Zeit sein Domizil aus seinem Geburtshaus im Corso Matteotti, dem früheren Corso Oporto, in der Innenstadt Turins auf die Hügel von San Vito am anderen Po-Ufer.

Mara Cagol, Renato Curcios Frau, arbeitete unterdessen fieberhaft an einem Befreiungsplan für ihren Mann, der im piemontesischen Gefängnis von Casale Monferrato einsaß. Er genoß dort Freiheiten, die den Ausbruch erleichtern sollten. Er konnte telefonieren, Besuche empfangen und gewissermaßen unkontrolliert Briefe nach außen schreiben. In einem Telegramm wurde ihm angekündigt, daß die Befreiung kurz bevorstand. »Paket kommt an«, lautete die verschlüsselte Nachricht. Am

18. Januar war es dann soweit. Angeführt wurde das fünfköpfige Kommando von Mara Cagol. Sie war es auch, die an der Gefängnispforte schellte und um Einlaß bat, unter dem Vorwand, ein Paket abgeben zu wollen. Kaum war Mara Cagol im Gefängnis, holt sie unter ihrem Mantel ein Maschinengewehr heraus und zwang den Wachmann, das Gefängnistor zu öffnen, um einen weiteren Rotbrigadisten hereinzulassen. Beide verschafften sich dann mit Waffengewalt Eintritt zu Curcios Zelle und befreiten den Anführer der Roten Brigaden. »Wir haben hart gearbeitet, müssen aber nun wieder von vorn anfangen«, kommentierte der damalige Turiner Untersuchungsrichter Giancarlo Caselli.

Insgesamt 334 Tage war Curcio auf der Flucht, ehe er schließlich am 18. Januar 1976 in der Turiner Porta Ticinese nach einem Waffengefecht mit der Polizei erneut verhaftet wurde.

Im Frühjahr 1975 war der piemontesische Unternehmer Vittorio Vallarino Gancia von Rotbrigadisten entführt worden. Nachdem die Polizei das Versteck des »Schaumweinkönigs« auf dem Hügelland bei Monferrato ausfindig gemacht hatte, befreite ein Sondereinsatzkommando der Carabinieri unter General Carlo Alberto Dalla Chiesa die Geisel. Bei einem Schußwechsel wurde Mara Cagol getötet. Es hieß, daß auch Renato Curcio an der Entführung von Vittorio Vallarino Gancia beteiligt gewesen sei und daß ihm nach dem Feuergefecht mit den Carabinieri die Flucht gelungen war.

Nach seiner erneuten Verhaftung 1976 wurde der harte Kern der Rotbrigadisten um Renato Curcio an der Spitze abgelöst. Zum neuen Chef der Terrororganisation avancierte der aus den Marken stammende Mario Moretti, der Jahre später Organisation und Durchführung der Entführung des Präsidenten der Democrazia cristiana Aldo Moro zu verantworten hatte.

FIAT eilte inzwischen mit großen Schritten auf den industriellen und finanziellen Kollaps zu, und Gianni Agnelli wurde zum ersten Mal Großvater. Seine widerspenstige Tochter Margherita, verheiratet mit Alain Elkann, brachte ihren ersten Sohn, John, zur Welt. Mittlerweile hat Margherita Gianni Agnelli zum achtfachen Großvater gemacht.

Teufelspakte

Die Aufregung über die Äußerungen des KPI-Generalsekretärs war groß. Enrico Berlinguer hatte seit 1974 nicht nur mehrmals zur baldigen Umsetzung seines vorgeschlagenen »historischen Kompromisses« aufgefordert; er hatte auch die NATO-Partner mit seinen Vorstellungen einer Beteiligung der KPI an der Regierung vor den Kopf gestoßen.

Am 15. Juni 1976 erklärte er gegenüber dem amerikanischen Nachrichtenmagazin *Time*, daß er sich unter dem »Schutzschirm der NATO« sicher fühle und daß eine Regierungsbeteiligung der KPI nicht zugleich einen Austritt aus dem westlichen Verteidigungsbündnis bedeute.

Das sah allerdings der NATO-Oberbefehlshaber Alexander Haig anders. Für ihn stellte die Regierungsbeteiligung der KPI das gesamte Verteidigungsbündnis in der NATO in Frage. »Die Beteiligung der Kommunisten an einer Regierung eines NATO-Partners bedroht die Sicherheit der Allianz«, sagte Haig.

Berlinguers »Treuebekundung« zur westlichen Allianz war jedoch taktisch außerordentlich klug. Am 20. und 21. Juni 1976 standen Parlamentswahlen an, und die Democrazia cristiana spaltete sich in der Frage, ob man ein Bündnis mit den Kommunisten eingehen (wie beispielsweise von Aldo Moro propagiert) oder es kategorisch ablehnen sollte (wie von Giulio Andreotti und Arnaldo Forlani vertreten). Der XIII. Parteikongreß der Democrazia cristiana hatte im März nur diesen innerparteilichen Bruch konstatieren können.

Aus dieser blockierten Situation, die kaum innenpolitische, geschweige denn wirtschaftspolitische Planungen möglich machte, erwuchs Gianni Agnellis Wunsch, aktiv in die Politik einzusteigen. Der FIAT-Konzern machte zu dieser Zeit eine seiner schwersten Absatz- und Produktionskrisen durch, die erhebliche finanzielle Folgen hatte. Außerdem wurde gewissermaßen ein Feldzug gegen das Auto an sich und gegen FIAT im besonderen geführt.

Ein Krisenmanager für FIAT mußte her und wurde schnell in Carlo De Benedetti gefunden. Anfang 1976 hatte die Familienholding IFI aufgrund der Verluste des Wirtschaftsjahres 1975 keine Dividende ausgezahlt, was die Familie Agnelli als kleinen Weltuntergang gewertet hatte. Die Rücklagen aus den fetten Jahren waren aufgezehrt. Dieser Umstand war für Aktionäre und mögliche Investoren nicht gerade eine Empfehlung. Der damals aufstrebende piemontesische Jungunternehmer Carlo De Benedetti, der später als Olivetti-Chef das marode Schreibmaschinenunternehmen zu einem der führenden Computerhersteller der Welt machen sollte, war von Frühjahr 1976 an FIAT-Geschäftsführer – zusammen mit Umberto Agnelli. Bei FIAT trat De Benedetti, der mit Umberto Agnelli die Schulbank gedrückt hatte, ein schwieriges Erbe an. Seine Berufung schien jedoch zunächst unter einem günstigen Stern zu stehen. Selbst die Kommunisten, die in Turin mit Diego Novelli den Bürgermeister stellten, schienen einen Narren an Carlo De Benedetti gefressen zu haben.

Ihm eilte der Ruf voraus, jung, dynamisch und aufstrebend zu sein. Kurzum: De Benedetti schien ideal geeignet, den etwas behäbigen FIAT-Laden auf Vordermann zu bringen. Er stellte aber eine wichtige Bedingung: Er wollte nicht nur im Aufsichtsrat sitzen, sondern gleichzeitig auch Teilhaber sein. Der FIAT-Konzern kaufte daraufhin De Benedettis kleine Fabrik auf, und der Krisenmanager erhielt als Gegenleistung 5 Prozent der FIAT-Stammaktien. De Benedetti wurde somit plötzlich zum zweitwichtigsten Aktionär nach der Agnelli-Familie, deren Anteil 25 Prozent der Stammaktien betrug.

De Benedettis Sanierungskonzept war eigentlich klar. Es sah vor, das Stammkapital des Konzerns aufzustokken, um Mittel für Investitionen freizumachen, die Belegschaft drastisch zu reduzieren sowie Veränderungen im Management vorzunehmen.

Umberto Agnelli hatte seinem ehemaligen Schulkameraden gewissermaßen das Feld geräumt und war in die Politik gegangen; er bewarb sich auf der Liste der Christdemokraten um einen Platz im Senat. Gianni Agnelli hatte zuvor fieberhaft daran gearbeitet, aktiv Politik zu betreiben – allerdings für die republikanische Partei, was auch zu einigen Verwicklungen führte. Gianni Agnellis Entschluß, in die Politik zu gehen, war gereift, weil man die etablierten Parteien nicht mehr für fähig hielt, mit den zahlreichen Problemen des Landes fertigzuwerden. 1975 war wirtschaftlich ein düsteres Jahr gewesen. Die Inflation hatte wieder einmal knapp

20 Prozent betragen. Der Ruf nach Experten, die die Wirtschaftsprobleme angehen sollten, wurde laut. Und wer anders als Gianni Agnelli hätte diese Probleme meistern können?

Doch Gianni Agnellis Karriere in den Reihen der republikanischen Partei zerbrach, ehe sie überhaupt beginnen konnte. Statt seiner empfahl sich, wie gesagt, sein Bruder Umberto bei den Christdemokraten, für einen Senatssitz, was von einigen Presseorganen als Verrat an seinem Bruder gewertet wurde. Ursprünglich ging es in erster Linie darum, mit einem Manko aufzuräumen, das die Unternehmerwelt immer wieder beklagt hatte: daß es nämlich in den Parteien an wirklich kompetenten Kandidaten fehle, die wirtschaftspolitische Probleme angehen könnten. Wirtschaftsfachleute sollten Regierungsverantwortung übernehmen.

Ein Agnelli als Retter aus höchster politischer und wirtschaftlicher Not? Kaum hatte Gianni Agnelli seinen Schritt angeboten, wurde er in der linken Presse als das kritisiert, was man schon immer bemängelt hatte: FIAT und damit das Großkapital würden die Leitlinien der Politik bestimmen. Gianni Agnellis kühner Schritt blieb auch bei der Führung der Democrazia cristiana politisch nicht folgenlos und schlug hohe Wellen, die sich erst durch seinen Rückzieher wieder glätteten. Der Christdemokrat Amintore Fanfani, der bis März das Amt des Generalsekretärs innegehabt hatte, wetterte: »Wenn La Malfa 300 000 Stimmen mehr für seine Partei braucht, so muß er es mir nur sagen, dann lasse ich sie ihm per Boten bringen. Agnelli jedenfalls muß einen weiten Bogen um die Politik machen.« Die Christdemokraten fürchteten wohl, mit Gianni Agnellis Kandidatur könne es endgültig um ihre relative Mehrheit im Parlament geschehen sein. Er verzichtete.

Sein Bruder Umberto kandidierte in den Reihen der Christdemokraten für den Senat. Doch bis die Democrazia cristiana einen relativ sicheren Wahlbezirk für ihn fand, wurde er von den Christdemokraten öffentlich vorgeführt.

Umberto Agnelli schaffte schließlich den Sprung in den Senat. Nach der Parlamentswahl und der Bildung einer neuen Regierung wurde er jedoch wieder auf den Boden der Tatsachen geholt. Er, der sich bei den Christdemokraten so heimisch fühlte, wurde nicht für ein Ministeramt vorgeschlagen, so daß er sich schon nach kurzer Zeit wieder auf die Konzerngeschäfte beschränkte. Auch die Parlamentsmühlen mahlen langsam – viel zu langsam für einen Agnelli.

Bei der Parlamentswahl im Juni 1976 kam es schließlich zum befürchteten Vormarsch der Kommunisten. Sie erhielten 34,4 Prozent der Stimmen. Beinahe ein Triumph für Enrico Berlinguer, der mittlerweile seine Strategie des Eurokommunismus weiterentwickelt hatte. Die Democrazia cristiana erhielt 38,7 Prozent. Der *sorpasso,* das demokratische Überholmanöver der KPI, schien plötzlich nur eine Frage der Zeit. Die Sozialisten waren mit nur 9,6 Prozent der Stimmen auf ihrem historischen Tiefpunkt angelangt. Als Reaktion darauf sollten sie kurze Zeit später in einer verschwörungsartigen Aktion den aufstrebenden Mailänder Bettino Craxi zum neuen Generalsekretär wählen.

Der Traum, politisch aktiv etwas bewegen zu können, war von kurzer Dauer gewesen. Selbst seiner Rolle, in Zeiten wirtschaftlicher Krisen, sich national und international als Botschafter eines angeschlagenen Landes zu verdingen, war Gianni Agnelli bald leid. Das Gefühl der Langeweile und der Ohnmacht, von dem er in den Unterredungen mit führenden Politikern und Gewerkschaftern heimgesucht wurde, war für ihn unerträglich. Seine Ausstrahlungskraft und Autorität hatten trotzdem vieles bewirkt: nicht zuletzt, daß die Arbeitgebervereinigung als geschlossene Einheit auftreten konnte und daß die Gewerkschaften wußten, ein Ehrenwort von Agnelli war besser als so mancher schriftliche Vertrag. Weiter in der Rolle des Arbeitgeberpräsidenten zu verharren, kam für ihn indessen nicht in Betracht. Zu seinem Nachfolger wurde am 22. Juli 1976 Guido Carli ernannt, der zuvor als kompetenter Chef der Banca d'Italia tätig war.

Den Knall, den viele Wirtschaftsexperten für ungeheuerlich erachtet hatten, gab es am 25. August in einem Kommuniqué, bestehend aus drei Zeilen, und lautete lapidar, daß Carlo De Benedetti wegen »unternehmenspolitischer Differenzen« als Geschäftsführer bei FIAT ausschied.

Nach nur 100 Tagen hatte sich die Familie Agnelli wieder von ihm getrennt. Es ist viel spekuliert worden, warum dies gerade im heiligen Sommerferienmonat August geschehen sei. Es war die Rede davon, daß er hinter dem Rücken der Familie eifrig Stammaktien habe aufkaufen lassen und daß ihn die Agnellis, als sie davon

Wind bekamen, zur Rede stellten und sofort entließen. Die ganze Wahrheit ist nie herausgekommen. Die kühnste Hypothese lautete sogar, De Benedetti habe mit der Hilfe von Freunden derart viel Stammaktien zusammentragen können, daß nicht mehr viel fehlte, um Gianni Agnelli als Präsidenten abzulösen. Sein fünfprozentiges Stammaktienpaket mußte Carlo De Benedetti am Ende wieder an die IFI abtreten.

Am Rande des wirtschaftlichen Abgrundes, was unter normalen Umständen Konkurs bedeutet hätte, war FIAT Mitte der siebziger Jahre unbedingt auf Liquidität angewiesen; und die hatte man nach einer mühsamen Suche auf dem nationalen und internationalen Finanzmarkt ausgerechnet bei jenem gefunden, der in der westlichen Welt als Ausgeburt des arabischen Bösen galt und noch immer gilt: Oberst Muhamad Ghaddafi.

Doch nicht nur den westlichen Alliierten war der libysche Revolutionsführer ein rotes Tuch, sondern auch in Italien. Denn Ghaddafi hatte einige Jahre zuvor (am 21. Juli 1970) die Besitztümer aller in Libyen lebender Italiener enteignet und die knapp 20 000 Italiener anschließend des Landes verwiesen. Ghaddafi betrachtete die Enteignungen als eine Art Wiedergutmachung für die Zeit der italienischen Besetzung vor und während des zweiten Weltkriegs. Eine »Kriegsentschädigung«, die seiner Meinung nach allerdings noch längst nicht ausreichte. Ghaddafi stand in dieser Zeit auch im nicht ganz unbegründeten Verdacht, Mitgliedern der Roten Brigaden, aber auch anderer Terrororganisationen, Unterschlupf zu gewähren und ihre Ausbildung für den

Stadtguerillakampf zu finanzieren. Einen unsichereren Kantonisten als Wirtschaftspartner hätte es für die Familie Agnelli also kaum geben können.

Gianni Agnelli hat einmal über sich gesagt, er liebe Gefahren und Herausforderungen, sei aber im Grunde kein Hasardeur. Doch in diesem Fall hatten er und seine Familie offenbar keine andere Wahl.

Am 1. Dezember 1976 wurde der neue arabische Sozius FIATs der Öffentlichkeit präsentiert: kein geringerer als der libysche Revolutionsführer persönlich. Außenpolitisch brachte dies Italien in eine echte Zwickmühle. Der größte Privatkonzern des ohnehin labilen Landes an der Südflanke der NATO, der zudem einer der größten Waffenproduzenten der Welt war, holte sich einen Partner ins Haus, der an Unzuverlässigkeit kaum zu überbieten war. Ghaddafi, der sich mit seinen Petrodollars zuvor auch schon an anderen europäischen Spitzenunternehmen hatte beteiligen wollen, letztendlich aber immer abgelehnt wurde, brachte 410 Millionen Dollar in die Kassen des Autokonzerns, die zur Erhöhung des Gesellschaftskapitals dienten – für neue Investitionen dringend benötigtes Geld.

Insider meinten, der Preis für das Aktienpaket sei um das Vierfache zu hoch gewesen. Als Gegenleistung für seine Finanzspritze erhielt Ghaddafi ein dreizehnprozentiges Stammaktienpaket sowie zwei Sitze im Verwaltungsrat des Unternehmens. Der libysche Revolutionsführer, den die Reagan-Regierung später zum arabischen Feind Nummer eins erklären sollte, wurde so mit einem Schlag zum zweitgrößten FIAT-Aktionär.

Eingefädelt hatte das Geschäft die Mailänder Privatbank Mediobanca; beteiligt war daran neben Cesare Romiti auch der FIAT-Finanzexperte Gianluigi Gabetti, der seit 1971 im Konzern tätig und auch für alle großen Finanztransaktionen verantwortlich war, die der FIAT-Konzern seit dieser Zeit getätigt hat.

Als offizieller Investor beim Erwerb der FIAT-Aktien fungierte die Libyan Arab Foreign Bank. Überraschend war nur der übermäßig hohe Kurspreis, den die Libyer für das Aktienpaket zahlten. Es sah fast so aus, als wollten sie die Beteiligung an einem der ältesten europäischen Autounternehmen dazu benutzen, um der Weltöffentlichkeit ihre Macht zu demonstrieren.

Zuvor hatte übrigens bereits Kuwait ein Aktienpaket von Daimler Benz erworben. Waren in diesem Fall auch andere Gegenleistungen im Spiel? Man hat es nie erfahren. Danach wurde jedenfalls viel spekuliert, ob es über den Umweg Sowjetunion vielleicht auch um Waffenlieferungen ging.

Gianni Agnellis anschließender Besuch in Moskau, den FIAT dementierte und der im dunkeln bleiben sollte, ließ die Gerüchteküche erst richtig brodeln. Und wie würde Israel darauf reagieren? Schließlich gehörte der libysche Revolutionsführer in der arabischen Welt zu denen, die ein Existenzrecht Israels kategorisch ablehnten und immer wieder die Auslöschung Israels durch militärische Aktionen verlangten. Und die Turiner Tageszeitung *la Stampa* wurde, so die Ironie des Schicksals, ausgerechnet von einem jüdischen Chefredakteur geleitet: Arrigo Levi, der auch weiterhin Chefredakteur blieb.

Beim Abwägen von Pro und Kontra sprach jedoch alles für eine Beteiligung der Libyer. Einen möglichen Wirtschaftsparter in Acht und Bann zu schlagen, wenn es um Geschäfte und um das Überleben des Konzerns ging, hat FIAT immer abgelehnt.

Die in der Turiner FIAT-Zentrale eiligst einberufene Pressekonferenz nahm sich wie ein Ratespiel aus, und den Quizmaster spielte Gianni Agnelli selbst. »Was glauben Sie wohl, was ich Ihnen jetzt verkünden werde?« eröffnete Agnelli. Und das merkwürdige Quiz konnte beginnen.

Die libysche Beteiligung, so Gianni Agnelli vor versammelter Presse, sei eine ganz normale Investition und nichts weiter. Er sprach der Finanztransaktion jegliche politische Bedeutung ab. Um die Zustimmung der italienischen Regierung zu erhalten, interpretierte Agnelli das Geschäft etwas kühn als FIATs Beitrag, um Libyen aus seinem »Getto« der außen- und wirtschaftspolitischen Isolation herauszuführen.

In einer parallelen Pressekonferenz in Rom machte die Libyan Arab Foreign Bank allerdings unmißverständlich deutlich, daß sie es bei diesem Geschäft nicht nur bei der bloßen Investition bewenden lassen würde; vielmehr wollte sie auch durchaus Einfluß auf die Firmenpolitik nehmen.

Mit der libyschen Finanzspritze waren aber die Probleme von FIAT nicht ausgestanden. Im Gegenteil. Die Jahre bis 1980 sollten für Gianni Agnelli ein Alptraum bleiben.

Unter der US-Regierung Reagan wurde die libysche Beteiligung an FIAT zum Hemmschuh. Im September 1986 bedurfte es einiger Kunstgriffe, die Libyer davon zu überzeugen, daß sie ihre Anteile wieder verkaufen sollten.

Ende März des Jahres kam es am Golf von Syrte zwischen den Vereinigten Staaten und Libyen zu einer militärischen Auseinandersetzung, bei der die Libyer unterlagen. Die Amerikaner waren von einem in Neapel stationierten Flugzeugträger aus gestartet. Als Vergeltungsschlag ließ Ghaddafi zwei Raketen gegen die italienische Insel Lampedusa abfeuern, die zwar keinen materiellen Schaden anrichteten, sich aber sehr negativ auf die italienisch-libyschen Beziehungen auswirkten.

Für den Rückkauf des Aktienpakets, das FIAT einst 410 Millionen dringend benötigte Dollar eingebracht hatte, mußte das Automobilunternehmen nun 3,1 Milliarden Dollar aufwenden. Der Konzern war dazu in der Lage, weil der Absatz boomte wie in den fetten Jahren unmittelbar nach dem Krieg. Um die Transaktion aber über die Bühne zu bringen, mußten diverse europäische Banken, darunter auch die Deutsche Bank, einspringen. Mit Verlusten in zum Teil Millionenhöhe kam sie diese Hilfsaktion teuer zu stehen.

Doch zum eigentlichen Problem wurde der Umstand, daß der deklarierte Feind der westlichen Welt plötzlich über hohe liquide Mittel verfügte, die er in neuerliche Waffenkäufe hätte stecken können. Die amerikanische Regierung soll darauf gedrängt haben, Libyens Beteiligung an FIAT konfiszieren zu lassen. Jedenfalls soll diese Möglichkeit in einer Reihe von Geheimkonsultationen zwischen den USA und der italienischen Regierung erörtert worden sein.

In der Öffentlichkeit hatte Gianni Agnelli die Beteiligung der Libyer immer wieder als ein Geschäft dargestellt, von dem beide Seiten profitiert hätten. Und was für einen anderen Industriellen den sicheren Ruin bedeutet hätte, wurde unter seiner Regie zum glänzenden Geschäft. Daß er so schadlos daraus hervorgegangen ist, belegt, wie einflußreich Gianni Agnelli im In- und Ausland war. Noch immer wird deshalb sein Imperium mit dem eines ganzen Landes verglichen.

Gianni Agnelli hatte den Deal nicht zuletzt auch deshalb unbehelligt abwickeln können, weil die Institutionen des italienischen Staates in den siebziger Jahren nicht schwächer hätten sein können. Die libysche Beteiligung an FIAT war im Verhältnis zu den anderen Problemen, die das Land quälten, vergleichsweise bescheiden. So jedenfalls kann man es auch sehen.

Vaterpflichten

Es ist schwierig, sich gewöhnlichen Familienfreuden hinzugeben, wenn man von der Schwester, zu der man die größte Wahlverwandtschaft verspürt, in aller Offenheit so charakterisiert wird: »Er ist unfähig, stehenzubleiben; und wenn man so ist, kann man nicht glücklich werden. (...) Nicht zu akzeptieren, was man in einem bestimmten Moment seines Lebens hat, stellt ein Problem dar. Ich glaube nicht, daß er das Altwerden akzeptiert, und auch nicht, daß er das Beste aus seinem Alter macht. (...) Er springt lieber auf einen Hubschrauber, um zum Skifahren zu gelangen, als daß er ein Buch liest! Diese ewige Rastlosigkeit wird ihn immer begleiten.«

So Susanna über ihren Bruder. Es wäre jedoch zu banal, deswegen zu behaupten, Gianni Agnelli sei eigentlich ein sehr einsamer Mann. Nicht zuletzt, weil Gianni Agnelli ein durchaus inniges Band der Freundschaft beispielsweise mit Nelson Rockefeller, Giscard d'Estaing, Henry Kissinger und Leopoldo Pirelli verband und noch verbindet.

Gianni Agnelli ist 1,76 Meter groß, ernährt sich immer ausgewogen, vorzugsweise von Schinken, allerlei Risotti und Mais- und Artischockengerichten. Er raucht wenig und stellt eine Eleganz zur Schau, die ebenso eitel wie antiquiert anmutet. Doch Gianni Agnelli wird auch immer wieder kopiert: seine klassische Art, sich zu kleiden, seine Vorliebe für große Hemdkragen mit Knöpfen und pfiffigen Krawatten und seine Angewohnheit, die Armbanduhr über der Manschette zu tragen. Seine Frau Marella, die sich in den USA als Modefotografin einige Lorbeeren verdiente und als Textildesignerin 1978 sogar den begehrten Preis Design Award of the Resource Council of America erhielt, gilt als eine der elegantesten Frauen der Welt. Gern hätte sie, die später auch ein Buch über italienische Gartenanlagen veröffentlicht hat, ihre Arbeit fortgesetzt, doch die Familie stand ihr im Weg.

Gianni Agnelli ist nie ein vorbildlicher Familienvater gewesen. Seine Egozentrik und die Gier, seine Lebenslust in vollen Zügen zu befriedigen, haben ihn die Erziehung seiner beiden Kinder Edoardo und Margherita allzuhäufig vernachlässigen lassen. »Er tut gern hunderttausend Dinge gleichzeitig«, sagt Clara Agnelli über ihren Bruder. »Eben noch ist er im Büro, dann setzt er sich schon ins Auto und fährt nach Sestriere zum Skifahren.«

Seine Frau hingegen lobt ihren Mann in den höchsten Tönen, zum Beispiel in einem Interview mit Enzo Biagi 1987: »Gianni hat mir beigebracht, das Leben zu genießen und Spaß zu haben.« Mit ihm, fährt Marella di Caracciolo fort, »bedarf es nicht vieler Worte, weil er sehr viel Intuition besitzt. Bevor man überhaupt zu sprechen anfängt, hat er schon alles verstanden. Er hat einen sehr ausgeprägten Sinn für alles Schöne. Aber vor zwanzig Jahren war sein Hang zum Zynismus noch ausgeprägter als heute. Das ist Einstellungssache, eine Abwehrhaltung. Ich habe ihn so geliebt, wie er war. Er mußte nur den Mund aufmachen, und schon hat ein Traum begonnen. Jetzt ist er anders, er hat sich gebessert. Er läßt sich mehr sagen und ist auch offener für die Probleme anderer Menschen.« Was sie an ihm kritisiert, ist, daß er zu oft »ich« statt »wir« sage. »Er ist von einem schon beinahe infantilen Narzißmus. Das kommt von dem Lebensstil, der ihm sozusagen in die Wiege gelegt wurde. Für Gianni zählte nur das Vergnügen. Er war es immer gewohnt, sich ausleben zu können.« Über Gianni Agnelli als Vater sagt seine Frau: »Die Kinder haben bestimmt unter seiner Gleichgültigkeit gelitten. Es fehlte ihm völlig an Anteilnahme.«

Am meisten gelitten hat darunter vermutlich Edoardo, der nicht nur des Namens wegen, sondern auch aufgrund seiner inneren Labilität an seinen früh verstorbenen Großvater Edoardo Agnelli erinnert. Er war der Grund für die überstürzte Heirat seiner Eltern und wuchs mit der Gewißheit auf, einmal in die Fußstapfen seines Vaters treten zu müssen.

Gianni Agnelli beabsichtigte die Familientradition aufrechtzuerhalten und seinen Sohn zunächst in der Welt des Fußballs auf seine künftigen Aufgaben vorzubereiten. Bei Juventus sollte Edoardo lernen, wie es im Leben zugeht.

Mit viel medialem Getöse wurde daher seine Aufnahme in die Klubführung bekanntgegeben. Dies sollte ihn für die Präsidentschaft der Mannschaft fit machen. Alles schien in Butter.

Geschäftlich herrschten im FIAT-Management jedoch erhebliche Bedenken.

Man traute einem auf Gottsuche nach Indien Reisenden nicht ohne weiteres die Leitung des Konzerns zu.

Deshalb wurde sein Cousin Giovanni, Umbertos erstgeborener Sohn, im Herbst 1986 als künftiger FIAT-Präsident immer vernehmlicher ins Spiel gebracht. (Seit Juni 1995 hat er einen festen Sitz im Verwaltungsrat von FIAT. »Giovannino«, wie er in der Familie heißt, winkt allerdings immer ab, wenn man ihn auf die Nachfolgefrage anspricht.)

Edoardo kritisierte diese Entscheidung in einer öffentlichen Aktion, die nicht ohne Pikanterie war. In der Kathedrale Santa Chiara von Assisi plauderte er am 27. Oktober in einer Veranstaltung der Ökumene offen bislang streng gehütete Familieninterna aus. Unter anderem sagte er: »Ich hoffe nur, daß er seine Nachfolge regelt, wie es sich gehört« – in Anspielung auf seinen Vater.

Obwohl die Weichen hinter den Kulissen längst gestellt waren, blieb es danach lange ruhig um Edoardo Agnelli und die Nachfolge an der Führungsspitze. Bis sich Edoardo schließlich selbst aus dem Rennen warf, als er im kenianischen Malindi wegen Drogenbesitzes verhaftet, wenn auch später freigesprochen wurde. Während Edoardos Verhaftung in allen Medien kommentiert wurde und seine Mutter alles tat, um ihren Sohn aus dem Gefängnis herauszuholen, war von Gianni Agnelli nichts zu hören und zu sehen. Offenbar wollte er mit den Problemen seines Sohnes nichts zu tun haben. Es wirkte ganz so, als ließe er Edoardo im Stich – vielleicht, weil er sich sein Versagen als Vater nicht eingestehen wollte.

Edoardo Agnelli galt nie als besonders willensstark. Als Student machte er in Amerika eine schwere depressive Krise durch, aus der ihm, als er wieder in Italien war, die Arbeit mit dem Geistlichen Don Picchi herausgeholfen hat. Aussehen und Wesen nach schlägt Edoardo mehr nach der Mutter. Sein Leben scheint eine einzige Flucht vor den schnöden Tatsachen der realen Welt zu sein.

Wäre es nach seinem Vater gegangen, hätte Edoardo die Militärakademie in Modena oder besser noch als ausländischer Kadett die amerikanische Eliteakademie Westpoint besucht – nach dem Motto: Militärischer Drill ist neben Fußball die beste Schule fürs Leben. Sowohl sein Großvater als auch sein Vater hatten ja eine Militärschule absolviert und es nie bereut.

Doch Edoardo wollte von Kasernendrill nichts wissen und studierte lieber an der amerikanischen Princeton University, wo er orientalische Religionen und Philosophie studierte und Zuflucht bei indischen Gurus fand. Freunde und Kommilitonen gaben ihm den Spitznamen »Crazy Eddy«.

Als Kind soll er oft von seinem Vater getrietzt worden sein. So wird zum Beispiel in den Medien immer wieder einmal berichtet, daß Gianni Agnelli seinem Jungen eines schönen Sonntags einmal versprochen haben solle, ihn zu einem Spiel von Juventus mitzunehmen, es dann aber einfach vergessen habe. Weinend soll Edoardo dann ganz lange auf seinen Vater gewartet haben, der nicht kam, um ihn abzuholen.

Edoardos bisheriges Leben, meinen Freunde, die der Familie nahestehen, sei im Grunde die Geschichte eines sensiblen Menschen, der nur eines wolle: von seinem Vater verstanden und geliebt zu werden.

Über Edoardos Schwester Margherita weiß man, daß sie in den siebziger Jahren eine ausgesprochen oppositionelle Haltung gegenüber ihrem Vater an den Tag legte. Vielleicht um ihn zu provozieren oder sich von der Familie abzugrenzen, kleidete sie sich wie ein Hippie, verunstaltete ihr Äußeres und heiratete sehr früh. Sie war in dieser Zeit vor allem um Distanz zu ihren Eltern und um Unabhängigkeit bemüht.

Äußerlich ähnelt sie eher dem Vater als der Mutter. Sie ist ein kämpferischer Typ, was letzten Endes Gianni durchaus imponierte. Bereits 1975 heiratete Margherita den Journalisten Alain Elkann. Die Trauungszeremonie fand in Villar Perosa statt. Standesbeamter war Gianni Agnelli – in seiner Eigenschaft als Bürgermeister des Ortes.

Edoardo und Margherita haben beide im Ausland studiert. Zu groß war in der Zeit des Terrorismus das Risiko, daß sie einem Attentat zum Opfer fallen könnten. Kaum ein Monat verging, in dem nicht Entführungen zu beklagen waren. Hinzu kam, daß das italienische Schul- und Universitätssystem in diesen hektischen Zeiten derart politisiert war, daß das Lernen zur Nebensache wurde. Angelsächsische Colleges und Universitäten boten da schon größere Gewähr, daß die Kinder das nötige Rüstzeug für ihr späteres berufliches Leben erhielten.

Explosion der Gewalt

Das Jahr 1977 stand in Italien ganz im Zeichen einer explosionsartigen Zunahme des Terrorismus. Die Reihe der Attentate schien nicht enden zu wollen. Insgesamt wurden in diesem Jahr 2128 Terrorakte gezählt. Während die staatlichen Stellen begreifen mußten, daß der linksextreme Terror das gesamte demokratische Gefüge bedrohte, spalteten sich im linken Spektrum aufgrund der Erfahrung, mit den Arbeiter- und Studentenprotesten des vergangenen Jahrzehnts nichts bewirkt zu haben, militante Gruppierungen ab, die dem Staats- und Wirtschaftssystem den bewaffneten Kampf ansagten.

Diese Gruppierungen hießen etwa Lotta continua (ständiger Kampf), Potere operaio (Arbeitermacht) oder Autonomia (Autonomie). Es waren in gewisser Weise Ableger der Roten Brigaden, die aber durchaus selbständig operierten. Die Losung hieß: »Auf Gewalt zu verzichten bedeutet den Verzicht auf Geschichte, bedeutet den Verzicht darauf, die Welt zu verändern.«

Die »Bewegung 77« begann am 7. Februar mit der Besetzung der römischen Universität. Zehn Tage später wollte der Generalsekretär des mitgliederstärksten Gewerkschaftsbundes CGIL und ZK-Mitglied der KPI, Luciano Lama, eine Rede vor den Besetzern halten. Doch die ließen ihn kaum zu Worte kommen. Am Abend desselben Tages griff die Polizei ein und räumte mit Gewalt die besetzte Universität. Dies hatte zur Folge, daß es zu einer radikalen Spaltung zwischen Linksextremen und der KPI kam. Auf dem IX. Gewerkschaftskongreß der CGIL im Juni 1977 versprach Lama eine konstruktive Opposition, falls eine Regierungsbildung auch die KPI einschließen würde. Lama wurde daraufhin von den Linksextremen als »Reformist« beschimpft.

Auch bei den Roten Brigaden erfolgte an der Spitze eine Machtablösung. Nachdem Renato Curcio und Alberto Franceschini verhaftet worden waren, versuchten nun Terroristen wie Mario Moretti, Lauro Azzolini, Francesco Bonisoli und Barbara Balzerani in Genua, Turin und Mailand die Reihen fest geschlossen zu halten. Daneben entstanden neue Zellen in Neapel, Padua und Mestre. Potere operaio, die »Arbeitermacht« um den Professor für politische Wissenschaften aus Padua Toni Negri, hatte sich zwar formell aufgelöst, doch bestand der begründete Verdacht, daß die Protestbewegung zur treibenden Kraft des neuen militanten Protestes geworden war. Neben Toni Negri gehört auch Oreste Scalzone zu den Führern der Bewegung. Beide leben heute in Paris und gelten als »politische Flüchtlinge«. Sie können daher nicht ausgeliefert werden, obwohl sie in Italien rechtskräftig verurteilt sind.

Die Bewegung Potere operaio war es, die in ihrem Arbeiterkampf Strategien entwickelte, die der Industrie und damit auch FIAT schwer zusetzen sollten. Im einzelnen ging es dabei um den *assenteismo*, das kurzfristige, unerlaubte Fernbleiben vom Arbeitsplatz, sowie um die Sabotage in der Arbeitswelt. Diese Strategien wurden eingesetzt, um das Produktionssystem aus den Angeln zu heben und nach Möglichkeit zu zerstören. Erklärte Feinde waren Arbeitgeber und Democrazia cristiana, Gewerkschaften und Arbeiterstatut, aber auch die kommunistische Partei und natürlich FIAT – in den Augen der Terroristen das kapitalistische Unternehmen schlechthin. Profite waren für die Ideologen der Protestbewegung a priori parasitär. In den FIAT-Fabriken herrschte ein Chaos, das in den folgenden Jahren noch zunehmen sollte.

Cesare Romiti beschrieb die Szenerie in den Fabrikhallen in einem Interview mit dem Journalisten Giampaolo Pansa so: »1979 war das Mirafiori-Werk wie die Porta Portese in Rom. Man kaufte und verkaufte alles – mit Ausnahme von Lokomotiven, aber nur weil man sie nicht unbemerkt durch die Betriebstore hätte bringen können. Ansonsten war für jeden etwas dabei: geschmuggelte Zigaretten, Bettlaken, Unterwäsche, Lebensmittel jeder Art, Füller, Krawatten, Radios, Kassetten. Ein Arbeiter kam morgens mit dreißig frischgebackenen Hörnchen an und machte die Runde, um sie zu verkaufen. In den Pressehallen hatten einige Delegierte ›in völlig autonomer Logistik‹ eine Küche auf die Beine gestellt und bereiteten reihum für ein Dutzend Genossen das Mittagessen zu, für 2000 Lire pro Mahlzeit. Ein anderer war Full-time-Friseur.« Selbst an billigen Drogen und Prostituierten fehlte es in den Werkshallen nicht.

Im Februar 1977 kam eine neue Methode auf, »Kollaborateure des Kapitals« einzuschüchtern. Der FIAT-Manager Mario Scoffoni, Personalchef in Rivalta, wurde durch einen Schuß ins Bein niedergestreckt. Und die Gewalttaten rissen nicht ab.

Am 16. November wurde Carlo Casalengo, stellvertretender Chefredakteur von *la Stampa*, von den Roten Brigaden angeschossen. Wenige Tage später erlag er seinen Verletzungen. Casalengo hatte in seinen Kolumnen den linksextremen Terror scharf kritisiert.

Unvermittelt wurde die gesamte Familie Agnelli zur Zielscheibe möglicher Attentate. Es sickerte unter anderem durch, daß Gianni Agnelli und seine Verwandtschaft von verschiedenen linken Zellen observiert wurden. Die Terroristen brachten sich sogar in den Besitz eines Grundrisses des Chalets, das Gianni Agnelli in St. Moritz besaß.

Die Angriffe auf FIAT-Manager häuften sich.

Zum schlimmsten Feind erklärt wurde jedoch die KPI. Enrico Berlinguer hatte gerade eine etwas halbherzige Abkehr von der KPdSU vollzogen. In Moskau hatte er anläßlich des 60. Jahrestages der Oktoberrevolution vor Breschnew den »italienischen Weg zum Sozialismus« eingefordert; insbesondere verteidigte er dabei sein Konzept des »historischen Kompromisses«.

Vor einer Art Tribunal mußten Berlinguer und seine italienische Delegation Rede und Antwort über ihre »reformistischen Abweichungen« stehen. Der heftigen Kritik des sowjetischen Zentralkomitees, das durch einen potentiell eigenständigen Weg der KPI die Politik der Sowjetunion und anderer sozialistischer Staaten unterminiert sah, entgegnete Berlinguer: »Wir werden tun, was wir für richtig halten.«

In Italien wurde Berlinguers konsequentes Auftreten gegen die Vormacht der KPdSU als Feuertaufe seines Demokratieverständnisses gewertet. Besonders der Generalsekretär der republikanischen Partei, Ugo La Malfa, zu dem Gianni Agnelli seit jeher ein besonderes Verhältnis hat, machte sich zum Befürworter einer Regierungsbeteiligung der Kommunisten.

Während die Inflation galoppierte und der Unmut der Arbeiterschaft wuchs, trat Berlinguer für eine Wirtschaftspolitik ein, die als *austerity* beschrieben wurde; zusätzliche Opfer bringen zu müssen war in den Augen vieler Arbeiter jedoch eine unannehmbare Zumutung. Es war dies aber auch die Zeit, in der Berlinguer formell forderte, die KPI endlich in die Regierungsverantwortung einzubeziehen.

Nach dem Rücktritt der Andreotti-Regierung am 16. Januar 1978 schienen die Verhältnisse reif dafür zu sein. Doch über die mögliche Regierungsbeteiligung der KPI drohte sich die regierende Democrazia cristiana zu spalten. Befürworter einer KPI-Regierungsbeteiligung war DC-Präsident Aldo Moro, der zu den persönlichen Beratern von Papst Paul VI. gehörte. Der rechte Flügel der Partei um Mario Segni, Bartolo Ciccardini, Roberto Mazzotta und Giuseppe Zamberletti sprachen sich jedoch strikt dagegen aus und kündeten vehementen Widerstand an – vergebens. Am 11. März kam es zur Bildung einer neuen Minderheitsregierung unter Giulio Andreotti. Der Mann also, der seit Jahrzehnten bevorzugter Ansprechpartner der Amerikaner in der Regierung war, sollte darüber hinwegtäuschen, daß die Regierung von der KPI, den Sozialdemokraten, den Sozialisten sowie von Democrazia nazionale unterstützt wurde.

Die neue Taktik eines Auswegs aus der Krise bestand also zunächst nicht in einer direkten Regierungsbeteiligung der KPI, sondern in der Unterstützung der Andreotti-Regierung im Parlament. Links- und Rechtsextreme verstanden die Welt nicht mehr; Kräfte, die als Parteimitglieder oder auch nur Sympathisanten vor wenigen Jahren noch von der katholischen Kirche exkommuniziert wurden, gingen nun plötzlich ein – wenn auch halbherziges – Regierungsbündnis mit den Christdemokraten ein. Daß dies nicht widerspruchslos hingenommen werden würde, war klar. Eine Reaktion schien nur eine Frage der Zeit.

Rom, 16. März 1978: Aldo Moro spielte wie an jedem Morgen mit seinem Enkelkind, ehe er sich auf den Weg machte.

Es war aber kein gewöhnlicher Arbeitstag. Heute sollte die Abgeordnetenkammer der vierten Andreotti-Regierung das Vertrauen aussprechen. Lange hatte der Präsident der Democrazia cristiana an ihrem Zustandekommen gearbeitet. Moro verstand sich als Integrationsfigur im Spannungsfeld zwischen Christdemokraten und Kommunisten. Natürlich war ihm bewußt, daß er riskierte, zum Ziel möglicher terroristischer Aktionen zu werden. Der Carabinieri-Feldwebel Leonardi, der seine Eskorte leitete, beklagte auch an diesem Morgen, daß seine Kollegen in der Leibgarde nicht mit ihren Waffen umgehen konnten. Sie bewahrten ihre Pistolen und Maschinengewehre zum Teil im Kofferraum auf.

Leonardi äußerte auch zum wiederholten Mal seinen Zorn darüber, daß Moro noch immer keinen gepanzerten Wagen hatte und daß die Bremsen und das Funkgerät nicht richtig funktionierten.

Bereits 1976 hatte Moro erklärt: »Wir befinden uns in einer alarmierenden Krise, aber wir glauben, daß wir sie überwinden können. Wir setzen auf die Zukunft eines Landes, das an Energie, Intelligenz, Mut, Respekt, Gerechtigkeitssinn und Solidarität immer mehr zunimmt. Ich bin sicher, daß bei allen Verirrungen und Fehlern, für die man manchmal einen hohen Preis zahlen muß, in unserer Zeit eine neue Menschlichkeit heranwächst, die reicher ist an Werten, selbstbewußter und engagierter im sozialen Leben. Trotz der Krise oder vielleicht gerade durch sie greift eine neue Welt Platz; und es ist nicht nur unsere Pflicht, sondern auch ein Gebot der Klugheit, ihr diesen Platz zu verschaffen.«

Nach seiner Entführung wurden seltsame Stimmen laut. So war von Drohungen seitens des amerikanischen State Departement die Rede, die ihn dazu bringen sollten, seine Innen- und Außenpolitik zu ändern. Insbesondere wurde eine heftige Auseinandersetzung mit dem damaligen amerikanischen Außenminister Henry Kissinger aus dem Jahr 1974 kolportiert. Streitpunkt war Aldo Moros beabsichtigte Öffnung zur KPI, aber auch Italiens araberfreundliche Nahostpolitik nach dem Ölembargo 1973.

Die Fahrtroute legte Moros Eskorte aus Sicherheitsgründen erst kurz vor der Abfahrt fest. Ihr gehörten an: Oreste Leonardi, Domenico Ricci, Francesco Zizzi, Raffaele Iozzino und Giuliano Rivera.

An diesem Morgen führte die Route durch die Via Fani. Moro selbst fuhr in einer blauen FIAT-130-Limousine; ein anderer Teil der Eskorte benutzte einen Alfa Romeo Alfetta.

Kaum war die Kolonne, aus der Via Trionfale kommend, in die Via Fani abgebogen, fuhr ein weißer FIAT 128 mit diplomatischem Kennzeichen los und Moros Autokolonne voraus. Kurz nach der Bar Olivetti bremste der 128er abrupt am Stoppschild, so daß Moros Wagen und auch der nachfolgende Alfetta auffuhren. Das war das Signal.

Ein neunköpfiges Kommando der Roten Brigaden umzingelte die Autokolonne und schoß mit Maschinengewehren auf die Eskorte. Vier Männer starben auf der Stelle, der fünfte wurde schwer verletzt und erlag später seinen Verletzungen. Aldo Moro selbst, der wie immer zwei Aktentaschen mit sich trug, blieb wie durch ein Wunder unversehrt. Er wurde aus dem Auto gezerrt und verschleppt.

Das Terrorkommando wollte Moro lebend, um ihn gegen im Gefängnis einsitzende Terroristen austauschen zu können.

Kurz darauf übernahmen die Roten Brigaden in einem Kommuniqué die Verantwortung für die fünf Morde und die Entführung Aldo Moros. Weitere Kommuniqués sollten folgen, um über den Stand des »Volksprozesses« zu informieren.

Doch Moros Parteigenossen, aber auch die Kommunisten, waren Verfechter einer harten Linie und schlossen von vornherein jegliche Verhandlungen mit den Rotbrigadisten aus.

Noch am gleichen Tag sprach das Parlament mit den Stimmen der Kommunisten der Andreotti-Regierung das Vertrauen aus.

Die Perfektion der Entführung ließ im nachhinein Gerüchte laut werden, denen zufolge ausländische Geheimdienste logistische Hilfestellung geleistet haben könnten. Fest steht, daß die Pannen und Pleiten, die sich die italienische Polizei und der Geheimdienst während der 55tägigen Entführung Aldo Moros leisteten, nur zwei Schlußfolgerungen zuließen: Entweder waren die betroffenen Stellen eine Karikaturtruppe, oder die Pleiten hatten System und waren so tolpatschig eingefädelt, um zu verhindern, daß Moro lebendig befreit würde.

Verantwortlich war der Innenminister, der sardische Christdemokrat Francesco Cossiga, übrigens ein Cousin Enrico Berlinguers. Er war auch für die Zusammenstellung des Krisenstabes zuständig.

Jahre später, als die Mitgliederlisten der geheimen Freimaurerloge P2 bekannt wurden, stellte sich heraus, daß ein Teil der Mitglieder des Krisenstabes auch der P2 angehörten. Möglicherweise saß sogar der Großmeister der P2, Licio Gelli, am Tisch des Krisenrates. Bekannt wurde jedenfalls, daß Gelli immer eine Kopie der Schreiben erhielt, die Moro in seinem sogenannten »Volksgefängnis« verfaßte. Vergeblich versuchte Moro darin seine Parteigenossen zum Einlenken zu bewegen. Die Democrazia cristiana blieb ebenso unnachgiebig wie die KPI. Der Ruf nach einer strengen Sondergesetzgebung wurde laut, während sich das Land in zwei Lager teilte: in diejenigen, die die Staatsräson obenanstellten und daher jegliche Verhandlung mit den Entführern ablehnten, und in die, denen die Rettung eines Menschenlebens über alles ging.

Führende Mitglieder der Democrazia cristiana, Giulio Andreotti, Amintore Fanfani, Ciriaco De Mita, Arnaldo Forlani, Flaminio Piccoli und Francesco Cossiga, lehnten am 30. März zwar immer noch eine Freilassung von Rotbrigadisten im Austausch gegen Moro ab, zeigen sich aber bereit, ein Lösegeld für ihn zu zahlen.

Einen Einschnitt in der Moro-Entführung markierte der 18. April 1978. An diesem Tag wurde in der Via Gradoli eine konspirative Wohnung entdeckt und ein Kommuniqué gefunden, das sich als gefälscht erweisen sollte. Es handelte sich um das sogenannte Kommuniqué »Lago della Duchessa«. Darin stand, Moro sei hingerichtet worden und sein Leichnam befinde sich im Lago della Duchessa nördlich von Rom.

Erst Jahre später kam ans Tageslicht, daß der Verfasser ein gewisser Toni Chicchiarelli war. Seine Spezialität war es, Dokumente zu fälschen, er verkehrte mit Vorliebe in rechten Kreisen und galt als Informant der Geheimdienste. Im September 1984 kam er unter mysteriösen Umständen ums Leben.

Eine weitere Panne unterlief der Polizei bei der Suche nach der konspirativen Wohnung der Roten Brigaden in der Via Gradoli. Bei einer merkwürdigen spiritistischen Sitzung in der Nähe von Bologna, an der auch der Staatsmanager Romano Prodi teilnahm, war im Zusammenhang mit der Moro-Entführung der Name Gradoli gefallen. Diese »Erkenntnis« wurde an das Innenministerium weitergereicht. Statt aber in Rom nach einer gleichnamigen Straße zu suchen, stellte die Polizei ein umbrisches Dorf gleichen Namens auf den Kopf – natürlich ohne Erfolg.

Auf mehrmalige Anfrage der Ehefrau Moros, warum nicht in Rom nach einer solchen Straße gesucht würde, erhielt sie die Antwort, es gäbe eine solche Straße in Rom nicht. Moros Ehefrau stellte jedoch fest, daß es eine solche Straße in Rom durchaus gab. Dennoch stellten sich die Ermittlungsbehörden erneut merkwürdig stümperhaft an. Ein Polizist suchte die fragliche konspirative Wohnung auf und als sich niemand meldete, vertraute er der Aussage einer Nachbarin, derzufolge es sich bei dem Mieter um einen seriös aussehenden Vertreter handele. Daß es tatsächlich eine Absteige der Roten Brigade war, in der die Moro-Entführer gewohnt hatten, kam erst am 18. April heraus – mehr oder weniger zufällig. Einen Wasserschaden nahm die Mieterin der unteren Wohnung zum Anlaß, die Feuerwehr zu alarmieren.

Moros Todesurteil stand wohl von vornherein fest. Seine zahlreichen Bittbriefe an Freunde und Parteigenossen waren vergebens gewesen. Das Versteck, in dem er festgehalten wurde, lag in der Via Montalcini.

Am 9. Mai 1978 wurde Moro von seinen Entführern erschossen. Sie hatten ihn in die Garage des Wohnhauses gebracht – in dem Glauben, er würde freigelassen werden. Sein Leichnam wurde in einen roten Renault 5 verstaut und der Wagen anschließend in der Via Caetani abgestellt. Die Wahl der Straße war nicht zufällig. Die Via Caetani verbindet die Piazza del Gesù, wo die Democrazia cristiana ihre Parteizentrale hat, mit der Via Botteghe Oscure, dem Sitz der KPI. Die Botschaft war klar: Ein weiteres Zusammengehen von Kommunisten und Christdemokraten war für alle Beteiligten eine Gefahr für Leib und Leben.

Eine versteckte Warnung an Moros Parteigenossen, sich nicht weiter mit den Kommunisten einzulassen.

Gianni Agnelli hatte sich wenige Monate vor Moros Entführung als Botschafter angeboten, um zwischen Rom und Washington zu vermitteln. Zu Marie-France Pochna sagte Agnelli diesbezüglich: »Die Idee stammte von mir. Ich dachte, daß die Zeit gekommen sei, das Bild der Amerikaner, das sie sich über Italien machten, zu verändern, und ich beabsichtigte, die italienische Wirklichkeit jener Zeit zu repräsentieren, in der man die Kommunisten an der Regierung beteiligen wollte. Ein Mann mit meiner Reputation hätte vielleicht dazu beitragen können, sie diese besondere Situation akzeptieren zu lassen. Aber schon recht bald wurde mir klar, daß die Profis im Außenministerium meine Intervention nicht gern gesehen hätten und daß die politische Klasse es vorzog, das Amt einem Funktionär anzuvertrauen statt einem, der frei war, mit den Mächtigen von Angesicht zu Angesicht zu reden. Ich habe dann mit Forlani über meine Absicht geredet und glaube, daß meine Ernennung letzten Endes nicht populär gewesen wäre.« Arnaldo Forlani bekleidete zur fraglichen Zeit das Amt des Außenministers.

Gegenüber der amerikanischen Zeitung *Esquire* gab Gianni Agnelli im Juni 1978 eine Zusammenfassung zu Protokoll, die vernichtender nicht hätte ausfallen können: »In dieser Phase meines Lebens habe ich nicht damit gerechnet, daß alles in Frage gestellt würde: meine Zukunft, meine Geschäfte, mein Land und daß ich mich immer am Rand einer Niederlage bewegen würde. In den fünfziger Jahren, als Italien wieder aufgebaut wurde, glaubte man, daß man die Lage ein für allemal unter Kontrolle hätte; und es ist heute merkwürdig festzustellen, daß erneut alles den Bach hinuntergeht und daß man von vorn anfangen muß.«

Im selben Interview, das von der Journalistin Lally Weymouth geführt wurde, entgegnete Agnelli auch all jenen Stimmen, die von seinem baldigen Abgang kündigten. Der Vorzeigeindustrielle mochte sich wohl nicht aus seinen wirtschaftlichen, aber auch gesellschaftlichen Verantwortungen stehlen.

Agnelli über seine Rolle in Italien: »Ich gehöre diesem Land an. Es handelt sich um eine Pflicht. Der Grund, warum ich hierbleibe und hier mein ganzes Vermögen habe, ist, daß ich als Italiener geboren wurde.«

Um ihn ins Exil zu schicken, so Agnelli, müßten sie ihn schon gewaltsam aus dem Land vertreiben.

Die unverhoffte Wende

Wer geglaubt hatte, daß sich die Streiks langsam ihrem Ende zuneigten und das Land zur Ruhe kommen würde, sah sich 1979 noch getäuscht. Allein bei FIAT fielen fast neun Millionen Arbeitsstunden aufgrund von Streiks aus, was etwa einem Viertel der Kapazität entsprach.

Jedoch waren bereits erste Anzeichen zu vernehmen, daß die Macht der Gewerkschaften zu bröckeln begann. Vorsichtig testete die FIAT-Führung das neue Klima, indem sie im Oktober 1979 etwas tat, wovor sie sich beinahe ein Jahrzehnt lang gefürchtet hatte: Arbeiter zu entlassen, die mit Gewalt Kollegen einzuschüchtern versucht hatten. FIAT verschickte 61 Kündigungen. Begründung: Gewaltanwendung und Unruhe am Arbeitsplatz. Aus den Entlassungsschreiben ging allerdings nicht hervor, ob es sich bei den Betroffenen um Terroristen oder Rotbrigadisten handelt. Die breite Solidarität, die ein Jahrzehnt zuvor eine ungeahnte Welle der Empörung bei den anderen Beschäftigten ausgelöst hatte, blieb aus. Die FIAT-Arbeiter lehnten plötzlich Gewalt als Mittel der Auseinandersetzung ab und distanzierten sich mehrheitlich von den Entlassenen. Dennoch empfanden die Gewerkschaften die Kündigungen als Kampfansage, als Signal, daß die Firmenleitung wieder allein über die Linie des Unternehmens bestimmen wollte. Bislang hatten die Gewerkschaften bei Einstellungen und Umorganisation der Produktion ein Mitspracherecht gehabt.

Die Kehrtwendung bei FIAT löste einen weiteren Terrorakt aus. Mitte September wurde der FIAT-Manager Carlo Ghiglieno ermordet. Die anderen Manager lebten wie hinter Panzerglas: Bodyguards beschützten sie rund um die Uhr; ihre Adressen und Telefonnummern waren aus den Telefonbüchern verschwunden; ihre Fahrtrouten unterlagen der höchsten Geheimhaltungsstufe.

Mit der anschließenden fristlosen Entlassung der gewalttätigen Arbeiter zeigte die FIAT-Führung unmißverständlich, daß die Zeit des Konsenses und der Dialogbereitschaft vorbei war. Unter wirtschaftlichen Gesichtspunkten war das vorangegangene Jahrzehnt allzu desaströs ausgefallen. Über die Motive der Entlassung herrschte jedoch Stillschweigen.

Selbst Gianni Agnelli wollte sich in einem Interview mit der römischen Tageszeitung *la Repubblica* nicht näher über die Beweggründe der Kündigung auslassen. Agnelli: »Wir wissen nicht, was sie taten. Es gibt ein Verfahren und einen Richter. Wer seine Entlassung vor einem Richter anfechten möchte, kann es tun. Dort werden wir unsere Beweggründe darlegen.« Es war klar, daß damit ein Exempel statuiert werden sollte, richtungsweisend für die Zukunft. Und Gianni Agnelli machte klar, daß ein radikaler Bruch mit der Vergangenheit vonnöten sei: »In anderen Ländern wissen die Leute, daß die Industrie keine Wunder vollbringt. Hier aber sind die Arbeiter seit dreißig Jahren an den Gedanken gewöhnt, daß die Industrie alles machen und aushalten kann – selbst die unsinnigsten Sachen. Und das denken nicht nur die Arbeiter, sondern auch ihre Gewerkschaftsorganisationen. Alle denken das: die Parteien, die Gemeinden, der Staat. Wie oft wurde ich von einem Bürgermeister, einem Minister oder einem Ministerpräsidenten gerufen und mußte mir Vorschläge anhören, die verrückt waren; wenn ich Einwände dagegen vorbrachte, wurde mir dann immer geantwortet: ›Aber Avvocato, was ist das schon für Euch? Doch nur eine Frage des guten Willens.‹ Ich verstehe, daß es Leuten, die dreißig Jahre so gedacht haben, nun sehr schwerfällt, sich auf die neue ökonomische Logik umzustellen ...«

Parallel dazu reifte selbst in den Reihen der KPI die Überzeugung, daß FIAT allein nicht aus der Krise herauskommen würde. Die möglichen Szenarien wären entweder, daß FIAT an einen ausländischen Konzern verkaufen könne oder daß die Familie Agnelli unternehmensmäßig die Spreu vom Weizen trennen und beispielsweise defizitäre Betriebe an den Staat verkaufen und die Juwelen behalten würde. Für einen Kauf kam allein der Staatskonzern IRI in Frage. Ein möglicher dritter Weg wäre gewesen, daß sich FIAT wie bisher arrangieren würde. Und immer wieder wurde die Familie Agnelli, wie übrigens auch andere Industrielle, bezichtigt, illegal Kapital in die Schweiz zu schaffen. Im Land selbst herrschte noch immer eine unglaublich große Inflation.

Auf dem 14. Parteikongreß der Democrazia cristiana am 20. Februar 1980 erteilte die Partei eine definitive Absage an eine mögliche Regierungsbeteiligung der Kommunisten. Die KPI verlor zudem sichtlich an Konsens bei den Wählern. Das sind die ersten Anzeichen, die den KPI-Generalsekretär, Enrico Berlinguer, dazu bringen werden, seine Politik des historischen Kompromisses aufzugeben.

In dieser Not schlug die Stunde des Römers Cesare Romiti, der zusammen mit Umberto Agnelli das Amt des Geschäftsführers innehatte. 1974 war er zunächst als Finanzdirektor zu FIAT gestoßen, nachdem er sich zuvor bei staatlichen Betrieben seine Meriten verdient hatte.

Ein Römer in Turin? Viele piemontesische Manager rümpften schon abschätzig die Nase, als sie erfuhren, daß Romiti aus Rom kam. In Turin sind die Menschen den Römern gegenüber nicht gerade aufgeschlossen.

1976 war Romiti dann nach Carlo De Benedettis schnellerer Entlassung zum Mitgeschäftsführer aufgestiegen, um Umberto Agnelli zu entlasten. Für Außenstehende unvermittelt trat Umberto Agnelli dann von seinem Amt zurück und überließ Cesare Romiti ganz das Feld. Am 31. Juli 1980 war seine Ernennung zum alleinigen FIAT-Geschäftsführer perfekt.

Bis zu diesem Zeitpunkt war Cesare Romiti nicht sonderlich aufgefallen. Aber man wußte von ihm, daß er im Umgang äußerst diplomatisch sein konnte und daß er einen besonderen Draht zu den Politikern in Rom hatte.

Von vielen wurde Cesare Romiti zunächst unterschätzt; wohl auch deshalb, weil nicht richtig bekannt war, daß er das uneingeschränkte Vertrauen von Enrico Cuccia genießt, dem Ehrenpräsidenten der Mediobanca. Und gerade Enrico Cuccia ist in diesem heiklen

Jahr 1980 besorgt um FIAT, mehr vielleicht noch als die Familie Agnelli selbst.

Cuccia war Agnellis Finanzberater und Geldbeschaffer. Cuccia machte sich das Überleben von FIAT zur Aufgabe. Soviel Fürsorge war allerdings nicht ganz uneigennützig. Sie erfolgte aus der Annahme, daß der Untergang des Turiner Konzerns notwendigerweise das politische Gleichgewicht des Landes verändern würde, und zwar zugunsten der Politiker in Rom. Cuccia glaubte wohl, daß der FIAT-Konzern ein die Demokratie sicherndes Gegengewicht zur arroganten Politikerkaste in Rom sei, die alles und jeden im Lande unter ihre »Obhut« bringen wollte.

Cuccia und Romiti wußten, daß der Konzern grundlegend umstrukturiert werden mußte, wenn er überleben wollte. Dafür bedurfte es eines starken Mannes, der keine Skrupel hatte. Für diese Aufgabe eignete sich nach Cuccias Ansicht Umberto Agnelli nicht. Überhaupt scheint der große alte Mann der italienischen Finanz keine großen Stücke auf die anderen Mitglieder der Familie Agnelli zu halten. Kein Enkel Giovanni Agnellis, so dachte wohl Cuccia, konnte dem Firmengründer in Finanz- und unternehmerischen Fragen das Wasser reichen. Gianni Agnelli bildete jedoch eine Ausnahme, wobei auch er es am Anfang nicht leicht hatte, Cuccia davon zu überzeugen, daß er seinem Großvater halbwegs ebenbürtig ist.

Und so machte der Bankier Enrico Cuccia zur Bedingung, daß Umberto Agnelli seinen Wunsch begrub, die Nachfolge an der Konzernspitze anzutreten. Gianni war wegen seines Renommees und seines Namens akzep-

tabel, Umberto offenbar nicht. Der Zeitpunkt hätte nicht günstiger sein können, um diese Forderung durchzusetzen.
FIAT muß sich Geld von den Banken leihen. Und wer anders als die Mediobanca konnte da aushelfen?
Doch Cuccia bestand darauf, daß Romiti in Zukunft als alleiniger Geschäftsführer freie Hand haben mußte.
Und er setzte sich durch.

Auch jener Herbst 1980, der die Wende brachte, die Gewerkschaften und mit ihnen die KPI in die Knie zwang, war »heiß«.
Angefangen hatten die Auseinandersetzungen bereits Anfang Mai.
FIAT tat unerwartet etwas, was bei Politik und Gewerkschaften die Gemüter äußerst erhitzte: Das Unternehmen beantragte eine Woche Kurzarbeit für 78 000 Beschäftigte, um Überkapazitäten von mehr als 30 000 Autos abzubauen. Anders als in den übrigen europäischen Ländern mußte die Kurzarbeit jedoch von der Regierung genehmigt werden.
Und diese befürchtete, daß dadurch neue Unruhen entstehen würden. Die Kurzarbeit wurde, wenn auch mit einigem Murren, bewilligt. Viele ahnten aber, daß dies der Anfang einer Entlassungswelle sein könnte. Und die ersten Belege für diese Annahme bot Umberto Agnelli persönlich in einem Interview mit der römischen Tageszeitung *la Repubblica*, das am 21. Juni 1980 erschien. Agnelli verlangte darin eine radikale Kehrtwende in der Wirtschaftspolitik der Regierung.
Seit dem 5. April 1980 regierte eine Dreierkoalition aus

Christdemokraten, Sozialisten und Sozialdemokraten unter Francesco Cossiga, die von der Südtiroler Volkspartei unterstützt wurde. Als Hauptforderung der italienischen Wirtschaft präsentierte Umberto Agnelli in einem Interview eine Abwertung der Lira sowie ein inflationshemmendes Sparprogramm. Über FIATs Schwierigkeiten bekannte Umberto Agnelli: »Es ist ein Industrieunternehmen, das mit sehr schwerwiegenden Schwierigkeiten zu kämpfen hat. Diese sind allgemein bekannt, aber ich kann sie nochmal aufzählen. Wir waren in den letzten Jahren das strapazierteste Soziallabor unseres Landes. Hier wurde alles probiert: ein neues Entwicklungsmodell, eine neue Art, Automobile zu bauen, die Sechsmalsechsstundenwoche. Alles Dinge, bei denen wir uns hart mit den Gewerkschaften anlegen mußten, und dabei haben wir große Chancen verpaßt. Außerdem wurden uns große Investitionen abverlangt, und wir haben sie getätigt. Letzteres unterlassen zu haben kann uns keiner vorwerfen.« Neben der Abwertung der Lira verlangte FIAT auch die Freiheit, Personal abzubauen; etwas, was im vergangenen Jahrzehnt als Sakrileg gegolten hätte.

Doch gerade von einer Abwertung der Lira wollte die Regierung nichts wissen. Diese hätte zwar die Wettbewerbsfähigkeit von FIAT und auch die der anderen exportorientierten Unternehmen erhöht, doch gleichzeitig hätte sie die Einfuhr verteuert, was wiederum inflationsfördernd gewirkt hätte. Ein Teufelskreis. Das Signal für die FIAT-Führung war klar. Sie konnte auf keine Rückendeckung seitens der Regierung hoffen. FIAT mußte die Schwierigkeiten allein bewältigen, und zwar ohne Rücksicht auf die Gewerkschaften. Die Regierung war darüber in Kenntnis gesetzt worden, daß FIAT 15 000 Arbeiter entlassen wollte. Zehn Jahre lang hatte kein Arbeiter das Unternehmen aus wirtschaftlichen Gründen verlassen müssen und nun plötzlich eine solche Kündigungswelle?

Die Regierung befürchtete neue Unruhen in Turin, die sich auf das gesamte Land ausweiten könnten. Die Lage war gespannt.

Am 2. August waren durch ein Bombenattentat auf den Bahnhof von Bologna 85 Menschen getötet und über 200 verletzt worden. Es war klar, daß durch das Attentat die innenpolitische Lage im Lande noch mehr zugespitzt werden sollte. Bologna sowie die gesamte Region Emilia-Romagna wurde von den Kommunisten verwaltet. Und die Emilia-Romagna galt im Land als vorbildlich. Die Attentäter wollten mit dem Gemetzel, das sie anrichteten, an diesem Nimbus kratzen.

FIAT brauchte im Herbst 1980 Finanzhilfen von der Regierung, wenn das Unternehmen überleben wollte. Nach anfänglichem Zögern war schließlich die Bereitschaft signalisiert worden, staatliche Zuwendungen an den Automobilhersteller zu leisten. Doch die Regierung knüpfte die versprochenen Subventionen an konkrete Bedingungen. Sie wollte FIAT etwa 1000 Milliarden Lire zukommen lassen, allerdings nur für den Fall, daß kein Arbeiter entlassen und FIAT einer entsprechenden Regierungskommission Bilanzen sowie Produktionspläne vorlegte. Gegen die letzte Bedingung sträubte sich das Unternehmen, was schließlich zur befürchteten Konfrontation zwischen Unternehmensführung und Gewerkschaften führte. Die »Schlacht von Mirafiori« konnte beginnen. Auch dieser Arbeitskampf sollte in die Geschichte der italienischen Gewerkschaftsbewegung eingehen, allerdings als eher unrühmliches Kapitel.

Nachdem alle Gespräche mit den Gewerkschaften und die Vermittlungsversuche der Regierung gescheitert waren, kündigte FIAT am 11. September einseitig die Kurzarbeit für insgesamt 23 000 Beschäftigte an. Die Kurzarbeit war, was vielen einleuchtete, gewissermaßen die halbamtliche Vorstufe der Entlassung. Parallel dazu leitete das Unternehmen das formale Prozedere ein, das zur Entlassung von 13 000 Beschäftigten führen sollte. Die Gewerkschaften empfanden dies als Kampfansage, und tags darauf begann der 55 Tage währende Arbeitskampf, der das Mirafiori-Werk komplett lahmlegte.

Streikposten vor den Werkstoren sorgten dafür, daß kein Arbeiter Zugang zu den Werkshallen erhielt. Die Aufmerksamkeit, die der Streik in den Medien und in der Öffentlichkeit fand, war groß. Doch die FIAT-Führung gab sich unnachgiebig. Am 25. September traten alle Metallarbeiter Turins in den Solidaritätsstreik. Die KPI, die viel an Basiskonsens unter den Arbeitern verloren hatte, stellt sich an deren Seite. Und es verstand sich von selbst, daß Enrico Berlinguer den Streikenden einen Besuch abstattete, um seine Solidarität zu bekunden. Vor dem Mirafiori-Werk hielt er eine Rede, die viele aufhorchen ließ und sich im nachhinein als kapitaler Fehler erweisen sollte.

Auf die Frage eines Arbeiters, welche Haltung die KPI in diesem Arbeitskampf einzunehmen gedenke, antwortete Berlinguer: »Angesichts des Zauderns der Regierung und der Unnachgiebigkeit von FIAT gibt es die Möglichkeit, zu drastischeren Kampfmitteln zu greifen, die Besetzung des Betriebes eingeschlossen, wenn dies die Arbeiter in ihrer betrieblichen Vollversammlung beschließen. In diesem Fall sollte es im ganzen Land eine große Solidaritätsbewegung geben, die sich auch materiell niederschlagen müßte. Unsere Partei verfügt über Erfahrungen in Sachen Solidarität mit Arbeitern, die für ihren Arbeitsplatz kämpfen, auch wenn sie lange zurückliegen: Wir sind bereit, auf diese Erfahrungen mit unseren Organisationen und unseren Kooperativen zurückzugreifen.« Enrico Berlinguer spielte dabei insbesondere auf die FIAT-Besetzung nach dem ersten Weltkrieg an, als Antonio Gramsci Leitfigur des Arbeitskampfes war.

Die Besetzung des Mirafiori-Werkes war plötzlich nur noch eine Frage der Zeit. Man hatte den Eindruck, daß der Arbeitskampf unvermittelt zu einem Kampf zwischen der KPI und der Familie Agnelli geworden war. Vergessen waren die halbherzigen Techtelmechtel der vergangenen Jahre, bei denen sie sich gegenseitig hofiert hatten: die Familie, um sich die Zustimmung der Arbeiter zu erschleichen; die KPI, um bei der westlichen Allianz hoffähig zu werden. Nun war es um die Idylle der so unterschiedlichen Sozialpartner geschehen.

In diesem Klima versuchten die Regierungsparteien mit aller Macht, FIAT zum Einlenken zu bewegen. Das Kabinett Cossiga trat am 27. September zurück.

Für den 10. Oktober riefen die Einheitsgewerkschaften

zum Generalstreik auf. Die FIAT-Führung ließ sich von der Entwicklung der Ereignisse insofern erweichen, als sie die Entlassung von 13 000 Arbeitern zurücknahm. Für 24 000 Beschäftigte blieb Kurzarbeit jedoch bestehen. Um die Streikposten loszuwerden, wurde Anzeige erstattet.

Eine der ersten Amtshandlungen des Christdemokraten Arnaldo Forlani, der mit der Bildung einer neuen Regierung beauftragt wurde, bestand darin, die Gewerkschaftsführer Luciano Lama, Pierre Carniti und Giorgio Benvenuto zu empfangen.

Auffällig in diesem Arbeitskampf war, daß sich Gianni Agnelli schon beinahe übertrieben im Hintergrund hielt. Voller Häme wurde ihm vorgeworfen, er ließe andere die Drecksarbeit machen.

Man schrieb den 14. Oktober. Im Turiner Teatro Nuovo fand eine Belegschaftsversammlung der besonderen Art statt, organisiert von einem gewissen Luigi Arisio. Unter den Teilnehmern befanden sich leitende Angestellte des bestreikten FIAT-Werks, aber auch einfache Arbeiter, die die Beseitigung der Streikposten und den Fortgang der Produktion forderten. In den Augen der Genossen handelte es sich um »Streikbrecher«, »Handlanger der Kapitalisten« und »Verräter«.

Die Organisatoren hatten mit 2000 bis 3000 Teilnehmern gerechnet, doch es kamen so viele, daß das Theater und die Piazza davor nicht allen Platz boten. Unabhängige Beobachter sprachen von einer Besucherzahl von mindestens 40 000.

Um 10.30 Uhr setzte sich an der Kreuzung mit der Via Petrarca – dort, wo 13 Monate zuvor der FIAT-Manager

Carlo Ghiglieno von einem Terrorkommando ermordet worden war, der Protestzug in Bewegung. Schweigend marschierte die Menge dann über den Corso Marconi, die Via Nizza und die Via Roma zur Piazza del Municipio, um dem Gemeinderat eine Petition zu überreichen, in der das Recht auf Arbeit eingeklagt wurde. Der kommunistische Bürgermeister Diego Novelli ließ sich an diesem Tag in seinen Amtsgeschäften vertreten.

Imposanter hätte diese Demonstration der nicht gewerkschaftlich organisierten Arbeiter kaum ausfallen können. Die Gegendemonstration brachte überdeutlich zum Ausdruck, daß die Basis gespalten war und die Einheitsgewerkschaften ihre Vormachtstellung eingebüßt hatten. Der gewerkschaftliche Widerstand war gebrochen.

24 Stunden später unterzeichneten die Gewerkschaftsführer Luciano Lama, Pierre Carniti und Giorgio Benvenuto mit Cesare Romiti im Hotel Boston in Rom jene Vereinbarung, gegen die sie über einen Monat lang angestreikt hatten. Sie akzeptierten darin anstandslos, daß FIAT 23 000 Beschäftigte zwölf Wochen kurzarbeiten ließ. Die Vereinbarung sah auch vor, daß überschüssiges Personal anderswo eingesetzt würde.

Mit den Gewerkschaften war auch die Macht der KPI gebrochen worden. Luigi Arisio, der »Streikbrecher«, so ist später spekuliert worden, hatte die Gegendemonstration organisiert, aber ausgeheckt worden sein soll die Idee von Cesare Romiti. Später bezeichnete Romiti seine Rolle in diesem Manöver gern als die eines Reiters der Apokalypse. Der Generalsekretär der Gewerkschaft UIL, Pierre Carniti, der in den Verhandlungen zu Romitis Kontrahenten zählte, gab später in einem Interview mit *la Repubblica* vom 29. April 1988 eine andere Interpretation der Motive zum besten, die letztendlich zur Einigung geführt hätten. Carniti: »Wir unterzeichneten an jenem Tag das Abkommen, weil uns Innenminister Rognoni wissen ließ, daß die Lage in Turin nur noch ein paar Stunden unter Kontrolle zu halten war. Für den nächsten Tag war bereits der Befehl ausgegeben worden, die Streikposten entfernen zu lassen. Die Lage drohte sich auf der Ebene der öffentlichen Ordnung zuzuspitzen. Und diese Verantwortung wäre für die Gewerkschaft schwer zu tragen gewesen. Am nächsten Tag fuhren wir also nach Turin, um das einzige Abkommen zu unterzeichnen, das möglich gewesen war.« Von den Streikenden vor den FIAT-Toren wurden die Gewerkschaftsführer als »Verräter« und »Kollaborateure des Kapitals« beschimpft.

Gianni Agnelli sprach Arisio seine volle Anerkennung aus: »Sie sind unbezahlbar gewesen«, sagte er. Gegenüber dem amerikanischen Journalisten Henry Tanner *(New York Times)*, Rupert Cornwell *(Financial Times)* und Ron Taggiasco *(Business Week)* äußerte er sich über die wahre Tragweite der Ereignisse: »Das ist ein Erfolg. Das ist eine Wende. Ich glaube nicht, daß das Ausland die Tragweite dieses Ereignisses begriffen hat.«

Der Sieg über die Gewerkschaften sollte Signalwirkung auch für die anderen Unternehmen Italiens haben.

Die alte Mehrwerttheorie hatte wieder Gültigkeit, und das Land bereitete sich auf ein Jahrzehnt vor, das zu den prosperierendsten seiner Geschichte werden sollte.

Die Automobile der Zukunft hießen Uno, Panda und Tipo. Sie wurden unter der Leitung des renommierten Automobilbauers Vittorio Ghidella entwickelt, den der Konzern trotz dieser Erfolge aufgrund von Differenzen über die künftige Unternehmensstrategie kurze Zeit später entlassen sollte.

Obwohl FIAT fürs erste die schlimmste Krise überstanden hatte, war die politische Instabilität in Italien keineswegs behoben.

Macht und Politik

Eine Maxime ist bei FIAT über die Jahrzehnte unverändert geblieben und hat noch immer Gültigkeit: die Unabhängigkeit von der politischen Macht. Beinahe ein Paradoxon in einem Land, in dem das politische System beinahe schon krankhaft alles erfaßt und sich zu unterwerfen trachtet.

Die wirtschaftliche Macht, die vom FIAT-Konzern ausgeht, war und ist jedoch weiterhin so groß, daß sich die jeweils einflußreichsten Kräfte in der Politik stets mit den Agnellis messen mußten. Und wenn man Gianni Agnellis Präsidentschaft bei FIAT Revue passieren läßt, so fällt auf, daß nie eitel Sonnenschein herrschte. Erst mit der Übernahme der Geschäftsführung durch Cesare Romiti hat eine gewisse »Normalität« Einzug gehalten.

Das Bild des Gianni Agnelli war auch in der Presse nie ganz rosig. Eugenio Scalfari, namhafter Journalist und Mitbegründer der Tageszeitung *la Repubblica*, warf ihm vor, »aus Sahne gemacht zu sein«, was in etwa mit Schaumschlägerei übersetzt werden kann.

Widersprüchlich ist auch, daß einerseits so getan wird, als sei FIAT gleichbedeutend mit Italien, nach dem Motto: »Was für FIAT gut ist, tut auch dem Land gut«, während der Konzern andererseits beinahe übertrieben bestrebt ist, auf seine Unabhängigkeit zu pochen. Doch eine so sterile Abgrenzung vom politischen Machtsystem läßt sich nicht realisieren.

Gerade Cesare Romiti hat sich im Umgang mit den Parteizentralen in Rom als Meister erwiesen. Jene politische Klinkenputzerei, die Valletta Gianni Agnelli in den fünfziger und sechziger Jahren vergeblich einzubläuen versuchte, besorgte in den Achtzigern Cesare Romiti.

Romitis Bravourstück war es zweifelsohne, verhindert zu haben, daß der italienische Staat 1986 das Alfa-Romeo-Werk an das amerikanische Automobilunternehmen Ford verkaufte. Lange hatte die Geschäftsführung des defizitären Staatsunternehmens, das Motorsportgeschichte geschrieben hat, über einen Verkauf an Ford verhandelt, nachdem Gespräche über eine Kooperation mit dem japanischen Automobilhersteller Nissan gescheitert waren. FIAT und Ford hatten zuvor ebenfalls über eine Fusion der beiden Autoproduzenten verhandelt; man war sich allerdings nicht einig geworden. Es gab Stimmen, denen zufolge Cesare Romiti in den Verhandlungen mit Ford als Bremse gewirkt habe. Cesare Romiti bestritt dies im nachhinein entschieden.

Plötzlich schickte sich der verhinderte amerikanische Geschäftspartner an, zum hartnäckigsten Konkurrenten FIATs auf dem italienischen Markt zu werden. Es war klar, daß sich Ford durch die Übernahme von Alfa Romeo einen größeren Marktanteil in Italien sichern wollte, wo es FIAT durch die Übernahme anderer italienischer Autounternehmen wie Lancia zum unumschränkten Marktführer gebracht hatte. Doch im November 1986 erhielt FIAT den Vorzug vor Ford. Der Preis für das gesamte Aktienpaket von Alfa Romeo betrug am Ende lediglich

400 Milliarden Lire, wie die Europäische Kommission später berechnete, und bezahlt werden sollte die vereinbarte Summe auf Raten. Die Ford-Offerte sah weitaus umfangreichere Investitionen vor. Seitens des Staatsunternehmens hieß es auch, daß Ford das günstigste Angebot von allen vorgelegt habe. Aber Ford war ein ausländisches Unternehmen, und FIAT stand und steht eben für nationale Belange, die es zu wahren gilt und die jedem Italiener gewissermaßen heilig sind. Intrigen- und Ränkespiele hatte es hinter den Kulissen zuhauf gegeben. Waren am Ende nur die berühmten nationalen Interessen ausschlaggebend, oder waren auch andere Motive im Spiel?

Zu denken gab auch, daß just dieser Cesare Romiti, der früher (und auch später) keine Gelegenheit ausließ, um zu bekunden, wieviel er auf die »politische Klasse« hielt – nämlich nichts –, plötzlich so überzeugend sein konnte, als es darum ging, in seinem und im Sinne von FIAT Einfluß auf eine politische Entscheidung zu nehmen.

Gianni Agnelli und Cesare Romiti sollten auch deswegen ein so schlagkräftiges Gespann bilden, weil Romiti mit den Parteizentralen in Rom zu verhandeln wußte – auf seine Art. Darüber hinaus konnte Agnelli immer auf die verläßliche Rückendeckung durch die Mediobanca bauen. Und in der bedeutendsten Privatbank des Landes diktierte sein Freund Enrico Cuccia, welche finanzwirtschaftliche Entscheidung und auch welche Politik betrieben werden sollte.

Die Parteihierarchien fanden an FIAT jedoch immer etwas auszusetzen, nicht zuletzt, weil sich der Konzern im Besitz der *Stampa* befindet und mit einigen Unterbrechungen auch über den *Corriere della Sera* zu bestimmen hat.

Es gehört zu den unangenehmen Angewohnheiten der Parteizentralen, sich immer wieder einmal über kritische Artikel und vorlaute Kolumnisten zu beschweren. Dabei gab es in den vergangenen drei Jahrzehnten kritikwürdige Skandale und Skandälchen genug. Aber die Versuche, Einfluß auf die Presse zu nehmen, sollen sogar so weit gegangen sein, daß die Minister etwa bei bestimmten Staatsbesuchen die Journalisten vorschlugen, die sie für die Berichterstattung als besonders »geeignet« empfanden.

Doch Agnelli verwahrt sich gegen solche Einmischung. Es ist auch nicht bekannt, daß er politisch mißliebige Redakteure oder Autoren je zur Ordnung gerufen hätte.

Zum politischen Blitzableiter der FIAT-Gruppe wurde eher Cesare Romiti.

Wirtschaftliche Macht und Politik waren in Italien immer ein sehr heikles Kapitel, weshalb es immer wieder Versuche gab, die wirtschaftliche Potenz zu domestizieren.

Beispiel P2. Daß Licio Gellis Geheimloge überhaupt entdeckt wurde, war eher dem Zufall zu verdanken: Die Mailänder Staatsanwaltschaft war im Zuge ihrer Ermittlungen im Fall Michele Sindona über sie gestolpert, der auch beim Konkurs des Banco Ambrosiano des Roberto Calvi eine wichtige Rolle gespielt hatte.

Der sizilianische Bankier Sindona, dem unter anderem in den Vereinigten Staaten die Franklin Bank gehörte, die bankrott ging, galt als Banker der Mafia und Bindeglied zwischen der P2 und dem organisierten Verbrechen.

Als er wegen betrügerischen Konkurses gesucht wurde, täuschte Sindona zunächst seine Entführung vor und reiste dann mit Hilfe der Mafia von den Vereinigten Staaten aus nach Sizilien, um dort angeblich mit Unterstützung der »Familien« Spatola, Inzirillo und Gambino einen Putsch anzuzetteln und die Unabhängigkeit der Insel vom Festland zu bewirken. In den USA war er nur durch Hinterlegung einer Kaution aus der Untersuchungshaft frei gekommen.

Sindona rühmte sich wiederholt seiner exzellenten Kontakte zur italienischen Hochfinanz, unter anderem auch zu Enrico Cuccia, der deswegen sogar vor Gericht aussagen mußte. Doch auch mit dem Vatikan und dessen IOR-Bank machte er seine – zum Teil desaströsen – Geschäfte.

Nach seiner späteren Auslieferung nach Italien fühlte sich Sindona von seinen früheren Geschäftspartnern und politischen Protegés im Stich gelassen und drohte aus Rache, ein umfangreiches Geständnis über seine engen Beziehungen zu Politikern und Finanzmagnaten abzulegen.

Daraufhin wurde er eines Morgens im Gefängnis Voghera in der Lombardei mit Zyankali vergiftet aufgefunden. Wie es dazu kommen konnte, blieb ungeklärt.

Die Durchsuchung von Licio Gellis Villa im toskanischen Castel Fibocchi bei Arezzo erfolgte am 6. Mai 1981 auf Anweisung der Mailänder Staatsanwälte Gherardo Colombo und Giuliano Turone. Neben anderen

Dokumenten wurden auch Mitgliederlisten der geheimen Freimaurerloge beschlagnahmt, die 962 Namen enthielten und mit großer Wahrscheinlichkeit unvollständig waren. Der Skandal um die P2, der immer größere Kreise ziehen sollte, nahm seinen Lauf. Aber wer war dieser ominöse Licio Gelli, der eigentlich, wie er sagte, gern Marionettenspieler geworden wäre?

Licio Gelli wurde 1919 im toskanischen Pistoia geboren. Mit 18 Jahren nahm er als Freiwilliger am spanischen Bürgerkrieg teil, allerdings auf der Seite des Generals Franco. 1942 arbeitete er im faschistischen Verband von Cattaro im Montenegro. Nach dem italienischen Waffenstillstand mit den Alliierten am 8. September 1943 kehrte er in seine Heimatstadt Pistoia zurück, wo er sowohl mit den Partisanen als auch mit den deutschen Besatzern Kontakte unterhielt. 1948 wurde Gelli persönlicher Referent des christdemokratischen Abgeordneten Romolo Diecidue, mit dem er lange zusammenarbeitete. Den eigentlichen Karrieresprung machte Gelli allerdings bei der Matratzenfirma Permaflex, bei der er schnell zum Leiter des Werkes von Frosinone aufstieg. Giulio Andreotti, dem immer wieder eine Nähe zur P2 nachgesagt wurde, wird in der Folge immer wieder erklären, daß er Gelli zwar gekannt habe, aber nur in seiner Eigenschaft als Leiter der Matratzenfabrik.

Den Freimaurern war Gelli im November 1963 beigetreten. Ende 1971 wurde er zum Sekretär der Loge Propaganda 2 ernannt und vermochte es innerhalb kurzer Zeit, die Mitgliederzahl der Loge erheblich zu steigern. Die Loge Propaganda 2 wurde im Dezember 1974 völlig überraschend aufgelöst. Gegen den Willen des Großmeisters Lino Salvini und anderer Großmeister gelang Gelli die Bildung einer neuen, diesmal geheimen Freimaurerloge unter dem Namen P2. Gelli war damit nicht nur Anführer der Loge, sondern konnte nach Belieben über sie verfügen. Unter den neuen Mitgliedern der Loge befanden sich auch hochrangige Persönlichkeiten aus Militär, Polizei und Justiz. Zu ihnen gehörte unter anderem General Giovanni Allavela, der frühere Chef des militärischen Geheimdienstes Sifar.

Gerade der Sifar hatte in den sechziger Jahren eine zwielichtige Rolle bei den Ermittlungen über den gescheiterten Putschversuch des Carabinieri-Generals De Lorenzo gespielt. Darüber hinaus hatte der militärische Geheimdienst geheime Akten über Politiker, Gewerkschafter, Finanziers, Industrielle, Journalisten, ja sogar über Priester und andere irgendwie wichtig erscheinende Persönlichkeiten angelegt. Gelli, der im Zusammenhang mit den Spurenverwischungen nach dem Bombenattentat auf den Bahnhof von Bologna angeklagt und verurteilt wurde, verliehen gerade diese geheimen Dossiers, von denen er Kopien besaß, eine ungeahnte Macht. Das Berufungsgericht von Bologna, das über die Anklage gegen Gelli im Zusammenhang mit dem Attentat auf den Bahnhof von Bologna zu befinden hatte, schrieb in der Urteilsbegründung, Gelli hätte nicht so schnell soviel Macht auf sich vereinigen können, wenn er nicht »jenes ausgezeichnete Kontrollinstrument, jenes ausgezeichnete Erpressungsmittel gehabt hätte, das auf die Dossiers des Sifar zurückzuführen war«.

Die Richter gingen davon aus, daß Gelli Teile der Dossiers in seinem Domizil in Uruguay, wo er zeitweise ausgezeichnete Kontakte zum dortigen Regime unterhielt, aufbewahrte. Im Mai 1981 konnten allerdings nur 16 Dossiers durch den uruguayanischen Geheimdienst in Gellis Villa beschlagnahmt werden. Zu südamerikanischen Staatsführern hatte Gelli schon immer ein besonders inniges Verhältnis unterhalten. So etwa zu Juan D. Perón, der 1973 zum zweiten Mal zum argentinischen Staatspräsidenten gewählt wurde. Bei seiner Amtseinführung gehörte Licio Gelli zum erlauchten Kreis der geladenen Gäste. Und Gelli war es auch, der dem damaligen italienischen Ministerpräsidenten Giulio Andreotti gewissermaßen eine »Privataudienz« bei Perón verschaffte. Gelli erinnerte sich später daran, daß Andreotti bei dieser Gelegenheit vergeblich versucht habe, normale Wirtschaftsbeziehungen zu einem argentinischen Minister herzustellen. Andreotti und Gelli trafen einige Jahre später, soviel ist verbürgt, bei der Amtseinführung Ronald Reagans wieder zusammen. Auch bei dieser Feier zählte Gelli zu den wenigen italienischen Ehrengästen, die der Zeremonie beiwohnen durften. Mit einer Visitenkarte, die ihn als Leiter der Permaflex-Matratzenfabrik in Frosinone auswies, wie ihn Andreotti immer wieder öffentlich hänselte, hätte Gelli unter normalen Umständen kaum Einlaß ins Weiße Haus erhalten. Und selbst als Gelli mit internationalem Haftbefehl gesucht wurde, erhielt er nach eigenem Bekunden eine Einladung zu Ronald Reagans zweiter Amtseinführung als amerikanischer Staatspräsident.

Die Jahre zwischen 1976 und 1981 waren in der Geschichte der P2 von entscheidender Bedeutung. Sie erreichte in dieser Zeit ihre wohl höchste Machtfülle und formulierte den »Plan der nationalen Wiedergeburt«. Darin legten Gelli und seine »Mitbrüder« die Ziele ihres Handelns fest, um in einer Zeit erheblicher innenpolitischer Spannungen größeren Einfluß auf das öffentliche Leben zu nehmen.

Es war die Rede davon, daß man auf die Politiker Einfluß nehmen müsse, welche Reformen des Staatsapparates und des Parteiensystems vorangetrieben werden müßten und wie die Presse und die Justiz an die Kandare genommen werden sollten. Der Hauptgedanke, der dem Plan zugrunde lag, war, das öffentliche Leben und die demokratischen Institutionen nach einem autoritären Prinzip neu zu ordnen. In der italienischen Öffentlichkeit fand kaum Beachtung, daß Licio Gelli bereits 1981 intensive Beziehungen zu dem mittlerweile politisch toten Generalsekretär der sozialistischen Partei Bettino Craxi unterhielt. Bekannt wurde, daß Gelli Craxi acht Millionen Dollar auf ein Schweizer Nummernkonto überweisen ließ. Es war die illegale Abschlagszahlung, die Craxi für seine tatkräftige Hilfe bei der Gewährung eines Kredits vom Banco Ambrosiano verlangte.

Der Skandal um Gellis geheime Freimaurerloge zog unterdessen immer größere Kreise. Die Forlani-Regierung sah sich schließlich am 20. Mai 1981 gezwungen, die in Gellis Villa gefundenen Mitgliedslisten zu veröffentlichen. Zutage kam, was kaum jemand für möglich gehalten hätte. Unter den 962 genannten Namen waren führende Bankiers, Richter, Politiker und auch 195 hochrangige Offiziere aller drei Waffengattungen sowie Angehörige der Geheimdienste. Die Liste der Offiziere war wirklich vorzeigbar; zu ihnen gehörten 12 Generäle und acht Oberste der Carabinieri, acht Admiräle, 22 Generäle des Heeres, fünf Generäle der Finanzpolizei sowie vier Generäle der Luftwaffe. Ebenfalls P2-Mitglieder waren der Chef des zivilen Geheimdienstes, der Generalsekretär für die Sicherheit der Geheimdienste, der Stabschef der Verteidigung, drei ehemalige Vizekommandanten der Carabinieri, der Generalkommandeur der Finanzpolizei und sein Vorgänger.

Das Parlament setzte eine Untersuchungskommission ein, die unter dem Vorsitz der christdemokratischen Abgeordneten Tina Anselmi stand. In dem Abschlußbericht, der 1984 vorgelegt wurde, hieß es: »Die Mitgliederlisten, die in Castiglion Fibocchi beschlagnahmt wurden, müssen als glaubwürdig und authentisch angesehen werden.«

Darüber hinaus hatte die Kommission die Beteiligung von P2-Mitgliedern am Putschversuch des Generals Borghese im Dezember 1970 untersucht und war zu dem eindeutigen Schluß gekommen: »Eine signifikante Verwicklung von Männern der Loge in den Borghese-Putsch ist zweifelsfrei dokumentiert.«

Obwohl die Mitgliederlisten veröffentlicht wurden, kam sofort der begründete Verdacht auf, sie könnten unvollständig gewesen sein. Es wurde heftig debattiert, ob Gelli den brisanteren Teil der Listen vielleicht doch rechtzeitig hatte in Sicherheit bringen können. Gelli hatte nämlich in einem Interview mit dem römischen politischen Magazin *l'Espresso* Mitte der siebziger Jahre die Mitgliederzahl seiner Loge mit circa 2 500 angegeben. Im Vergleich zu den aufgefundenen Listen bestand also eine Differenz von rund 1 600 Namen.

Per internationalem Haftbefehl gesucht, zunächst in der Schweiz verhaftet und mit Hilfe von Wächtern wieder ausgebrochen, entschloß sich Licio Gelli schließlich im Februar 1988 nach siebenjähriger Flucht, sich in Genf den Schweizer Justizbehörden zu stellen, die ihn noch am 17. Februar an Italien auslieferten. Gelli durfte allerdings, so die Auflage der Eidgenossen, nur aufgrund ganz bestimmter Vergehen verurteilt werden.

Nach nur 53 Tagen Haft in der Vecchia Certosa von Parma, wo er unter besonderem Schutz stand, wurde Gelli aus gesundheitlichen Gründen wieder entlassen. Er wurde weder unter Hausarrest gestellt, noch mußte er eine Kaution hinterlegen. Als Grund für seine Freilassung wurde ein chronisches Herzleiden angeführt, doch zu der angeblich dringend erforderlichen Operation kam es nie. Gelli wurde später mehrmals zu Haftstrafen verurteilt, legte jedoch Revision ein. Dadurch gewann er Zeit und konnte sogar die Aufhebung der Urteile erwirken.

Unmittelbar nach seiner Haftentlassung begann Gelli, das negative Bild, das in den Medien von ihm gezeichnet worden war, nach seinen Vorstellungen zurechtzurücken. In einem Interview mit der römischen Tageszeitung *la Repubblica* vom 22. April 1988 drohte er beispielsweise indirekt seinen alten Logenbrüdern, die ihn mittlerweile im Stich gelassen hatten. Seine Trumpfkarte hieß: »Ich habe von Sindona ganz andere Sachen. Ich habe ein Buch, eine Art Dossier, das er verfaßt hat und das etwa 500 Seiten umfaßt. Es ist in einer lesbaren und lebendigen Prosa geschrieben. Darin übertraf mich Sindona zweifellos. Ich bin noch ein Anfänger. Er ließ mir das Dossier zusammen mit zwei handschriftlichen Briefen zukommen. Er sagte zu mir: Mach damit, was du willst; veröffentliche es, oder füge Dinge hinzu oder streiche Sachen. Dieses Material ist jetzt im Ausland. Ich habe Sindona kennengelernt, als er bereits in Ungnade gefallen war, als er in den USA lebte und ich ihn im Hotel Pierre in New York besuchte. Er war ein sehr intelligenter Mann.«

Die Drohung war in erster Linie an die Politiker Flaminio Piccoli (DC), Giovanni Leone (DC), Giulio Andreotti (DC) sowie an Bettino Craxi (Sozialisten) gerichtet. Alle bestritten, ihn überhaupt zu kennen, und falls doch, nur flüchtig.

Über seine Flucht bekannte Gelli: »Sie war ein Fehler.« Und wie aufstoßende Bitterkeit hört sich an, was er über mögliche Putschversuche von sich gab: »Die italienischen Politiker mögen ruhig schlafen, denn in Italien wird es nie einen Putsch geben. Wir haben keine Generäle, sondern nur leere Uniformen. Mussolini hatte recht: Es ist nicht schwer, das italienische Volk zu regieren, es ist zwecklos. Und die politische Klasse ist unfähig.«

Ein Mäzen?

Die Mythenbildung um die Person des Gianni Agnelli treibt zuweilen seltsame Blüten. Er wurde als »ungekrönter König Italiens«, als »Herr über Politik und Finanzen« und nicht zuletzt als unverbesserlicher Kunstmäzen apostrophiert. Besonders Boulevardpresse und Klatschkolumnen ergehen sich in phantasievollen Bildern dieser Art. Immer wieder wurde die Familie Agnelli mit der Florentiner Patrizierfamilie Medici verglichen, die durch die Förderung der Künste Florenz zur Wiege der Renaissance gemacht hatte.

Gianni Agnelli als kunstsinnigen Lorenzo il Magnifico zu sehen, ist indessen ebenso falsch wie ihn als die Verkörperung jener Eigenschaften zu deuten, durch die Niccolò Machiavelli den Principe (Fürsten) beschrieb.

Sicherlich verkörpert Gianni Agnelli eine neue Art des Unternehmers. Er war und ist jedoch nicht der Souverän der geistigen Erneuerung. Bestenfalls ist er als Mittler unterschiedlicher Weltauffassungen zu begreifen, der des »geistlosen Kapitalisten« und der des »entfremdeten Proletariers«.

Gianni Agnelli ist sicherlich ein Neuerer gewesen, auch was in den siebziger Jahren die Suche nach einem Konsens mit der Arbeiterschaft betraf, die so weit ging, daß Formen der Mitbestimmung im Produktionsprozeß vorgesehen werden, die jedoch kläglich scheiterten.

Daß Gianni Agnelli eine gewisse Vorliebe für die schönen Seiten des Lebens hegt, die Kunst eingeschlossen, läßt sich nicht verhehlen. Er gibt sich belesen und versammelt in seinem Salon in der römischen Via XXIV Maggio gern Künstler und Literaten um sich. Oft hat er die Schriftsteller Arbassino, Bassani, Parise oder Moravia zu sich eingeladen. Besonders angetan war er von den Arbeiten der Turinerin Natalia Ginzburg, aber auch von Curzio Malapartes Werken.

(Nicht mehr zu rekonstruieren ist übrigens, ob sich Alberto Moravia für seinen Roman über das zermürbende Gefühl der Langeweile, *La Noia*, vielleicht von Gianni Agnelli inspirieren ließ.)

Was mit der Giovanni-Agnelli-Stiftung, die zum 100. Geburtstag des Firmengründers 1966 ins Leben gerufen wurde, versucht wurde, könnte man teilweise als kulturelle Wiedergutmachung nicht nur an der Stadt Turin, sondern an ganz Italien interpretieren.

Ihr Schwerpunkt liegt auf »Industriekultur«, und das Ziel der Stiftung, die sich an den amerikanischen Vorbildern der Kennedys und der Rockefellers orientiert, besteht darin, durch die Förderung soziologischer Studien zu einer Art Bindeglied zwischen der Arbeitswelt und dem Rest der Gesellschaft zu werden.

Der Schriftsteller Paolo Volponi, zuvor zwei Jahre Berater des FIAT-Geschäftsführers, stand der Stiftung vor – allerdings noch nicht einmal ein Vierteljahr lang. Seinen 1988 erschienenen Roman *Le mosche della capitale* (Die Fliegen der Hauptstadt), der von Fabrikungetümen, einfältigen Managern, heruntergekommenen, anonymen

Städten und Intrigen der Mächtigen handelte, die mögliche Erneuerungen blockierten, handelte, lasen Kritiker durchaus auch als Abrechnung mit Gianni Agnelli. (In diesem Zusammenhang ist vielleicht interessant, daß Volponi 22 Jahre für den ebenfalls aus dem Piemont stammenden Industriellen Adriano Olivetti gearbeitet hatte, der für ihn den modernen Unternehmertypus verkörperte: »Adriano Olivetti war ein Einzelgänger. Der Arbeitgebervereinigung gehörte er nicht an, weil er an eine andere Rolle der Industrie glaubte.«

Heutzutage leistet sich fast jeder multinationale Konzern eine Stiftung. Es ist dem Image der Unternehmen förderlich, sich mit den Federn der Kulturförderung oder des »gesellschaftlichen Fortschritts« zu schmücken. Darüber hinaus eignen sich derartige Stiftungen gut als Abschreibungsprojekte, besonders in Zeiten der Hochkonjunktur. Was die Regenten der Renaissance seinerzeit ihren Untertanen vom Munde absparten, wird heute gewissermaßen durch den Mehrwert finanziert, den die Beschäftigten erwirtschafteten. Nur selten können solche Einrichtungen indessen dazu beitragen, neue Sichtweisen des Menschen und seine veränderten Rolle in der modernen Industriegesellschaft aufzuzeigen.

Apropos Modernität. Daß der Mensch zum Mittelpunkt der Welt und des unternehmerischen Handelns geworden sein soll, will schwerlich einleuchten, wenn man beispielsweise die wüste, profitorientierte Urbanisierung Turins während der letzten 50 Jahre betrachtet.

Die Bezeichnung »Mäzen« lehnt Gianni Agnelli für sich kategorisch ab, denn das, was die Stiftung tut, betrachtet er als die gesellschaftliche Pflicht des Unternehmens. FIAT besonders sieht er in der Verantwortung, da sich 40 Prozent des von der UNESCO deklarierten Kulturguts der Welt in Italien befinden. Und vieles, was einst als »unsterblich« galt, liegt heute brach und droht unwiederbringlich verloren zu gehen.

Im Zentrum der Kulturförderung, die sich für den Konzern durchaus auszahlt, steht der Palazzo Grassi in Venedig – Schauplatz international beachteter Ausstellungen.

Die Eröffnung des am Canale Grande liegenden Palazzos, der zu den bedeutendsten Renaissancegebäuden Venedigs zählt, war ein Höhepunkt des kulturellen Engagements der Agnelli-Stiftung. Die aufwendige Restaurierung unter der Leitung der Architektin Gae Aulenti erfolgte in den »fetten« achtziger Jahren, als der Uno und andere Automobile die Konzernkassen wieder füllten. Gianni Agnelli im Rückblick: »Die ganzen siebziger Jahre waren ein einziger Überlebenskampf. Und wer ums Überleben kämpfen muß, hat keine Alternative und kaum Zeit für Zerstreuung.«

Die Vernissagen im Palazzo Grassi zählen zu den wenigen gesellschaftlichen Ereignissen der Lagunenstadt, bei denen die Größen aus Wirtschaft und Politik, Kultur und gesellschaftlichem Leben nicht fehlen dürfen (und möchten). Immer wieder spielt Gianni Agnelli persönlich den perfekten Gastgeber.

Schließlich wurde in den letzten Jahren das stillgelegte Lingotto-Werk, das einst in puncto industrieller Produktion neue Maßstäbe gesetzt hatte, von dem Genueser Architekten Renzo Piano zu einem überdimensionalen Kultur-, Messe- und Handelszentrum umgebaut. Die Finanzierung erfolgte im Zusammenwirken mit der Stadt Turin, mit Banken und Versicherungen.

In jenem Zementkoloß, in dem früher die Bleche gepreßt, lackiert und zusammengebaut wurden, finden heute Buchmessen und Konzerte, aber auch Kongresse und wissenschaftliche Symposien statt.

Über die Schwierigkeiten, die Ursprünglichkeit des Gebäudes zu erhalten, sagt Renzo Piano: »Das Gebäude repräsentiert eine Geschichte und ein Gedächtnis, das zum Teil wie bei anderen Arbeitsstätten auch sehr trist ist. Meine Herausforderung besteht darin, dieses Gedächtnis zu erhalten. Ohne es zu zerstören, zu zitieren oder einfach in postmoderne formalistische Spielereien zu verfallen, muß ich neue Nutzungsmöglichkeiten entwickeln, ohne das Bauwerk zu verraten oder zu schmücken.«

Gianni Agnellis eigentliches Mäzenatentum gilt eher dem Sport und besonders dem Fußball. Das Engagement auf diesem Gebiet muß ihn immer wieder an seine Jugendzeit erinnern, als er gegen den ausdrücklichen Willen seines Vaters ausgesprochen gern in der Lektüre der rosafarbenen Sportzeitung *Gazzetta dello Sport* versank, die indirekt übrigens auch heute noch zum FIAT-Konzern gehört.

Gianni Agnelli, dem zu Recht eine Affinität zur hohen Kunst nachgesagt wird, ließ nie Zweifel daran, daß er total in den Bann des Spiels mit dem runden Leder geschlagen war – ein Massenphänomen mit durchaus auch kulturellen Dimensionen.

Spötter betonen immer wieder gern, er hätte in seine Fußballelf Juventus Turin soviel investiert wie in kein noch so preziöses Kunstobjekt. Der italienische Rekordmeister gehört gewissermaßen zur Familie – und da läßt man sich eben nicht lumpen. Und natürlich bieten die Jungs im schwarzweißen Jersey auch eine Möglichkeit der Identifikation mit dem Konzern, die nicht nur von den FIAT-Beschäftigten gern wahrgenommen wird, sondern auf dem ganzen Apennin mühelos klappt.

Im sportlichen Gewand des Fußball-Tifosos dokumentiert Gianni Agnelli also seine Verbindung mit den Arbeitern seiner Werke. Er geht zu den wichtigen Spielen, mischt sich ganz ungezwungen unter die Fans.

Für den Segel- und Skinarren Gianni Agnelli ist der Fußball eine Metapher für das Leben als solches. Und wo hätte man die soziale Fiktion der Eintracht von Unternehmern und Arbeitern besser leben können als im Stadion – wenn auch nur für die kurze Zeit des Spielgeschehens? Der Klub funktionierte besonders in den Zeiten großer sozialer Spannungen phantastisch als Ventil, das zudem noch für zusätzliche Popularität sorgte.

Was der Presse nicht immer unbedingt gut gefiel. Als reiche es nicht, daß er über einen Teil der Informationsorgane gewichtigen Einfluß ausübe, aufgrund der Potenz des Konzerns an der Börse und im Markt die Richtung angab. Und nun war er auch noch uneingeschränkter Herr auf dem grünen Rasen. Gianni Agnelli: ein Monopolist auf so vielen Gebieten.

Doch alles steht und fällt mit dem Erfolg.

Ein eingespieltes System geriet aus den Fugen, als ein anderer Medienunternehmer den Fußball entdeckte und sich gleichfalls eine teure Mannschaft leistete.

Und Silvio Berlusconi war einige Jahre ungleich erfolgreicher als Gianni Agnelli.

Vorboten der Götterdämmerung

Wenn er irgendwo spricht, ist ihm uneingeschränkte Aufmerksamkeit sicher, obwohl er rhetorische Exerzierübungen nicht mag und dies seinen Zuhörern auch ohne Umschweife zu verstehen gibt. Was Gianni Agnelli zu sagen hat, formuliert er kurz und knapp und ohne lange Vorreden.

Der Kongreßsaal des neapolitanischen Castel Dell' Ovo, wo 1988 der Frühjahrskongreß der Arbeitgebervereinigung stattfand, war bis auf den letzten Platz belegt. Gianni Agnelli umriß vor dem Plenum der Arbeitgeber des Landes seine Sicht der Zukunft – politisch und wirtschaftspolitisch. Es kommt nicht oft vor, daß der beinahe abgöttisch verehrte Industriekapitän die Öffentlichkeit sucht. Deshalb hörten alle gespannt zu, was Gianni Agnelli insbesondere an die Adresse der Politik zu sagen hatte. Es wurde eine Generalabrechnung.

Plötzlich ging ein Raunen durch die Zuhörerschaft; als sei etwas Unerhörtes geschehen, blättern sie eifrig in dem Redemanuskript Gianni Agnellis, das er zwar laut vorträgt, das aber, wie bei solchen Anlässen üblich, auch an die Zuhörerschaft verteilt worden war.

Viele versuchen sich zu erklären, was da auf Seite neun des Textes steht und viele Fragen aufwirft: Was meint der FIAT-Präsident mit der Geschichte von der politischen Alternative? Ist es nur das übliche taktische Manöver von Zuckerbrot und Peitsche gegenüber dem regierenden Christdemokraten Ciriaco De Mita und seinem größten sozialistischen Koalitionspartner unter Bettino Craxi? Oder ist es gar eine Öffnung zu den Kommunisten? Der Satz, der für Verwirrung sorgte, beinhaltete, daß im politischen System Italiens »die Regel der demokratischen Alternative« angewandt werden müsse. Das also, was seit Kriegsende eigentlich nie stattgefunden hatte. Dennoch wußte Agnelli die Verdienste der politischen Klasse in den vergangenen 40 Jahren durchaus zu würdigen, »weil sie in der Lage war, die freiheitlichen Grundrechte und eine demokratische Stabilität auch in schwierigen Zeiten zu garantieren«.

Weiter führte Gianni Agnelli aus, eines der größten Hindernisse auf diesem Wege seien einige »ideologische Vorstellungen von der Staatswirtschaft, die in einem Teil des politischen Establishments sehr verhaftet sind«. Dies war eine Schelte an Regierung und Opposition gleichermaßen. Denn damit war auch die KPI gemeint, der man einen gewissen Hang zum sogenannten Staatskapitalismus nicht absprechen konnte. Pikiert reagierte darauf die Parteizeitung der KPI, *l'Unità*, mit den Worten: »In der KPI des Jahres 1988 findet man keine stalinistischen Nostalgien.«

Unterschwellig klang in Agnellis Rede auch das Bild der »blockierten Demokratie« an. Die Kommunisten unter Palmiro Togliatti hatten daraus lange Jahre eine Parole ihres politischen Kampfes gemacht. Zum wiederholten Male beklagte Gianni Agnelli, das Wirtschaftssystem habe die Staatsbürokratie wie einen Klotz am Bein, und schnelle Abhilfe täte not. Die »Staatswirtschaft«, also die Präsenz des Staates in vielen Produktions- und Dienstleistungsbereichen, machte in Italien noch immer rund ein Drittel des gesamten nationalen Wirtschaftsaufkommens aus. Besonders dieser Bereich sollte sich für die Regierungsparteien als enormes Machtreservoir erweisen, aus dem sich Gelder für das politische System abzweigen ließen. Der Korruption und der desaströsen Vetternwirtschaft öffnete dieses System Tür und Tor. Die notwendigen Reformen des Staatsgefüges, wie sie dann fünf Jahre später im Gefolge der Ermittlungen der landesweiten Bestechungsaffäre im großen Stil erfolgen sollten, gehörten auch zu Agnellis Forderungen. Unter anderem ging es ihm darum, das reine Verhältniswahlrecht zu verändern.

Mit diesen Forderungen zeigte sich Agnelli als eine Art »Visionär«, der wichtige Prozesse reflektierend vorwegnahm; eine Leitfigur, die jedoch immer mehr von aufstrebenden Börsenraidern umzingelt wurde, die so sehr mit ihren Fusionen und Spekulationen beschäftigt waren, daß sie zuweilen die Regeln von Ethik und Moral außer acht ließen.

Gianni Agnelli agierte in einem dschungelähnlichen Wirtschaftsreservat, das in Europa sicherlich seinesgleichen sucht, aber gleichzeitig auch für den Konzern seine Vorteile bot. Um zu erahnen, welchen Schwierigkeiten ein modernes Industrieunternehmen zu begegnen hatte, braucht man sich nur das abnormen Verhältnis zwischen Banken und Industrie zu vergegenwärtigen. Nicht selten wurden zum Beispiel je nach Betrieb unterschiedliche Zinssätze bei der Vergabe von Krediten vereinbart.

Kaum akzeptabel war auch die Art und Weise, wie viele Unternehmen ihre Bilanzen erstellten (oder frisierten, wie böse Zungen meinen), ohne von den zuständigen Stellen sonderlich kontrolliert und zur Rechenschaft gezogen zu werden.

Zweifel am rechten Berufsethos einiger Unternehmer, die innerhalb weniger Jahre wahre Vermögen angehäuft hatten und die bisher existierende Balance unter den Unternehmensgruppen ins Wanken brachten, meldete in dieser Zeit insbesondere Cesare Romiti mehrfach an.

Auf einem Unternehmerkongreß in Florenz sagte Romiti, der sich auch publizistisch als Gianni Agnellis langer Arm versteht: »Wir haben beim Übergang der siebziger in die achtziger Jahre viel arbeiten müssen, damit die Unternehmen wieder zu einer zentralen Komponente des Fortschrittes im Lande werden konnten. Wenn jetzt unkorrektes Verhalten einiger weniger Auswirkungen auf das Unternehmertum im allgemeinen hat, kann ich das nicht akzeptieren. Man kann auch Geschäfte machen, wenn man die Gesetze der Ethik respektiert.«

Romitis Moralisierungskampagne verhallte allerdings ungehört. Denn die Versuchung war groß, durch dubiose Transaktionen große Reichtümer anzuhäufen. Die Rede war beispielsweise von gefälschten Bilanzen, mangelnder Transparenz bei den Transaktionen und offensichtlicher Börsenspekulation. Ein Vergleich der italienischen Finanz- und Unternehmerwelt mit Wildwestzeiten drängte sich auf.

Selbst an der Mailänder Börse, an der der FIAT-Konzern die Rolle eines Dirigenten spielte, tummelten sich die Finanzgruppen, als seien sie Herrscher über den

Markt. Und bei der Vergabe öffentlicher Aufgaben ging es in diesen Zeiten natürlich auch nicht mit rechten Dingen zu.

Warum sonst erhielten fast ausnahmslos die großen privaten Industriegruppen des Landes und jene mit staatlicher Beteiligung den Zuschlag? Transparenz und fairer Wettbewerb waren Fremdworte. Aber das sollte sich schon bald ändern, etwas zumindest, und zwar mehr oder weniger durch Zufall. Der Hauptprotagonist hieß Antonio Di Pietro, ein ehemaliger Polizist, der sich durch entsprechende Weiterbildung mühsam zum Staatsanwalt in Mailand hochgearbeitet hatte und beileibe kein rhetorisch brillanter Redner war. Im Gegenteil. Sein Italienisch war dermaßen mundartlich gefärbt, daß er nur schwer seine abruzzische Herkunft verleugnen konnte.

Wer hätte je vorauszusagen gewagt, daß ein ganzes jahrzehntelang bewährtes Korruptionssystem durch eine lächerliche Schmiergeldzahlung zum Ende einer Ära führen würde, die als »Parteienherrschaft« galt und derart ausgeklügelt war, daß sie das gesamte gesellschaftliche System beherrschte.

Am 17. März 1992 wurde der Sozialist und Leiter des Mailänder Altenheimes Pio Albergo Trivulzio Mario Chiesa dabei ertappt, daß er ein Schmiergeld von rund 10 000 DM kassierte. Dies war der Beginn von *tangentopoli*, dem nationalen Schmiergeldskandal, der nicht nur den Übergang von einer Republik in die andere einleitete, sondern auch enorme Auswirkungen auf die Wirtschaft des Landes hatte.

Zur selben Zeit schlug sich die Arbeitgebervereinigung unter dem Vorsitz des Agnelli-Protegés Sergio Pininfarina auf die Seite jener Kräfte, die für weitreichende Verfassungsreformen eintraten. Pininfarina: »Wir haben die Verwirklichung gewisser Prinzipien verlangt, wie beispielsweise Reform der öffentlichen Administration, Trennung von Verwaltung und Kontrolle sowie Regierbarkeit. Alles Voraussetzungen, die für ein korrektes Funktionieren der Wirtschaft unerläßlich sind.«

Die Unterstützung der Arbeitgebervereinigung bei der Unterschriftensammlung für ein entsprechendes Referendumsbegehren sah jedoch die Andreotti-Regierung als Affront an, als erneute unzulässige Einmischung der Wirtschaft in Angelegenheiten der Politik.

Bei den Ermittlungen der Mailänder Staatsanwaltschaft kamen die korrupten Politiker unter die Räder, während die Unternehmer, die nicht wenige Profite aus dieser Komplizenschaft gezogen hatten, gewissermaßen mit einem blauen Auge davonkamen. Sie brachten zu ihrer Verteidigung vor, daß sie zu zahlen gezwungen waren, um den Fortbestand ihrer Unternehmen nicht zu gefährden.

Agnelli, der aufgrund seiner herausragenden Verdienste um die Welt der Arbeit und der Wirtschaft von Staatspräsident Francesco Cossiga zum Senator auf Lebenszeit ernannt worden war, wirkte etwas müde.

Auch FIAT war bei der Mailänder Staatsanwaltschaft aktenkundig geworden. Die Ereignisse überschlugen sich dann im Herbst 1993, als das Autounternehmen ohnehin in einer tiefen Absatzkrise steckte. Die FIAT-Manager Giorgio Garuzzo und Francesco Paolo Mattioli wurden verhaftet und saßen lange Zeit zusammen mit anderen Vertretern wichtiger Unternehmen in Untersuchungshaft. Selbst FIAT-Geschäftsführer Cesare Romiti war kurz davor, verhaftet zu werden. Nur eine ausdrückliche Ermahnung der Mailänder Staatsanwaltschaft, endlich zu kooperieren, um schlimmeren Schaden vom Konzern abzuwenden und die Auswirkungen auf die Börse und das Ausland in Grenzen zu halten, veranlaßte Romiti, ein umfangreiches Memorandum vorzulegen, in dem er eine gewisse Mitschuld an den Korruptionsfällen eingestand.

Staatsanwalt Antonio Di Pietro, der viele Indizien auch gegen die illegalen Schmiergeldpraktiken zusammengetragen hatte, bat die FIAT-Geschäftsführung auch in anderen Fällen um Aufklärung. Es schien plötzlich ungemein schwer, Legalität und Transparenz walten zu lassen. Viele Unternehmen, darunter die FIAT-Tochter Cogefar-Impresit, zahlten für die Vergabe von öffentlichen Aufträgen Schmiergelder an Politiker und Parteien und schalteten so die mißliebige Konkurrenz aus. »Alle wußten von den illegalen Praktiken, und alle haben Schmiergelder gezahlt – FIAT, Olivetti, die Fininvest«, versuchte der frühere Generalsekretär der Sozialisten, Bettino Craxi, die Korruptionsanklage gegen seine Person abzuschwächen. Vergebens.

Andere Spitzenmanager verfingen sich in diesem unrühmlichen Herbst in den Maschen der Justiz. Zum Beispiel Giampiero Pesenti von der Finanzholding Gemina, an der auch FIAT beteiligt ist. Der Präsident von Olivetti und der CIR-Holding, Carlo De Benedetti, wurde ebenfalls wegen der Zahlung von Schmiergeldern verhaftet, jedoch umgehend wieder auf freien Fuß gesetzt, weil er die Vorwürfe eingestand und mit der Justiz zusammenarbeitete. Raul Gardini, der frühere Präsident der Ferruzzi-Finanziaria, die im agrochemischen Sektor führend war und nun vor der Liquidation stand, beging Selbstmord, um nicht im Gefängnis zu enden. Der Mythos der postmodernen Condottieri, wie die aufstrebenden Manager und Unternehmer im Ausland genannt wurden, zerbröckelte mit einem Schlag.

Gianni Agnelli selbst bezeichnet 1993 als »das dramatischste Jahr der Nachkriegszeit«. Er sah sich gezwungen, seine von ihm so geliebten Geschäftsreisen rund um den Globus vorerst abzusagen.

FIAT erlitt in diesem düsteren Jahr ein Defizit von insgesamt 1783 Milliarden Lire. Doch immer wieder mußte Gianni Agnelli auch in diesen schwierigen Krisenzeiten als Sonderbotschafter des Wirtschaftsstandorts Italiens auftreten, um Investoren und internationale Finanzorganisationen davon zu überzeugen, daß es sich noch immer lohnt, in Italien zu investieren. Was Gianni Agnelli in New York, London, Tokio oder Frankfurt sagte, hatte vielfach größeres Gewicht als das Bild des munteren Durcheinanders, das täglich über die Medien in die weite Welt gerät.

Eingedenk des Prinzips, das Cesare Romiti offen ausgesprochen hat, daß sich die Großindustrie nie gegen das jeweilige politische Establishment stellen kann, mußte sich Gianni Agnelli letztendlich wohl oder übel mit allen Regierungschefs arrangieren: ob sie Aldo Moro oder Giulio Andreotti, Francesco Cossiga oder Ciriaco De Mita oder auch Silvio Berlusconi hießen. Egal, ob Gianni Agnelli sie für zwielichtige, burleske oder inkompetente Gestalten hielt: Er mußte sich zuweilen mit ihnen langweilen. Die Räson des FIAT-Konzerns verlangte es. Auch Gianni Agnelli konnte sich nicht aus dieser Pflicht stehlen.

Im September 1993 hat eine Dynastie abgedankt, wenn man so will.
Im Verwaltungsrat ist die Familie Agnelli nicht mehr der alleinige Herr. Zwar verfügt sie formell über die Mehrheit, um aber wichtige Entscheidungen wie etwa Fusionen oder Umbesetzungen an der Konzernspitze treffen zu können, braucht sie im elfköpfigen Gremium mindestens neun Stimmen. Diese Mehrheit kann jedoch nur mit Unterstützung der anderen Aktionäre, Mediobanca, Generali, Deutsche Bank und Alcatel geschehen.
Und fürs erste ist die Frage der Nachfolge Agnellis vertagt.
Vielleicht ist der Konzern auch nur modernisiert worden und hat jetzt die Chance, aus jener industriellen Monokultur – dem Automobilbau – auszubrechen, der dem Konzern in jüngster Vergangenheit beinahe zum Verhängnis geworden wäre.
Das Unikum der modernen europäischen Industriegeschichte ist auf dem Weg in die Normalität – sofern dies in Italien überhaupt möglich ist.

Literatur und Bildquellen

Agnelli, Susanna: Wir trugen immer Matrosenkleider. Aus dem Italienischen von Ragni Maria Gschwend. Piper. München/Zürich 1992.

Agnelli, Giovanni/Levi, Arrigo: Intervista sul Capitalismo moderno. Laterza. Bari 1984.

Bariati, Piero: Valletta. Utet. Torino 1983.

Biagi, Enzo: Il signor Fiat. Rizzoli. Milano 1976.

Castronova, Valerio: Giovanni Agnelli. Utet. Torino 1971.

Castronovo, Valerio: Il Piemonte. Einaudi. Torino 1977.

Fiori, Giuseppe: Vita di Antonio Gramsci. Laterza. Bari 1989.

Friedman, Alan: Agnelli. Das Gesicht der Macht. Aus dem Englischen von Kollektiv Druck-Reif. Wilhelm Heyne Verlag. München 1989.

Occhetto, Valerio: Adriano Olivetti. Milano 1985.

Pallotta, Gino. Gli Agnelli, una dinastia italiana. Newton Compton Ed. 1987.

Pietra, Italo: I tre Agnelli. Garzanti. Milano 1985.

Pochna, Marie-France: Agnelli. L'irresistibile. Traduzione di Giorgio Arduin. Sperling & Kupfer. Milano 1990.

Romiti, Cesare/Pansa, Giampaolo: Questi anni alla Fiat. Rizzoli. Milano 1987.

Rubbi, Antonio: Il mondo di Berlinguer. Editree l'Unità. Beilage der Tageszeitung l'Unità vom 4.6.1994.

Scalfari, Eugenio/Turani, Giuseppe: Razza padrona. Feltrinelli. Milano 1974.

Turani, Giuseppe: L'Avvocato. Sperling & Kupfer. Milano 1985.

Zavoli, Sergio: La notte della Repubblica. Editrice L'Unità. Beilage der Tageszeitung l'Unità vom 17.1.1994.

Der Abdruck der Fotos erfolgt mit freundlicher Genehmigung der FIAT S. p. A. Turin und Frankfurt.

Personenregister

A

Agnelli, Andrea 188
Agnelli, Aniceta 97, 185
Agnelli, Anna 188
Agnelli, Clara 59, 77, 80f., 85, 87f., 103, 119, 181, 184-187, 258
Agnelli, Cristiana 169, 187
Agnelli, Edoardo (Sohn von Gianni Agnelli) 27, 176, 258-262,
Agnelli, Edoardo (Vater von Gianni Agnelli) 38, 58f., 77, 79, 81-85, 90-93, 95, 97, 143, 176, 185, 259, 261
Agnelli, Gianni 7-14, 17, 19f., 23-28, 31f., 39, 52, 58f., 63, 71-74, 77, 80, 87, 89f., 92ff., 106, 112, 114-118, 123, 129, 136f., 141, 143-147, 160ff., 165-170, 173f., 176f., 181-185, 187-190, 193, 195, 198ff., 202f., 207f., 219, 225f., 229-233, 239-242, 244, 246ff., 250-254, 256-259, 262, 266f., 274f., 302-311, 314, 316f.
Agnelli, Giorgio 188
Agnelli, Giovanni 31-50, 52-58, 60-64, 70, 72f., 76-79, 85, 91-97, 102, 105ff., 111-114, 118ff., 123, 126-130, 136ff., 140-143, 145, 185, 225, 280
Agnelli, Giovanni (Sohn von Umberto Agnelli) 187, 260
Agnelli, Margherita 27, 244, 258, 262
Agnelli, Maria Sole 29, 169, 187
Agnelli, Susanna 37f., 73, 77, 80, 87, 93, 101, 103, 123f., 136, 168, 186f.
Agnelli, Umberto 13, 23, 27ff., 107, 130, 182, 187ff., 226, 240, 246f., 249, 279ff.
Allavela, Giovanni 296
Allende, Salvador 228
Andreotti, Giulio 138, 146, 175, 179, 246, 267, 272, 295, 297, 301, 316
Anselmi, Tina 299
Antonicelli, Franco 71ff., 137
Arbassino 303

Arisio, Luigi 286, 288
Audisio, Walter (Oberst Valerio) 132ff.
Aulenti, Gae 305
Azzolini, Lauro 264

B

Badoglio, Pietro 122f., 126
Balzerani, Barbara 264
Barracu 132
Bassani 303
Basso, Lelio 153
Bechi Piaggio, Antonella 187
Bellini Delle Stelle, Piero (Pedro) 133
Beltrametti, Edgardo 237
Beneduce, Alberto 13
Benvenuto, Giorgio 241, 286f.
Berlinguer, Enrico 163, 211, 226ff., 245, 249, 266f., 271, 279, 284f.
Berlusconi, Silvio 308, 317
Berti, Luciano 216
Biagi, Enzo 258
Bobbio, Luigi 213
Bobbio, Norberto 71
Bombacci 132
Bonavita, Alfredo 223
Boniek, Zibi 193
Bonisoli, Francesco 264
Bono, Gaudenzio 139, 194
Borghese, Junio Valerio 214-217, 299
Borgogna di Montecchio, Bebe 102
Boselli, Clara 40, 84
Bourbon del Monte, Virginia (Agnelli) 58f., 81-85, 89f., 95, 97f., 101ff., 105ff., 143f.
Branca, Ascanio 166
Brandolini d'Adda, Brandino 187
Brandolini d'Adda, Brando 187
Brandolini d'Adda, Leonello 187
Brandolini d'Adda, Nuno 187
Brandolini d'Adda, Tiberio 187

Breschnew, Leonid 191, 266
Bricherasio di Cacherano, Emanuele 43f.
Bruzzone 48

C
Cagol, Margherita (Mara) 221, 223, 242f.
Calistri 132
Calvi, Roberto 22, 293
Calvino, Italo 68, 178
Camerana 137, 140
Campbell, Jane Allen (Princess Jane) 81, 95, 107
Campello della Spina, Argenta 187
Campello della Spina, Bernardino 187
Campello della Spina, Cinzia 187
Campello della Spina, Ranieri 187
Campello della Spina, Virginia 187
Capote, Truman 169
Caracciolo, Carlo 197, 233
Caracciolo di Castagneto, Allegra 188
Caracciolo di Castagneto, Filippo 169
Caracciolo di Castagneto, Marella 161, 168f., 258
Carli, Guido 250
Carlos 17
Carniti, Pierre 241, 286f.
Carrocci, Alberto 181
Casalengo, Carlo 266
Casalinuovo 132
Caselli, Giancarlo 243
Castronuovo, Valerio 49
Cattabeni, Mario 134
Cattin, Carlo Donat 213
Cavallero, Ugo 117
Cavallo, Luigi 173
Cefis, Eugenio 232
Ceriana-Mayneri, Michele 44
Chicchiarelli, Toni 272
Christian, Linda 166
Chruschtschow, Nikita 182, 191

Churchill, Pamela 167
Ciano, Edda 115, 125
Ciano, Galeazzo 84, 102, 122, 124f.
Ciccardini, Bartolo 267
Coco, Francesco 235
Codecà 172
Colombo, Gherardo 294
Coppola 132
Cornwell, Rupert 288
Cossiga, Francesco 271f., 282, 314, 316
Cova, Pierluigi 134f.
Cox, Oscar 180
Craxi, Bettino 249, 298, 301, 310, 315
Cuccia, Enrico 13f., 18f., 21ff., 29, 279f., 292, 294
Cuccia, Idea Socialismo 13
Curcio, Renato 221ff., 238f., 243, 264

D
D'Annunzio, Gabriele 58, 84, 101
D'Avanzo, Renzo 166
Dalla Chiesa, Carlo Alberto 239, 243
Damevino, Luigi 44
Dante 75
Daquanno 132
Darrieux, Danielle 166
De Benedetti, Carlo 246f., 250f., 279
De Gasperi, Alcide 138, 150-154, 157, 179, 181
De Lorenzo 197f.
De Mita, Ciriaco 272, 310, 316
Delle Chiaie, Stefano 218
Di Pietro, Antonio 313, 315
Diecidue, Romolo 295
Dimitrov 69
Dini, Lamberto 187
Dubonnet, André 166
Dùmini, Amerigo 65f.

E
Eckberg, Anita 166
Eden, Antony 121
Einaudi, Giulio 71
Einaudi, Luigi 116
d'Estainville, Anne-Marie 167
Esterle 48

F
Fabbri, Edoardo 187
Fabbri, Pio Teodorani 187
Facta, Luigi 61
Faina 20
Fanfani, Amintore 172, 179, 232f., 248, 272
Fellini, Federico 73
Feltrinelli, Giangiacomo 234
Fendwich, Edward 217
Ferrari, Maurizio 223
Ferrarin, Arturo 90f.
Ferrero di Ventimiglia, Alfonso 44
Foa, Vittorio 71
Fogagnolo, Arnaldo 139
Ford, Henry 143
Forlani, Arnaldo 246, 272, 274, 286
Fornaca, Guido 55
Franceschini, Alberto 223, 234, 239, 264
Franco, Gaudillo Francisco 199
Frassinelli 72
Frisetti, Aniceta 38
Fummi, Giovanni 121
Fürstenberg, Egon von 185
Fürstenberg, Ira von 185
Fürstenberg, Sebastien von 185
Fürstenberg, Tassilo von 119, 185

G
Gabetti, Gianluigi 253

Gaggia 20
Gambino, Antonio 153
Gancia, Vittorio Vallarino 243
Gardini, Raul 21, 316
Garibaldi, Giuseppe 42, 78, 156
Garuzzo, Giorgio 314
Gatti 132
Gelli, Licio 199, 214, 271, 293f., 298, 300
Ghaddafi, Muhamad 17, 251f., 255
Ghidella, Vittorio 289
Ghiglieno, Carlo 277, 287
Ginzburg, Leone 71
Ginzburg, Natalia 178, 303
Giolitti, Giovanni 42, 47, 54
Girotto, Silvano 239
Giscard d'Estaing 257
Gobetti, Piero 71, 178
Gradoli 272
Gramsci, Antonio 33ff., 53ff., 58, 60, 67-70, 72, 200, 285
Grappello di Figarolo, Giulio 40
Grieco, Ruggero 70
Gualtieri, Libero 238

H
Haig, Alexander 245
Hayworth, Rita 166
Hitler 69, 108, 111, 113, 120, 123f., 140

I
Iozzino, Raffaele 269

J
Jannuzzi, Lino 197
Jotti, Nilde 179, 191
Joyce 72

K
Kafka 72
Kennedy, Jackie 174
Kennedy, John F. 161, 174f.
Khan, Alì 166
Kissinger, Henry 257, 269

L
La Malfa, Ugo 248, 267
Labate, Bruno 221
Lama, Luciano 177, 240, 263, 286f.
Lampredi, Aldo (Guido) 133
Le Corbusier 75
Lenin 35
Leonardi, Oreste 268f.
Leone, Giovanni 229, 301
Levi, Arrigo 253
Levi, Carlo 71
Leyers, Hans 129
Liggio, Luciano 216
Liverani 132
Lombardi, Renato 232
Lombardi, Riccardo 153
Longo, Luigi 191, 199, 227

M
Macchiarini, Idalgo 221
Macciocchi, Maria Antonietta 178
Machiavelli, Nicolò 302
Malacria, Augusto 65
Malaparte, Curzio 84, 95-105, 125, 143, 177ff., 303
Marelli, Filippo Tommaso 65
Marinetti, Filippo 36
Mattè-Trucco, Giacomo 75
Mattei, Enrico 171f.
Matteotti, Giacomo 63-67
Mattioli, Francesco Paolo 314

Mazzotta, Roberto 267
Melville 72
Mezzasoma 132
Miceli, Vito 217
Mila, Massimo 71
Mincuzzi, Michele 222
Monti, Augusto 71
Moravia, Alberto (Pincherle) 100, 104, 178, 303
Moretti, Mario 244, 264
Moretti, Michele (Pietro Gatti) 133
Moro, Aldo 175, 192, 196, 229, 240, 244f., 267-271, 316
Munthe, Axel 95
Mussolini, Benito 36ff., 48f., 60-66, 68, 70f., 74, 76-79, 84, 92, 100ff., 105, 108-115, 119-126, 130-135, 139f., 147f., 301
Mussolini, Rachele 110

N
Napoleon 98
Napolitano, Giorgio 16
Nasi, Carlo 97, 185
Negri, Toni 213, 264
Nenni, Pietro 153, 156, 158, 197, 199
Niarchos, Stavros 166
Nidal, Abu 17
Nixon, Richard 214
Novelli, Diego 247, 287
Nudi 132
Nunziante, Tonino 166
Nuvoletti, Giovanni 184, 186

O
Oliveira Salazar, Antonio de 199
Olivetti, Adriano 304

P
Pallante, Antonio 180

Pansa, Giampaolo 265
Panzeri, Filippo 65
Parise 303
Parker 9, 80, 85ff., 107
Parodi 48
Pasolini, Pier Paolo 68
Paul VI. 267
Pavese, Cesare 71
Pavolini 132
Peccei, Aurelio 139
Pelli, Fabrizio 223
Perón, Juan D. 297
Perosa 32
Perrone 48
Pertini, Sandro 68, 153
Pesenti, Giampiero 20, 315
Petacci, Clara (Claretta) 110, 131-134
Petacci, Marcello 132
Piano, Renzo 306
Piccoli, Flaminio 272, 301
Pininfarina, Sergio 219, 314
Piperno, Franco 211, 213
Pirelli, G. B. 38
Pirelli, Leopoldo 20f., 233, 257
Pius XII. 154
Pochna, Marie-France 274
Porta 132
Poveromo, Amerigo 65
Prezzolini, Giuseppe 103
Prodi, Romano 272

R
Racca, Carlo 44
Rattazzi, Cristiano 186
Rattazzi, Delfina 186
Rattazzi, Ilaria 186
Rattazzi, Lupo 186
Rattazzi, Priscilla 186

Rattazzi, Samaritana 186
Rattazzi, Urbano 186
Reagan, Ronald 297
Ricci, Domenico 269
Rivera, Giuliano 269
Rockefeller, Nelson 257
Rognoni 288
Romano 132
Romiti, Cesare 19, 28, 189, 253, 265, 279f., 287, 290ff., 312, 315f.
Rommel, Erwin 117
Rossi, Cesare 65
Rossi, Mario 234
Rostagni, Augusto 34
Rostagno, Mauro 213
Rumor, Mariano 214

S
Saccucci, Sandro 218
Salvini, Lino 296
San Faustino, Carlo di 81
Santhià, Battista 139, 172
Saragat, Giuseppe 170, 195
Scalfari, Eugenio 197, 290
Scalfaro, Oscar Luigi 15f., 187
Scalzone, Oreste 213, 264
Scarfiotti, Lodovico 44f.
Scelba, Mario 157, 181
Schuster, Ildebrando 154
Schuster, Ildefonso 134
Scoffoni, Mario 265
Segni, Antonio 197f.
Segni, Mario 267
Segre, Umberto 71
Sindona, Michele 293, 300
Siri, Giuseppe 154
Skorzeny, Otto 111
Sofri, Adriano 213
Sogno, Edgardo 173

Sossi, Mario 234f.
Spiazzi, Amos 218
Stalin, Josef 69, 114f., 152, 179, 181f.
Suckert, Kurt 98
Sulotto, Egidio 139

T
Taggiasco, Ron 288
Tamber 134
Tanner, Henry 288
Taviani, Paolo Emilio 235
Teresa, Caterino 224
Terracini, Ubaldo 53
Togliatti, Palmiro 34, 53, 69f., 114f., 140, 150, 153, 156, 158, 163, 177-181, 191, 196, 310
Tolloy 190, 192
Truman, Harry 151, 162
Tscheka 65
Turone, Giuliano 294

U
Umberto II. 147f.
Urbano, Lazzaro (Bill) 133
Utimperghe 132

V
Valletta, Vittorio 57, 72, 78, 111, 118, 123, 126f., 129ff., 137-141, 144-147, 161, 170-174, 181, 190, 193f., 199, 202, 208, 225, 232, 291
Venosta, Giovanni Visconti 79
Viale, Guido 213
Viktor Emanuel II. 78
Viktor Emanuel III. 61, 74f., 108, 147f.
Vincenti, Lionello 34
Vinciguerra, Vincenzo 238
Viola, Giuseppe 65
Visentini, Bruno 234

Vittorini, Elio 78
Volpi, Albino 65
Volponi, Paolo 303

W
Weymouth, Lally 275
Wolff, Karl 124

Z
Zamberletti, Giuseppe 267
Zavarow, Aleksandr 193
Zavoli, Sergio 238
Zerbino 132
Zimmermann, Otto 128
Zizzi, Francesco 269

Bitte beachten Sie folgende Seiten:

Vincenzo Delle Donne

Falcone
Die Biographie
Leben und Tod im Kampf gegen die Mafia

216 Seiten, 12 Abbildungen, gebunden

Er war der Hauptfeind der Mafia und wußte, sie kennt kein Pardon: Giovanni Falcone, Jäger der Cosa Nostra, Hoffnung der Sizilianer, Richter ohne Furcht und Tadel.

Am 23. Mai 1992 kostete ihn sein entschiedenes Eintreten für Recht und Gesetz das Leben. Er fiel, zusammen mit seiner Frau und drei Leibwächtern, einem Bombenattentat zum Opfer.

Vincenzo Delle Donnes Falcone-Biographie ist die eindringliche, kenntnisreiche Würdigung einer außergewöhnlichen Persönlichkeit und zugleich ein wichtiger Beitrag zum Verständnis einer Bedrohung, die längst keine Staatsgrenzen mehr kennt ...

Ullstein

Gerhard Kienbaum

Am Anfang war der Rat
Autobiographie

368 Seiten, 41 Abbildungen, gebunden

Dies ist der Lebensbericht eines Menschen, für den das Ende 1945 der Anfang war und der zu einem der erfolgreichsten Unternehmer aufstieg und zum Nestor der Unternehmensberater in Deutschland wurde. Aber Gerhard Kienbaum war mehr als das, er war auch Politiker – Wirtschaftsminister in Nordrhein-Westfalen, Vorsitzender des Ausschusses für Wirtschaft im Bundestag – und Förderer gesellschaftlicher Organisationen.

Seine Autobiographie ist mehr als nur die Erinnerung an ein erfülltes Leben mit seinen Höhen und Tiefen – es ist gleichzeitig auch eine Geschichte der Bundesrepublik Deutschland, erlebt von einem, der sie beispielhaft mitgestaltet hat.

Ullstein